复旦大学图书馆
特藏出版系列

陈望道藏书总目

主　编　王　乐
副主编　乐　融　张春梅
执行主编　陈丙杰

复旦大學出版社

复旦大学图书馆特藏出版系列编委会

主　　　任：陈思和　陈引驰

执行主任：王　乐

委　员
（按姓氏音序排列）

曹　珊　　陈丙杰　　陈　熙　　顾　雷　　侯　茜

李彦霖　　龙向洋　　马庆萱　　吴　格　　张春梅

赵冬梅　　周月琴　　朱　瑛

《陈望道藏书总目》编委会

主　任：陈思和　陈引驰
副主任：郑　亚　陈振新

委　员
（按姓氏音序排列）

曹　珊　陈丙杰　陈启明　陈亦超　仇志琴
黄岸青　乐　融　龙向洋　王　璐　王　乐
吴佳良　张春梅　朱　瑛

总序

2007年，国务院办公厅发布《国务院办公厅关于进一步加强古籍保护工作的意见》，提出在"十一五"期间大力实施"中华古籍保护计划"。2012年，在中央有关部委的支持下，"革命文献与民国时期文献保护计划"专案正式启动。这个项目的实施，说明了国家对历史文献整理工作的高度重视。借此东风，十年来，国内大批具有历史价值、学术价值和文物价值的文献实物得以搜集保护、整理出版。中华大地，传统复兴，文化普及，一派欣欣向荣。

复旦大学图书馆建立百余年来，一向重视收藏、保护文献资料，曾获许多社会名流和专家学者的珍贵捐赠。经聂云台、洪深、刘承干、高吹万、王欣夫、陈望道、赵景深、乐嗣炳等前辈的慷慨捐赠，馆藏古籍善本数量在全国高校图书馆中名列第二；古籍以外，还形成了自己的收藏特色：红色经典文献、民国文献、当代诗歌文献（诗藏）、印谱数字文献（印藏）、老法文文献、老英文文献、老日文文献、埃及学文献等。2014年，图书馆建立复旦大学中华古籍保护研究院，积极从事研发写印材料的新品种，复兴传统造纸工艺，培养古籍保护专业人才。2016年，图书馆进而成立"特藏与数位化部"，有重点、有规划地对特藏文献进行整理和数位化，旨在进一步利用馆藏特别文献，服务于学界。2019年，复旦大学"印谱文献虚拟图书馆"（一期）上线启用，香港著名印谱收藏家林章松先生将其藏品的数位化资源捐赠给复旦大学，以推动印谱文献资料库的建设和利用，受到了印谱收藏界普遍欢迎。2020年，新冠肺炎疫情猖獗之日，图书馆立刻投入抗疫资料与实物的搜集与保护，千方百计从一线医务人员中获得大量珍贵捐赠，并在医科馆举办了"待到山花烂漫时"的大型展览；继后，医学馆在征集、展览、宣传名家捐赠方面做得风生水起，成为校园文化的地标……

一般来说，图书馆无论规模之大小、部门之多少、工作之繁简，其资源建设总是图书馆的核心工作，也是最重要的工作；但从高校图书馆的现状来说，因为图书馆购买、收藏的图书文献同质化倾向严重，海外采购限制颇多，并无特色可言，更无法推动学术研究朝独特、创新发展。这样的前提之下，特藏工作的重要性就被凸显出来，夸张点说，特藏是高校图书馆工作的重中之重。特藏工作做得好不好，藏品丰富不丰富，决定了高校图书馆的品质、特色和倾向性，也间接地影响到高校学科发展的方向和品质。我前面之所以要历数本馆百年来和近十年来的特藏历史与近况，就是要告诉大家，特藏工作不是图书馆某个阶段性的工作，也不是某个具体部门的工作，它是高校图书馆与生俱来并贯穿始终的一项重要任务，而且它是与图书馆资源建设、学科服务密切相关的工作。在复旦大学图书馆里，它也不仅仅是特藏部一个部门的工作，它与图书馆资源建设、借阅服务、数位化建设、古籍保护、校园文化建设、展览宣传等工作，几乎都联系在一起，需要图书馆领导部门做整体的布局、结构性的协调和推动，才能够把这项工作做得更好。

现在，复旦大学图书馆特藏部又推出了特藏出版系列计划，我虽然已经卸去了风霜八年的馆长之职，但对同人们这项有意义的举措仍然充满热烈的期待。现在国内外图书馆界对特藏文献的公开化、普及化都极为重视,特别在近几年,许多知名高校相继出版特藏文献的整理成果。美国哈佛大学哈佛燕京图书馆为业界树立先行的榜样,出版了多个主题的特藏文献,如《美国哈佛大学哈佛燕京图书馆中文善本书志》《美国哈佛大学哈佛燕京图书馆馆藏民国文献丛刊》《美国哈佛大学哈佛燕京图书馆藏蒋廷黻资料》等;北京大学图书馆也相继出版《北京大学图书馆馆藏稀见方志丛刊》《北京大学图书馆珍藏瑞鹤山房抄本戏曲集》《北京大学图书馆馆藏稿本丛书》等;清华大学图书馆近期推出《清华学刊》;复旦大学图书馆古籍部也整理出版了《复旦大学图书馆馆藏古籍善本目录》《中国古籍珍本丛刊——复旦大学图书馆卷》《复旦大学图书馆藏古籍稿抄珍本(第一辑)》等。大家都意识到特藏文献整理和公布的重要性,同时,打破门户之见,打破各自封锁藏品的鄙陋见识,达成学术为天下之公器的共识,将特藏文献整理结果用纸质出版,抑或用资料库的形式公开呈现于世,在最大程度上实现对特藏文献的宣传与弘扬,以促进特藏文献价值被进一步挖掘与利用。

  复旦大学图书馆的特藏品质高雅,内涵丰富,涉及多个领域、多种样式,既有图书资料文献,也有大量实物,可供公开展览(如毅公书屋、延安版画、抗疫展等)、欣赏品鉴(如大量名家书画篆刻、珍稀版本、拓片印谱)及学术研究。其最重要的功能就是扩大学术研究之范围、推动学术研究之进步,化私为公,化小我为大公,更加普及地服务于社会。特藏真要起到这样的作用,非整理出高品质的出版物莫属。所以,我真诚希望特藏部的同人与复旦大学出版社的编辑携手共进,把这项工作视为极其严肃的学术研究活动,通过独树一帜的出版物来提升图书馆的人文品质,弘扬复旦大学的光荣传统和人文精神。旦复旦兮,日月光华。

陈思和

2022 年 8 月 24 日于鱼焦了斋

总目

总序　/ 001

序一　/ 001

序二　/ 001

凡例　/ 001

上编　精华图录　/ 001

下编　藏书目录　/ 109

索引　/ 291

后记　/ 316

序一

陈望道先生是我国著名的学者，现代著名的思想家、社会活动家、教育家和语言学家，在我国的党史界、教育界和学术界都占有不可替代的一席。为了纪念他，在广西师范大学、浙江师范大学和复旦大学校园内都有以他的名字命名的"望道路"，在复旦大学更有"望道研究院""望道论坛"和"望道班"等实体。对于陈望道先生这样一位历史文化名人，有众多专家学者在撰文研究，但较少见从陈望道先生的藏书角度进行研究的出版物。为此，在2022年年初，复旦大学图书馆与我谈及拟编撰一部《陈望道藏书总目》，以利于众多专家、学者以陈望道藏书作为切入点，拓宽对陈望道的研究。我很赞同并希望《陈望道藏书总目》一书的出版，能有助于研究者从藏书目录中观察到陈望道的思想变化、学术发展和社会交往等信息，以进一步推动对陈望道的研究。同时，通过《陈望道藏书总目》一书呈现出陈望道个人藏书的全貌，推动陈望道藏书的应用。

纵观全书，可见该书由序、凡例、精华图录、藏书总目、索引和后记几个部分组成，其中精华图录部分精选的100种图书，尤为引人关注。它们分为钤印本、题跋本、签名本、批校本和稀见本五大类，每种大都配有封面、扉页、特殊信息页、版权页等图片。所选18种钤印本中，所用之印有"陈望道""望道""参一""远寄楼藏书""绿屋藏书"等，其中"参一""远寄楼藏书"印章实属罕见。藏书列入的9种题跋本中，有陈望道先生自己题写的，也有别人题写的，陈望道先生在日文版《未开社会の思惟》一书内的题跋"今日接到蔡慕晖先生从纽约哥伦比亚大学回信，这书英文名叫 How Natives Think，1926年出版。译本已买好寄来。1936年5月23日望道记于桂林师专红豆院"尤为特别。签名本共有43种，出版时间从1880年到1977年跨越了近百年，大部分为陈望道先生的朋友、同事、语言界和翻译界同行及他的学生所签赠。精华图录中展示的11种陈望道批校本，对于了解陈望道先生的行为风格、学术端倪，具有独特价值。图录所列19种稀见本有正式出版物、油印本和手稿本三类，均为1949年之前的藏书。这些1949年以前出版的日文图书、油印本和手稿本，国内很少见到，而且其中的一些图书涉及语言学、美学、因明学等多个学科领域，均与陈望道先生的学术研究有关，就更显得珍贵。

藏书总目部分展现了陈望道先生藏书的总体情况。各条目著录了该藏书的名称、作者、出版社和出版年月等信息。在新冠肺炎疫情肆虐的2021年至2022年间，本书的编撰团队克服各种困难，花了近一年的时间，才有了这来之不易的《陈望道藏书总目》，相信定会有助于拓宽对陈望道先生的相关研究。

陈振新

2023年清明于凉城一品新筑苑

序二

近代第一部公藏书目《清学部图书馆善本书目》编纂者,中国近代藏书家、校勘家、目录学家缪荃孙认为,书籍有聚合,亦有流散,保存书籍就应当留存书籍的信息,"书去目存",编纂藏书目录对于揭示藏书信息,进行保存利用具有重要意义。[1]编纂藏书目录也常被认为是检寻图书的钥匙、研究学问的向导、指示图书的门径、考证学术源流的工具等。[2]而对于私家藏书来说,编纂藏书目录的意义还不止于此,通过整理藏书目录,可以全面了解藏书人的藏书特征与偏好,发现社会交往的线索等,可以视为人物研究的独特途径。

据国家图书馆书目系统显示,中国私家藏书目录(中图分类号Z842)有353种,去除古籍影印版、再版等书目后,解放后共出版各类私家藏书目录82种,其中既有藏书家目录,如《常熟翁氏藏书志》(2022)、《松荫轩藏印谱简目》(2022)等,也包括专家学者藏书目录,如《广州图书馆藏朱雷教授①藏书目录》(2020)《秦贤次②先生赠书目录》(2008)等,还有收藏人自编书目,如王树田编《拥雪斋藏书志》(2018),王国维编《传书堂藏书志》(2014)等,但更多的是研究者、受赠机构所编纂的目录,如鲁迅博物馆《鲁迅手迹和藏书目录》(1959)、香港中央图书馆《刘唯迈文库》(2007)等。大部分私人藏书均集中收藏,但也有部分分散收藏,故有少量目录为多家收藏机构联合编纂,如北京大学图书馆与台北胡适纪念馆联合编辑的《胡适藏书目录》(2013)。

一、《陈望道藏书总目》编纂背景

与众多私人藏书家或藏书丰厚的学者相比,陈望道藏书算不上宏富,但由于陈望道在不同历史时期承担不同社会角色——《共产党宣言》中文版首译者、好学力行的教育家、汉语修辞学奠基人,并在这些角色上都取得了非凡成就。因此,陈望道的藏书所蕴含的价值相比其他单纯的学者或者藏书家更加丰富和立体。

从近些年的图书出版情况可知,对陈望道的研究呈现多元视角,论著主题也丰富多样。就已出版的陈望道相关图书来看,大体分为以下几类:一是重印单本著作,如2022年重印的《修辞学发凡》、2017年重印的《作文法讲义》等;二是编撰全集,如《陈望道文存全编》(2021)、《陈望道全集》、《陈望道手

---

① 朱雷(1936—2021),浙江省海盐县人,著名历史学家。武汉大学历史学院暨中国三至九世纪研究所教授。
② 秦贤次(1943—),台湾省台北县三峡镇人,著名民间中国现代文学研究者。长期致力于新文学史料的搜集与整理。

稿集》；三是专题选集汇编，如《恋爱　婚姻　女权：陈望道妇女问题论集》《陈望道译文集》《陈望道语言学论文集》《陈望道修辞论集》《陈望道语文论集》《陈望道论语文教育》《陈望道学术著作五种》；四是传记类，如《陈望道传》《太白之风：陈望道传》《追望大道：陈望道画传》《陈望道的故事》《好学力行的教育实践者陈望道》；五是研究类，如《陈望道翻译〈共产党宣言〉研究》《〈共产党宣言〉与陈望道研究论丛》《〈共产党宣言〉陈望道译本考》；六是纪念类，如《陈望道先生纪念集》《陈望道先生诞辰一百周年纪念文集》。

就当前出版的图书数据可以看出，对陈望道学术成果的总结和研究已全面展开，但尚未有针对陈望道藏书的整理和研究，而通过梳理其藏书全貌及题记、签赠等藏书的附加信息，可以进一步丰富陈望道研究的材料，对于"了解陈望道在20世纪文化场域中的活动轨迹、人际交往、学术线索，具有重要启发"。同时，与其他名人藏书一样，由于陈望道独特的身份，这批藏书的文物性/物质性也已然超越了它的文本性。[3]

二、陈望道藏书总体情况

陈望道藏书目前分藏于复旦大学图书馆、复旦大学档案馆、《共产党宣言》展示馆、上海鲁迅纪念馆、陈振新教授（陈望道哲嗣）府上。陈望道校长在任时（1963）第一次向图书馆捐赠图书44册；1977年陈望道校长逝世后，家属遵照遗嘱将2 279册图书连同陈望道校长用过的八组书柜一同捐赠给复旦大学图书馆，2018年，复旦大学图书馆特辟空间设立"望道书屋"，将陈望道校长捐赠的图书汇集于此加以保存、展示；1999年，上海鲁迅纪念馆设立"朝华文库"，征集了和鲁迅有关的同时代文化名人的手稿与作品等实物，陈望道先生的2 000余册藏书捐赠给上海鲁迅纪念馆，并于"朝华文库"入口第一间陈列。本书目将散在以上各处的陈望道藏书信息汇集后，整理、合并、去重，并标注钤印、题注、签名等信息，最终形成书目3 112种。①

从藏书的装帧形式来看，陈望道藏书以解放后的平装书籍为主，其他装帧形式相对较少。其中，精装本460种，毛边本5种，线装本177种，影印本、油印本3种。

从藏书的出版时间来看，大略集中于两个时期，分别为抗战前15年（1923—1938），抗战后20年（1946—1965）。第一个时段为小高峰，图书总数470种，多为小说、作品集与杂著，以及中国哲学类著作；第二个时段出版的图书中，尤以1953年至1959年为多，共有图书1 276种。所藏政治、经济、法律、理工农医类图书几乎均为解放后出版。

从藏书的主题分类来看，超过半数为语言学、文学类图书，共计1 659种；其次为马克思列宁主义、毛泽东思想，计366种；其他类别图书中，数量较多的有哲学，历史与地理，政治、法律与军事，文化、科学、教育与体育，辞典与图书目录、文摘与索引；相较而言，理工农医类图书比较少，仅有59种。

从藏书的作者来看，列宁、马克思、恩格斯、斯大林著作数量最多，位列个人著者前4位，与藏书学科分类一致；语言学家紧随其后，王力、吕叔湘、黎锦熙各有28部著作为陈望道收藏。

---

① 同出版社、同版本、同版次、同装帧视为一种；同题名图书各分册如同一时间出版，也合并后计为一种。故实际册数要远多于去重合并后的种数。

从藏书的附加信息来看,有批校、签名、题跋、校改的图书205册,有钤印的569册。

三、陈望道藏书的价值

(一) 版本价值

陈望道藏书中珍稀版本并不多,但仍有少量图书为国内稀见或独有版本。本书图录的第5部分选取了部分珍罕书籍,其中包括较为罕见的正式出版物(如民国时期翻译家董世礼的《介词"之"的研究 翻译学小补 国音示范》,1948年东北书店初版本《毛泽东选集》)、印量不多存世较少的油印/铅印本书籍(如许杰编述的铅印本《中国文法通论》),以及独一无二的手稿本(如1942年线装手稿本《于右任书正气歌》和《于右任书纪效新书序》、陈望道1935年9月手稿讲义《中国文法研究》等)。

(二) 文化价值

如当代文学史料学家陈子善先生所言,"签名本的意义不仅在于其经济价值,更在于它背后的文献价值和文化内涵"。从签名本题跋上显示的受赠双方,往往能推断出双方交往的故事,从而引发对于更大问题的研究。[4]陈望道藏书中,共有175册签名图书,虽然仅占藏书总数的二十分之一,但签赠人均为文化名人、学界名家,因而签赠图书在文本价值之外大大增加了文化价值。本书图录部分第3节即选取展示了陈望道的朋友、同事、同行、学生等所签赠的图书,这些图书因签赠而"有了另外一些故事,这些故事都属于文化精神层面,超出了书本内容所涵盖的知识信息"[5]。

(三) 学术价值

一方面,陈望道藏书中,占比最大的是语言大类图书,包括语言理论与方法、文字学、语义学、语用学、词汇学、词义学、修辞学、写作学、汉语教学、翻译学、语音学、方言学与汉语的规范化、标准化、推广普通话等,以"修辞"为题名的书籍就有40种之多,来自26位不同的作者。其中最早的书籍为1853年的线装本《文章轨范》,也包括陈望道1932年出版的《修辞学发凡》——中国第一部有系统的、兼顾古今语文的修辞学专著。就陈望道藏书中早期语言学图书的系统性、丰富性、学术性而言,少有人能出其右。这些藏书是进行相关研究的重要学术资源。

另一方面,陈望道藏书为"陈望道研究"提供了独特的研究视角,通过藏书独有的信息,可以发掘重要线索,具有独到的学术价值。

(四) 历史价值

名人藏书伴随着个人社会角色的变化而变化,与个人发展及社会变迁密不可分,甚至可以视为个人经历的一种原始记录。通过研究这种原始记录,可以了解特定历史时期的社会发展情况,包括社会思潮、人际关系等。[6]如复旦新闻系复员会编纂组于1946年6月编印的《一九四六年复员前的新闻系》,该油印本无疑是了解沪渝两部合并前、颠沛办学的复旦大学新闻学的重要史料。同时,由于众多名人签名的存在,不止为这批藏书赋予了文化价值,也使得这批藏书具有了脱离于文献内容之外的历史价值。

四、陈望道藏书的特点

就收藏内容来看,陈望道藏书具有如下五个"一"特点:

(一) 一个信仰——陈望道与共产主义

众所周知,陈望道先生是《共产党宣言》中译本首译者,也是坚定的共产主义者,他生前多次表示"我信仰共产主义终身不变,愿为共产主义事业贡献我的力量"[7]。陈望道先生坚定的共产主义信仰在其藏书中得到了充分的体现。其藏书中马恩列斯毛著作多达360余册,另有数十册辩证唯物主义、历史唯物主义著作。纵观陈望道藏书中的马列主义毛泽东思想著作,可以看出两个明显的特点:既全又专。

一是"全"。其藏书基本囊括了马克思、恩格斯、列宁、斯大林、毛泽东的诸多论著,不仅包括每位革命导师的多版本全集、选集、文集、书信集,如20世纪五六十年代出版的《马克思恩格斯全集》《马克思恩格斯文选》《马克思恩格斯通信集》《斯大林全集》《列宁全集》《列宁文选》《列宁选集》《斯大林全集》,解放前后出版的三个版本《毛泽东选集》等;还包括马克思恩格斯的《论浪漫主义》、列宁的《论和平与战争》、斯大林《无政府主义还是社会主义?》、列宁的《唯物主义与经验批判主义》、毛泽东的《新民主主义论》等许多马列著作单行本等。

另外一个特色是"专"。陈望道身为语言学家,也非常关注马恩列斯毛关于语言学论著的收藏,如《马克思主义与语言学问题》(人民出版社,1950、1953、1964),《马克思主义与语言学问题》(解放社,1950),《马克思主义经典作家论语言》(1959),《斯大林论语言学问题》(时代出版社,1950),《斯大林关于语言学问题的著作对于社会科学发展的意义》(人民文学出版社,1952),《斯大林论马克思主义在语言学中的问题》(五十年代出版社,1951,1953),《关于斯大林所注〈马克思主义与语言学问题〉一书论文选》(中国人民大学,1953),《斯大林论语言学的著作与苏联文艺学问题》(时代出版社,1952),《约·维·斯大林的著作〈马克思主义与语言学问题〉对政治学说史的意义》(中国人民大学,1954),《毛泽东语言研究》(上海教育出版社,1960)。

(二) 一所大学——陈望道与复旦大学

自1920年在复旦大学任教算起,陈望道陆续为复旦大学鞠躬尽瘁半个世纪,特别是1952年担任中华人民共和国成立后首任复旦大学校长后,在长达25年的校长任期中,陈望道校长为复旦大学的发展倾注了大量心血,做出了难以磨灭的贡献。其藏书也留下了鲜明的复旦印记。

复旦学者签赠图书。陈望道藏书中有相当数量的名家签赠图书,其中不乏复旦的学者教授签赠本,绝大多数为陈望道任复旦大学校长后所赠。签赠人以中文系教授为主,包括陈子展的《雅颂选译》和《中国文学史讲话》、郭绍虞的《中国古典文学理论批评史》和《中古历代文论选》、蒋孔阳的《论文学艺术的特征》和《文学的基本知识》、刘大杰的《中国文学发展史》、孙俍工的《中国语法讲义》、王运熙的《李白研究》和《六朝乐府与民歌》、张世禄的《中国语音的演变与音韵学的发展》、朱东润的《中国历代文学作品选》等;当然,也有来自中文系以外的学者赠书,如历史系周谷城的《形式逻辑与辩证法问题》、人类学教授刘咸的《从猿到人发展史》等。

复旦院系出版书籍。从藏书的出版日期可以看出,陈望道任校长后开始收藏除文史哲外的理工农医经济类图书,充分说明了陈望道校长对各学科发展的关注。此外,陈望道藏书中有鲜明复旦特色的,收藏着复旦各院系正式出版的图书或内部印制的资料。据统计,复旦院系出版/印制的书籍共46种,分别来自中文系、外文系、历史系、哲学系、新闻系、法律系、马克思列宁主义基础教研组、政治理论课教研组、数学系、遗传学研究所。大部分为院系自编教材,除此之外,颇具特色的有三类书籍:一是学生集体编写的图书,如中文系古典文学组学生集体编写的《中国文学史》、中文系现代文学组学生集体的《中国现代文学史》和中文系1957级文学组学生的《中国现代文艺思想斗争史》;二是1960年内部发行的关于专业教育改革和课程改革的书籍,包括历史学系的《复旦大学历史学系历史专业教育改革方案(初稿)》、中文系的《复旦大学中国语言文学系汉语言文学专业教育改革方案(初稿)》及数学系的《关于综合大学数学专业课程革新的建议》。上述三种书籍是特殊历史时期的产物,对于理解该时段的教育方针政策有重要意义;三是复旦新闻系复员会编纂组1946年编印的油印本《一九四六年复员前的新闻系》,该书为研究复旦院系发展史提供了重要线索。该书详情可参见本书图录第五部分"稀见本"介绍。

(三)一位大先生——陈望道与鲁迅

从20世纪20年代到30年代的10多年间,陈望道同鲁迅并肩作战,建立了深厚友谊。数据显示,1926至1935年的《鲁迅日记》就提及"望道"77次,特别是1935年大江书铺存续期间,更是频繁互致信件及邮寄稿件,据1—8月的统计,鲁迅寄/复望道信18次,得望道信12封[8],不难看出二人关系之密切。细察陈望道藏书,也可得见端倪。

陈望道藏书中,收有鲁迅多部著作的初版本,殊为难得。其中初版单行本有三种,其一是青光书局1933年4月出版的毛边本《两地书》,系鲁迅与景宋(许广平笔名)在1925年3月至1929年6月间的书信合集,共收信135封。其二是英文版的《阿Q正传》(THE TRUE STORY OF AH Q)。鲁迅于1921年12月至1922年2月,完成《阿Q正传》撰写,陆续发表于北京《晨报副刊》,后收录于小说集《呐喊》。1925年,梁社乾①通过书信与鲁迅商讨翻译《阿Q正传》事宜,1926年完成并由上海商务印书馆出版,是鲁迅作品中的第一个外文译本。鲁迅在1926年12月11日的日记中载:收梁社乾所寄赠英译《阿Q正传》六本。[9]其三是一册1929年4月大江书铺出版的《现代新兴文学的诸问题》初版本。此书由日本文艺批评家片上伸著,鲁迅翻译,它作为大江书铺编辑的《文艺理论小丛书》一种、陈望道与鲁迅友谊的见证,被书铺创办者——陈望道保存了近半个世纪,更显得弥足珍贵。[10]

除以上单行本外,陈望道还收藏了《鲁迅全集》1938年初版本。众所周知,1938年版的《鲁迅全集》拥有中国出版史上空前绝后的"出版阵容"——蔡元培、宋庆龄亲自挂帅,担任正、副主席,胡适、茅盾、周作人任编辑委员,柳亚子、唐弢收集摘录,郑振铎标点,王任叔编辑,朱础成校对,等等。前有蔡元培的序言,后有许寿裳编的"鲁迅年谱""鲁迅译著书目续编""鲁迅先生的名、号、笔名录"及许广平的《鲁迅全集编校后记》。《鲁迅全集》于1938年6月15日至8月1日间陆续出版,全书共600万字,分订20厚册,20年著作网罗无遗,为出版界空前巨业。[11]该版本被认为是"迄今为止,唯一能同时满足重读鲁迅、品读鲁迅、致敬鲁迅、收藏鲁迅的版本",也是1972年美国总统尼克松访华时被选中的回赠国礼。该版本在1946年、1948年先后重印。稍显遗憾的是,陈望道先生此套收藏并非完整初版本,其中的第5、6和10卷分别为1946和1948年再

---

① 梁社乾(George Kin Leung),美国人,祖籍中国广东新会,1897年出生于美国新泽西,1977年去世,安葬于纽约布鲁克林。

版和三版,不过,由于二版三版均沿用了原本装帧,内容也未有变动,故整体上难以分辨,书况上佳,20卷本完整收藏仍非常难得,足可视作鲁迅著作的精品。

《鲁迅全集》的初版本为何有3册缺失,目前尚不可知,但在原版缺失后能及时补全,足可见其对鲁迅以及《鲁迅全集》的珍视。

(四)一个学科——陈望道与语言学

陈望道毕生从事进步语文运动、语文教学与研究,为现代中国语言学的发展做出了奠基性的贡献,尤其在语文改革、语法学和修辞学等方面成就斐然。其藏书中,有关语言理论与方法论、文字学、语义学、语用学、词汇学、词义学、修辞学、写作学、语法学、语音学、方言学、汉语的规范化、标准化、推广普通话、语文教学、翻译学等语言学相关书籍数量多达840种,其中有两类书籍最具特点:一是陈望道作为语言学家的个人著述;二是与陈望道同时代的语言学学者的重要书籍。

从1927年民智书店出版的《作文法讲义》到1976年上海人民出版社出版的《修辞学发凡》,陈望道藏书中个人著述横跨半个世纪,共有《作文法讲义》《因明学》《修辞学发凡》《小品文和漫画》《中国文法研究》《论现代汉语中的单位和单位词》《拉丁化汉字拼音表》《中国拼音文字的演进》《中国文法革新论丛》等共9种18个版本,充分显示了陈望道作为著名教育家、语言学家的专业特色和卓著业绩。从版本上来看,其中最为独特的是1935年9月的手稿本和油印本讲义《中国文法研究》,批注和修改标记密布其上;另外就是陈望道代表作《修辞学发凡》,有多版本收藏,除了1932年大江书铺出版的初版本外,还有其他4个后续版本。《修辞学发凡》首创了中国科学的现代修辞学体系,标志着中国现代修辞学的建立,作为修辞学的经典读本一直被沿用至今。[12]

陈望道还收藏有诸多语言学家经典著作的初版本和签名本,较有代表性的有:① 语言学家吕叔湘的《中国文法要略》及《语法修辞讲话》,其中《中国文法要略》为商务印书馆1947年初版签名本。该书在中国语法学史上占有重要地位,它反对机械模仿西洋语法的倾向,在建立能体现汉语特点的语法体系方面作了有益的尝试;② 语言学家、"汉语拼音之父"周有光赠给陈望道的签名本《汉字改革概论》,文字改革出版社出版于1961年11月初版发行。该书系统、全面地总结了三百余年汉语拼音字母的演进史和中国人自创拼音字母的历程;③ 语言学家、语言教育家罗常培赠给陈望道的签名本《语言与文化》,该书由国立北京大学出版,主要探索了语言与文化之间的关系,是中国文化语言学的开山之作。语言学家的初版本专著数量众多,不一而足。此外,还有众多从事过语言研究、语文研究的文化名人的签名本、初版本,比如出版家、翻译家、语文学家夏丏尊与人合著的《阅读与写作》,既是初版本,也是夏丏尊签赠给陈望道的签名本;再比如翻译家、资深编辑汪馥泉先生的《文法会通》(甲编),封面钤有汪馥泉印章,该书由中国图书公司发行,为1909年2月初版本。

(五)一部工具书——陈望道与《辞海》

除了《修辞学发凡》《作文法讲义》外,《辞海》编辑是陈望道学术生涯中的另一大贡献。《辞海》是以字带词,集字典、语文词典和百科词典主要功能于一体,而以百科知识为主的国内唯一的大型综合性词典,是我国的原创性精品文化工程。

1915年,著名出版家、辞书编纂家陆费逵动议编纂《辞海》;1936年,由舒新城、沈颐、徐元诰、张相等主编的《辞海》第一版面世[13]。分上、下两册，先后于1936年12月和1937年8月由中华书局出版。该书的甲种本为陈望道珍藏，陈望道还同时收藏了1940年版本的《辞海（戊种）》。解放后，考虑到出版于1936年的《辞海》已经几十年来没有修订，里边的许多条文也已经不合时宜，不能满足读者的需求。1958年5月，中华书局成立辞海编辑所，隔年成立了辞海编辑委员会开始，由原《辞海》总主编舒新城继续担任总主编启动《辞海》修订工作，后未及编制完成，舒新城逝世，遂由辞海编辑委员会的陈望道于1961年接替这一职务，成为《辞海》总主编。作为语言学家的陈望道接续完成了按学科分类编排的16分册试行本，另有总词目表1册内部发行，供征求意见。该版本《辞海》也为陈望道完整收藏（《辞海试行本》，中华书局辞海编辑所1961年9月至11月出版发行）。在试行本基础上，1965年继续修订完成《辞海》（未定稿）的编纂，该版本及陈望道逝世后的1979和1989年版本的封面题字均出自陈望道先生。

如前所述，陈望道藏书具有版本、文化、学术、历史等多种价值，也因陈望道先生的个人角色、经历和成就，而呈现鲜明的特点。尽管陈望道藏书数量并不算多，但一定还有更多值得挖掘的内容，期待各位读者通过不同视角，对这批藏书进行独特的解读。

补 记

本书编撰工作从2021年11月份开始启动，2022年9月交付正文初稿，2023年12月正式定稿，历时整整两年。这两年间，复旦大学图书馆、上海鲁迅纪念馆、复旦大学档案馆、《共产党宣言》展示馆、陈振新教授五方通力合作，克服种种困难，总目的编撰工作终于得以顺利完成。

今天再次拿到即将付梓的《陈望道藏书总目》书稿，感慨良多。由于陈望道藏书分藏多处，团队在采集版权信息、拍摄图片、信息核对、协同沟通等过程中有诸多不便，而且疫情期间，经常封封停停，更加重了这种困难。但我们的编撰团队在疫情肆虐的特殊时期，一直坚守岗位，勇毅前行。行文至此，感谢之情悠然而至。真挚感谢整个团队在特殊时期为本书编撰付出的艰辛，感谢陈振新教授对编纂总目的鼓励和支持，感谢上海鲁迅纪念馆乐融副馆长给予的高度信任和高效协调，感谢复旦大学档案馆黄岸青馆长在信息采集工作上给予的关照，感谢为此书顺利完成付出辛劳的复旦大学出版社顾雷编辑，还要特别感谢复旦大学图书馆团队的各位同事，尤其是执行主编陈丙杰老师自始至终的全心投入。

本书虽几经校核，数据错漏仍难避免，不足之处，也敬请方家批评指正。

王 乐

2023年12月

参考文献

[1] 周园.从编纂古籍善本书目看目录版本学家之成就[J].新世纪图书馆,2014(08):79-83.

[2] 高路明.古籍目录及其功用[J].文史知识,1981(5):105-108.

[3] 赵菁.北京鲁迅博物馆鲁迅中文藏书概说[J].鲁迅研究月刊,2023(10):89-96.

[4] 海内外藏家晒出1675部"宝贝"[N].解放日报,2018-12-17.

[5] 陈思和.试论高校图书馆特藏建设的意义[J].杭州师范大学学报(社会科学版),2020,42(01):1-6.

[6] 徐莹.签名本:文学档案的另一个视角[J].中国档案,2018(06):38-39.

[7] 邓明以.陈望道传.上海:复旦大学出版社:76.

[8] 一石.陈望道与鲁迅交往录——《鲁迅日记》摘录[C]//上海鲁迅纪念馆.陈望道先生纪念集.复旦大学出版社,2006:7.

[9] 凌月麟,周国伟.德高学富 功业长存——观陈望道专库散记[C]//上海鲁迅纪念馆.陈望道先生纪念集.复旦大学出版社,2006:7.

[10] 信仰的味道(10)陈望道与鲁迅之间的交往[N].义乌商报,2018-07-11.

[11] 黄乔生.《鲁迅全集》出版史:繁难与创举[N].中国出版传媒商报,2021-09-24(007).

[12] 陈望道:一位语言学家的本心[N].文汇报,2019-09-30.

[13] 《辞海》是怎样炼成的——写在《辞海》出版80周年之际[N].中华读书报,2017-01-04(010).

凡例

一、本书由"精华图录""藏书目录""索引"三部分组成。

二、"精华图录"甄选百种图书,分别以"钤印本""题跋本""签名本""批校本""稀见本"为标题,分五节加以展示。

每节的精选图书按出版时间排序。未标注出版时间的,根据书内信息判断大致时间。如无法判断,则置于本节末尾。

每种图书不超过四幅,一般包括封面、扉页、特殊信息(钤印、题跋、签名、批校)页、正文页、目录页、序言页、版权页中的一种或几种元素。

"精华图录"配适当的文字说明。文字说明包括图书版本信息,以及钤印、题跋、签名的文字识读和钤印者、签名者的个人简介,稀见本则简要介绍图书内容和存世状况。

钤印、题跋、签名、批校等特殊信息,酌情另配放大图片一幅。

三、"藏书目录"汇集了分藏于复旦大学图书馆、复旦大学档案馆、上海鲁迅纪念馆、《共产党宣言》展示馆、陈望道哲嗣陈振新家中的陈望道藏书(期刊、报纸除外)。

"藏书目录"按照《中国图书馆分类法》进行分类,并酌情拆分或合并。例如,哲学类、语言文字类、文学类图书数量较多,且与陈望道学术发展、社会活动有重要关联,故进行二级甚至三级拆分;相反,天文、物理、交通运输类等数量较少的图书,则按学科相似性原则合并。每一类中的藏书,按题名首字母排序。外文图书置于本节末尾。

"藏书目录"以表格形式呈现。表格设题名、著译者、出版单位、出版时间、版次、备注,共六个字段。

题名字段中,只有一个书号且出版时间相同的多册图书,合并为一个条目;反之则分列条目。

著译者包括著者、编者、译者,三者之间以";"间隔。译者以"贺麟译"样式著录。中国传统文化典籍的选、编、校、译、注著作中,只列选、编、校、译、注者,不列原作者,比如《淮南子》(商务印书馆,1926年)一书为沈雁冰选注,故在著译者一栏录入"沈雁冰"。国别、朝代统一删掉。外文名如附有中文译名,以"黑格尔(原名Hegel,G.W.F.)"样式著录。

出版时间中,非公元纪年的,改为公元纪年;线装古籍中的干支纪年,其后附公元纪年。

版次字段中,诸如"初版""再版""三版""渝一版""新一版"等字样,统一改为"第1版""第2版""第3版""渝1版""新1版"。

备注信息中,只简单标注"钤印""签名""题跋""批校""毛边""精装""线装""油印"等字样。

有复本的图书,一般情况下,只著录1个条目。复本如有钤印、签名、批校等特殊信息,则另列条目。

著译者、出版时间、出版单位、版次不详者，以"/"表示。

版权页残损的图书，如因版次等原因无法确定版权信息，则以"/"表示。

四、"精华图录"中"钤印本"一节和藏书总目中"备注"字段中提到的"钤印"，不包括"望道藏书""陈望道校长赠""复旦大学图书馆藏书之章"，概因"望道藏书"是陈振新教授遵父嘱托捐赠陈望道藏书时所钤之印，"陈望道校长赠""复旦大学图书馆藏书之章"是复旦大学图书馆接收捐赠藏书后所钤之印。

五、繁体字一律改为现行通用的简体字。

六、索引按姓名首字母笔画数排序，外文人名统一归为〇画。

索引包含的人名，既有著者、编者、译者，也包括钤印本中的名章、签名本中的签赠者和受赠者。

上编 精华图录

目录

○一 钤印本 / 003

○二 题跋本 / 023

○三 签名本 / 033

○四 批校本 / 077

○五 稀见本 / 089

〇一 钤印本

本节所选十八种钤印本，大致分两类：一类展示陈望道用过的"陈望道"（四种）、"望道"（四种）、"远寄楼藏"（二种）、"参一"、"绿屋藏书"共十二种印章；一类展示黄侃、汪馥泉、冯三昧、虞绍唐、蔡葵等陈望道同行、亲友的印章。

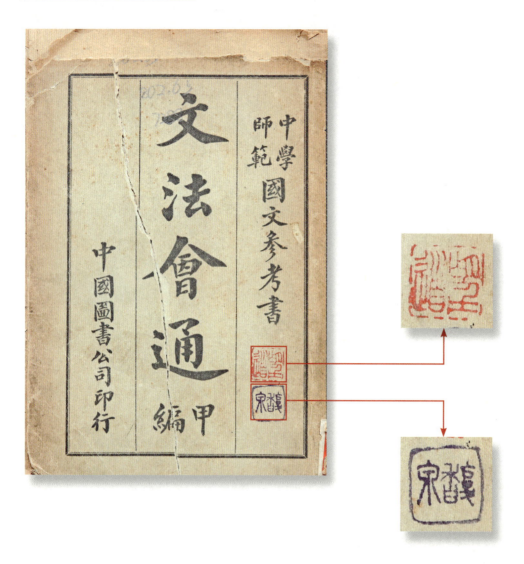

《文法会通》(甲编)

刘金第编辑,中国图书公司发行,1909年2月初版。

封面钤"馥泉"紫色阳文印、"望道"朱文印各一枚。其中,"望道"朱文印还用于《生活表现の言语学》《国语文法概要》《实用国语文法》(上编)等藏书中。

汪馥泉(1900—1959),翻译家、作家、编辑家。1928年与陈望道合办大江书铺。1930年代初,先后在上海公学、复旦大学任教,并编辑《现代》《文摘》。抗日战争爆发,任《救亡日报》编委。1940年任《学术》杂志主编。1945年任《大公》周刊编辑。1948年秋编辑《透视》周刊。主要著作有《文章作法》《现代文学十二讲》《狱中记》《新文学概论》等。

《修辞法讲话》

[日]佐佐政一著,东京株式会社明治书院发行,1912年7月15日初版。
扉页钤"参一"椭圆形朱文印一枚。此印是陈望道名印。
陈望道,原名陈参一。

《中国文法通论》

刘复著,群益书社发行,1920年8月1日再版,线装。

封面毛笔题写"中国文法通论　作者刘复"和"自由室主藏",并钤朱文印两枚(印文待考)。

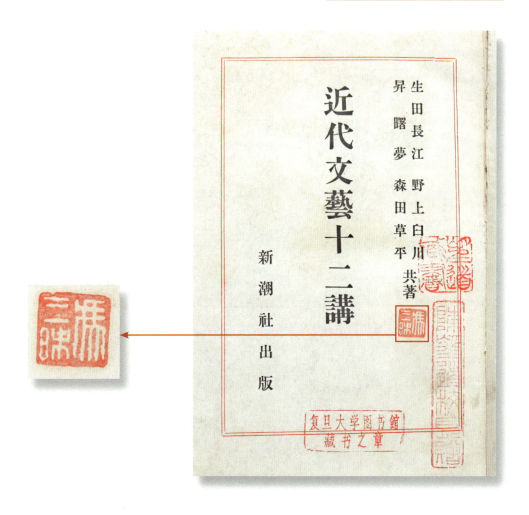

《近代文艺十二讲》

[日]生田长江、[日]昇曙梦、[日]野上臼川、[日]森田草平合著,新潮社出版,1923年1月15日第18版。

扉页钤"冯三昧"白文印一枚。

冯三昧(1899—1969),浙江义乌人,1917年留学日本,1919年肄业于东京早稻田大学文学系。曾任教于春晖中学、上海大学、中华艺术大学、义乌中学等学校。1928年与陈望道等人共同创办大江书铺。主要著作有《小品文作法》《小品文讲话》等。

《中古文学概论》(上)

徐嘉瑞编,上海亚东图书馆发行,1924年4月初版。
封面钤"远寄楼藏"朱文印一枚。此印是陈望道藏书印。

上编 精华图录

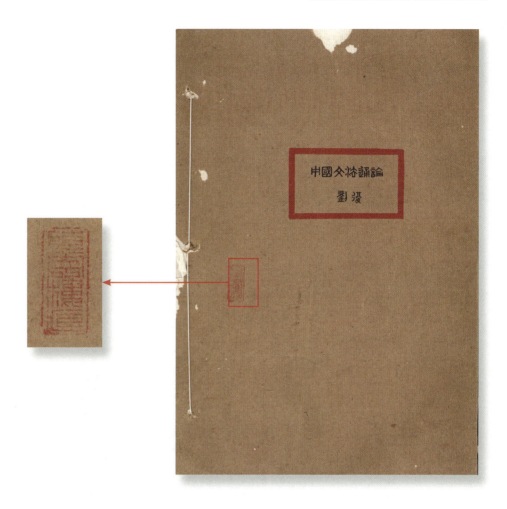

《中国文法通论》

刘复著,群益书社发行,1924年5月第4版,线装。

封面钤"远寄楼藏"朱文印一枚。此印是陈望道藏书印,还用于《逻辑指要》《文化论》《语法理论》等藏书中。

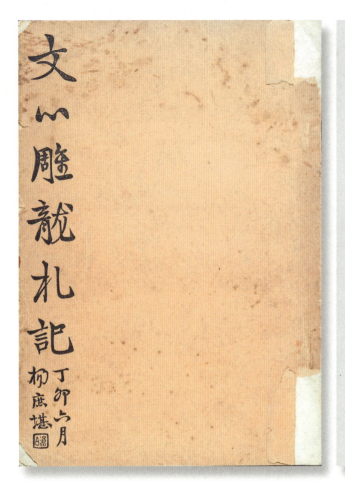
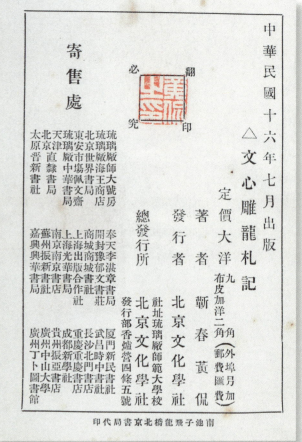

《文心雕龙札记》

黄侃著,北京文化学社发行,1927年7月初版。

版权页钤"黄侃之印"白文印一枚。

黄侃(1886—1935),字季刚,湖北蕲春人。语言文字学家、音韵训诂学家、国学大师。1905年留学日本,在东京师事章太炎,为章门大弟子。曾在北京大学、中央大学、金陵大学、山西大学等校任教。主要著述有《音略》《声韵通例》《说文略说》《尔雅略说》《声韵略说》《汉唐玄学论》等。

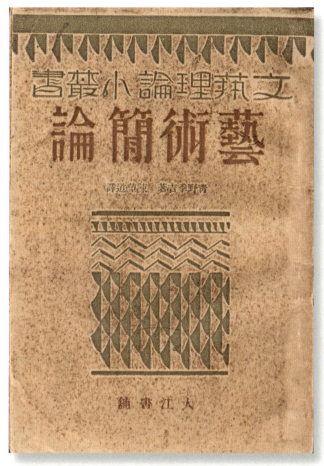 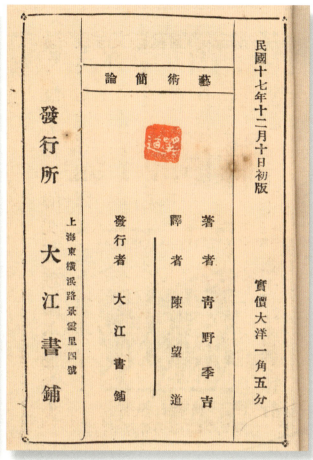

《艺术简论》

[日]青野季吉著,陈望道译,大江书铺发行,1928年12月10日初版。

版权页钤"望道"白文印一枚。此印还用于《文学及艺术之技术的革命》(初版)、《美学概论》等藏书。

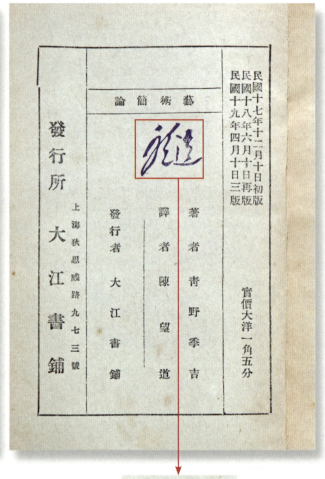

《艺术简论》

[日] 青野季吉著，陈望道译，大江书铺发行，1930年4月10日第3版。版权页钤"望道"紫色阳文印一枚。

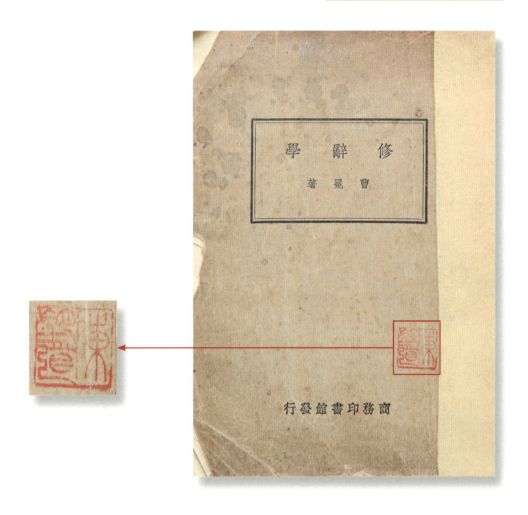

《修辞学》

曹冕著,商务印书馆发行,1934年4月初版。

封面钤"陈望道"朱文印一枚。此印还用于《语法修辞讲话》《汉语讲义》等藏书。

《言语学通论》

［日］小林英夫著，三省堂发行，1937年3月25日初版，精装。

扉页钤"望道"朱文印一枚。此印还用于《国语文法概要》《官话文法》《实用国语文法》（上编）等藏书。另外，版权页贴著者版权票。

《中国拼音文字的演进》《中国文字形体的演变》《中国语音的演变与音韵学的发展》

中国语文教育学会主办语文展览会会刊，1939年11月3日出版，共3册，作者依次为陈望道、金祖同、张世禄。

陈望道全套珍藏。封面均钤"陈望道先生赠书"手写章、"国立复旦大学新闻学系新闻馆图书室"蓝色阳文印各一枚。

 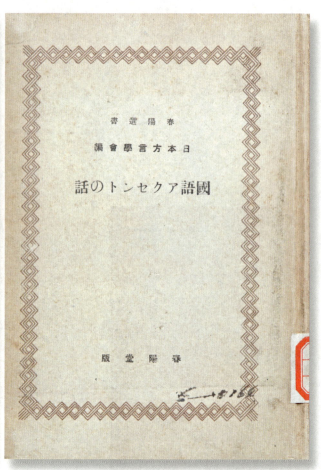

《国语アクセントの话》

日本方言学会编,春阳堂书店发行,1943年3月28日初版。

扉页钤"虞绍唐藏书印"蓝色阳文藏书印一枚。此印还出现于《标准英语单语の研究》等藏书。

虞绍唐(1896—1961),字金富,浙江义乌人,中国现代兵工技术专家。1917年3月留学日本,得同乡陈望道迎接和照顾。归国后任宁、沪、渝等地兵工部门主任、处长、厂长、副司长,少将军衔。中华人民共和国成立后,任军工部沈阳五三工厂总工程师。

《常用简字语典》(草稿上、下册)

中国文字改革协会秘书处编印,1951年8月,油印本。

上下册封面均钤"绿屋藏书"朱文印一枚。此印是陈望道藏书印,还用于《近代世界史》《汉语音韵学导论》《列宁主义问题》等藏书。

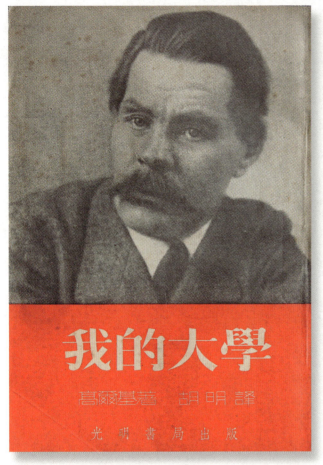
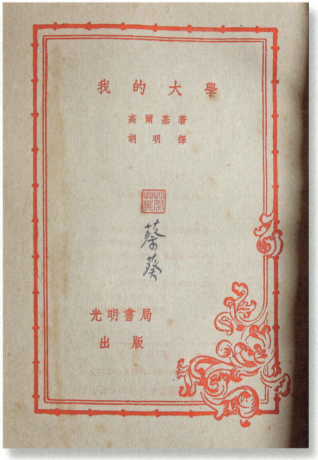

《我的大学》

[苏]高尔基著,胡明译,光明书局出版,1953年北京初版。

扉页钤"蔡葵"朱文印一枚,另有蔡葵亲笔签名。此印还用于《涵芬楼文谈》《汉语语法》等藏书。

上编　精华图录

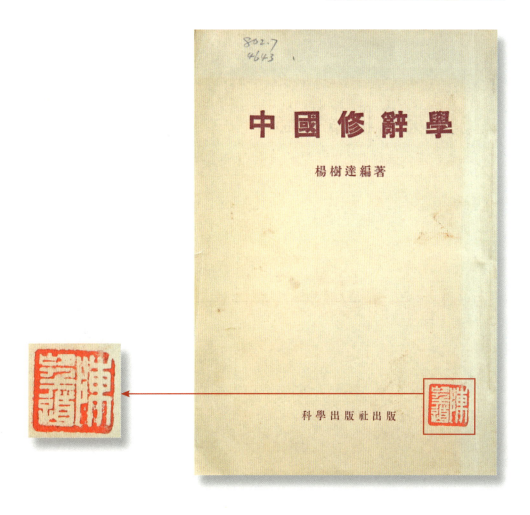

◎《中国修辞学》

　　杨树达编著,科学出版社出版,1954年12月初版。
　　封面钤"陈望道"白文印一枚。此印还用于《修辞概要》《文艺理论译丛》《中国共产党第八届中央委员会第八次全体会议文件》等藏书。

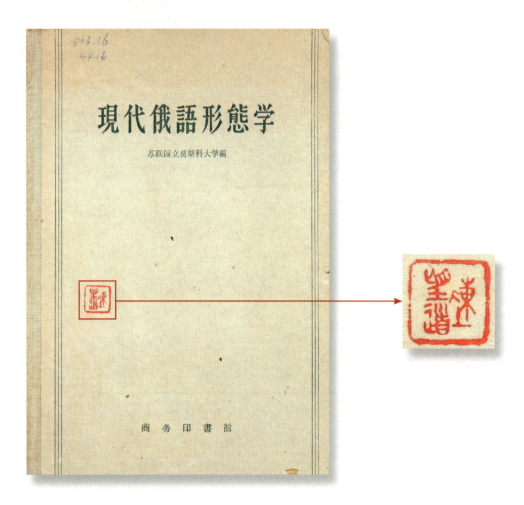

《现代俄语形态学》

苏联国立莫斯科大学编，黑龙江大学编译室译，商务印书馆出版，1959年11月初版。

封面钤"陈望道"朱文印一枚。此印还出现于《中国近代文论选》《文史通义》等藏书。

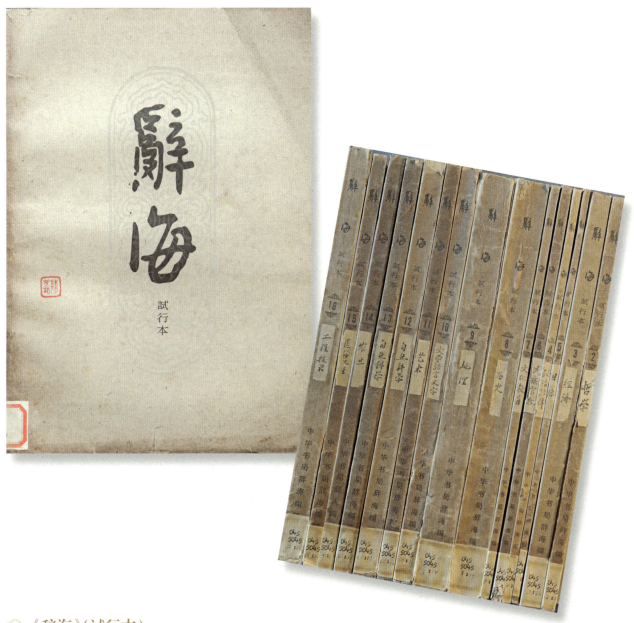

《辞海》（试行本）

中华书局辞海编辑所修订、出版，1961年11月新1版，共16分册。

陈望道全套珍藏。第2、3、4、5、8、10、11、12、13、14、15、16分册封面均钤"陈望道"朱文印一枚。此印还用于《言叶の文化》《中国文法论》《辞海》（初版，甲种）等藏书。

〇二 题跋本

本节共选九种题跋本,其中六种是陈望道自己题写,三种是别人题写。从题跋内容看,有淘书之乐,有睹"书"思人之感,也有阅读感悟速记。

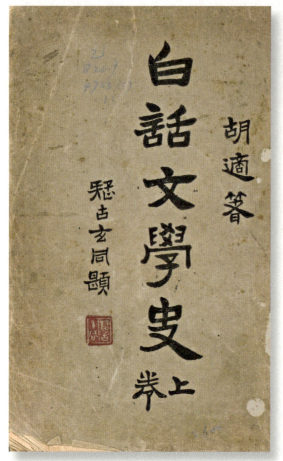 

《白话文学史》（上卷）

胡适著，新月书店发行，1928年6月初版，甲种本。

扉页题"吴汝勋购于上海新月书店 十七，十二，十六"。

吴汝勋（1907—1981），生于浙江义乌，后改名吴斐丹。经济学家、人口理论家。1928年春转学进入复旦大学。曾任《申报》战地记者，后至复旦大学任教，1941年担任复旦大学经济系主任。

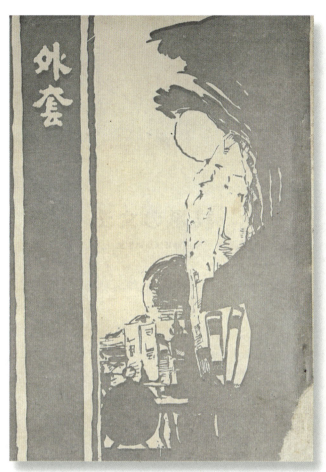

《外套》

［俄］果戈理著,韦淑园译,未名社出版部出版,1929年4月再版。

扉页题"虽系一本旧书,却是名著哩!二十年十一月廿九夜购于上海致道"。

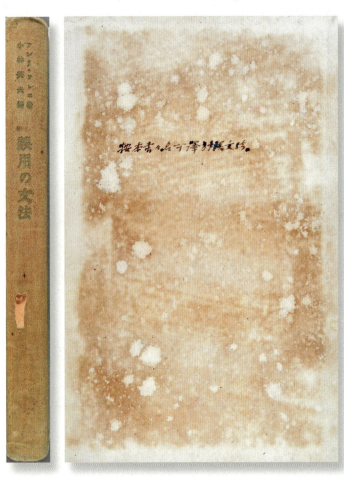
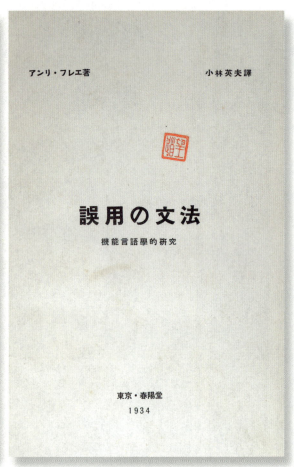

《误用的文法》

[法] Anly Furee 著，[日] 小林英夫译，东京春阳堂株式会社发行，1934年12月15日初版，精装。

前环衬题"按本书书名可译别误文法"，扉页钤"望道"朱文印一枚。

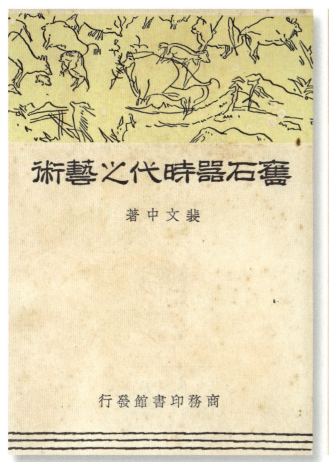 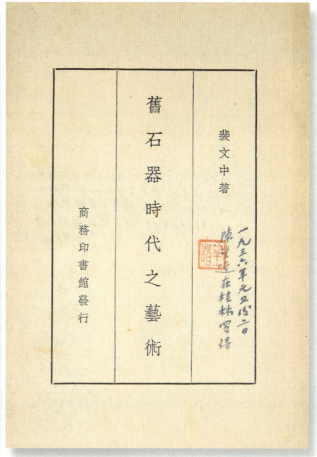

《旧石器时代之艺术》

裴文中著,商务印书馆发行,1935年7月初版。

扉页题"一九三六年元旦后二日　陈望道在桂林买得",并钤"望道"朱文印一枚。

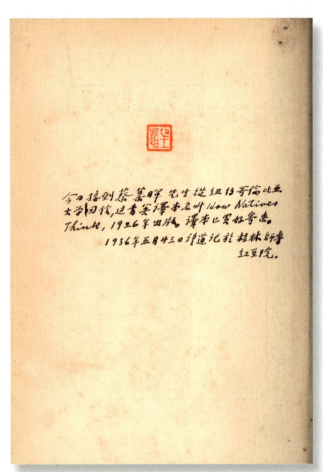
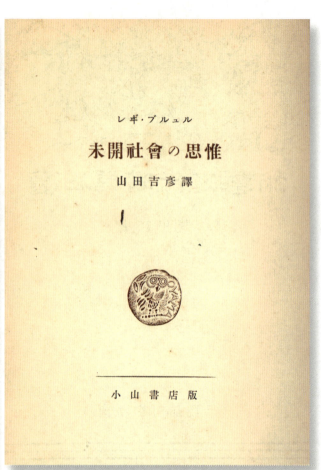

《未开社会の思惟》

［美］しギ・ブルュル著，［日］山田吉彦译，小山书店发行，1935年7月10日初版，精装。

前环衬题"今日接到蔡慕晖先生从纽约哥伦比亚大学回信，这书英译本名叫How Native Think，1926年出版。译本已买好寄来。1936年五月廿三日望道记于桂林师专红豆院"，并钤"望道"朱文印一枚。

上编　精华图录

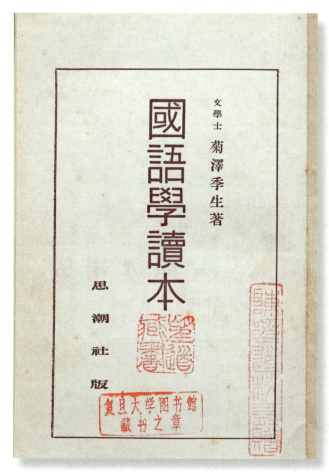 

《国语学读本》

［日］菊泽季生著,思潮社发行,1939年12月18日初版,精装。

前环衬有题记"1940年1月购于上海",并钤"望道"朱文印一枚;内有陈望道批注手迹。

《民族形式讨论集》

胡风选编，华中图书公司出版，1941年5月1日初版。

封面题"民国三十年五月十三日M君寄赠"，并钤"望道"朱文印一枚。

书内夹着一张会议入场券，内容为"复旦大学登辉堂/会议入场券/日期：1950年12月29日下午2时30分/35排26座"。陈望道在入场券上用蓝色圆珠笔写"明日下午一点半在系里大扫除。"

上编 精华图录

《支那言语组织论》

吴主惠著,生活社发行,1942年10月20日第2版,精装。

前环衬题"昭和十九·八·二十　上海内山书房　ユテホム",钤"温品"朱文印一枚。

《国语辞典》

中国大辞典编纂处编纂,汪怡主编,商务印书馆发行,1943年12月初版,全8册。

陈望道全套珍藏。每一册扉页均钤"周静山"朱文印一枚。

第一册前环衬题"民国十七年,教育总署于北平中南海有中国辞典编纂处之设,延请专门人材,旁搜博采,蒐集材料,因七七事变不得已而中辍,乃由汪一庵先生另编《国语辞典》一书,委京华印书局排印。静时在京局,任华字课课长职,关于制模排版以及格式问题,与汪君逐步研讨,屡经删改,历时达两载之久。今有疏密不匀之处,皆增删之故耳。所有中西铅字及字母,皆为新制,既精且细,美奂一新。今特手藏一部,计八册。谨志数言,以资纪念。静山识",并钤"静山"朱文印一枚。

〇三 签名本

本节所选四十三种签名本，从出版时间看，始于19世纪80年代，终于20世纪70年代，其中1949年之前出版的图书超过半数。从签名内容来看分三部分：第一部分是陈望道收藏的别人的签名本，第二部分是陈望道签赠给夫人和儿子的签名本，第三部分是别人签赠给陈望道的签名本。

其中，第三部分又分五类：一类是陈望道的朋友签赠，如汪馥泉、傅东华、徐蔚南、夏丏尊、章锡琛等人；一类是陈望道在复旦大学的同事签赠，如郭绍虞、朱东润、伍蠡甫、孙大雨、陈子展、刘大杰、周谷城等人；一类是陈望道在语言学界的同行签赠，如王力、张志公、罗常培、周有光、方光焘、高明凯等人；一类是陈望道在翻译界的同行签赠，如孟十还、朱雯、曹未风、张威廉等人；一类是陈望道的学生，如倪海曙、祝秀侠等人，以及陈望道在文学界、党内朋友，如汪静之、唐弢、李达、吴玉章等人。

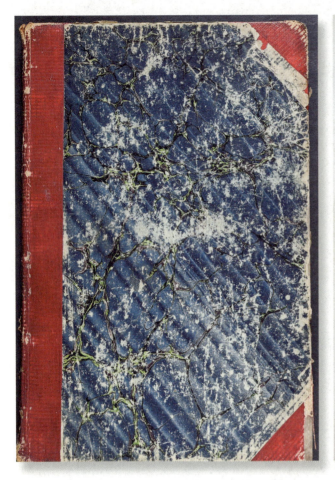

A GRAMMAR OF COLLOQUIAL CHINESE, AS EXHIBITED IN THE SHANGHAI DIALECT

J. Edkins, Shanghai: Presbyterian Mission Press, 1868, Second Edition, Corrected.

扉页题"望道先生　惠存",钤"徐蔚南"白文印一枚。

徐蔚南(1900—1952),现代作家、翻译家、出版家、方志学家。1924年,由柳亚子推荐参加新南社。自1928年起任世界书局编辑,主编《ABC丛书》。抗日战争胜利后,主持《民国日报》的复刊工作,任《大晚报·上海通》的主编及上海通志馆的副馆长,并兼任大东书局编纂主任。与王世颖合著《龙山梦痕》《都市的男女》等,译作有《一生》《女优泰绮思》等。

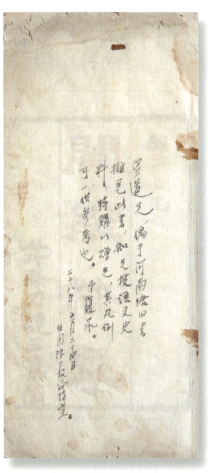

《闽腔快字》

力捷三撰,清光绪二十二年(1896)刻本。

书前题"望道兄,偶于河南路旧书摊见此书,知兄搜语文史料,特购以赠兄,其凡例可一供参考也。弟馥泉 二十八年五月二十四日 在国际日报编辑室"。

汪馥泉(1900—1959),字浚,翻译家、作家、编辑家。1928年与陈望道合办大江书铺。20世纪30年代初,先后在上海公学、复旦大学任教,并编辑《现代》《文摘》。抗日战争爆发,任《救亡日报》编委。1940年任《学术》杂志主编。1945年任《大公》周刊编辑。1948年秋编辑《透视》周刊。主要著作有《文章作法》《现代文学十二讲》《狱中记》《新文学概论》等。

《传音快字》

蔡锡勇著,清光绪三十一年(1905)刻本。

前环衬题"敬赠望道夫子 生倪海曙 一九三九年四月"。

倪海曙(1918—1988),文字改革活动家、语言学家。1941年毕业于上海复旦大学。复旦大学副教授,曾任上海新文字工作者协会副主席、《新文字》周刊主编、《文化学习》《语文知识》主编、通俗读物出版社文化读物编辑室主任、文字改革出版社总编辑。著有《中国拼音文字运动史简编》《中国拼音文字概论》《美国西洋镜》《铁马记》等。

 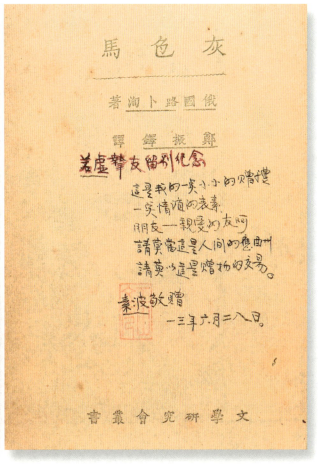

《灰色马》

［俄］路卜洵著,郑振铎译,商务印书馆发行,1924年1月初版。

扉页题:

若虚挚友留别纪念

    这是我的一点小小的赠礼

    一点情谊的表素

    朋友——亲爱的友呵

    请莫当这是人间的应酬

    请莫以这是赠物的交易。

素波敬赠

    一三年六月二八日。

并钤朱文印一枚。

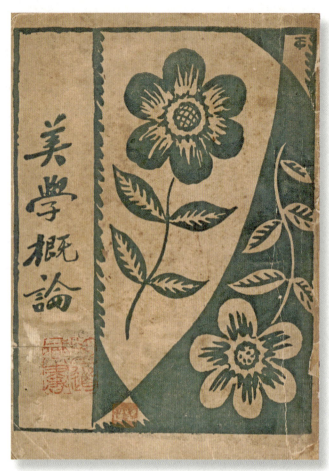

《美学概论》

陈望道编著,民智书局发行,1927年8月初版。

前环衬题"慕晖:望道",并钤"望道"白文印一枚;封面同钤"望道"白文印一枚。

慕晖即蔡慕晖,又名蔡葵,陈望道夫人。

蔡葵(1901—1964),又名蔡慕晖,社会活动家、翻译家,陈望道夫人。1927年起在上海大学、中华艺术大学英文系任教。1932年主编《微音月刊》《女青年月刊》等刊物。1937年起任中华基督教女青年会全国协会总干事,1947年当选为世界女青年会理事。1952年进入复旦大学外文系任教。主要著作有《独幕剧ABC》《艺术的起源》(译著)等。

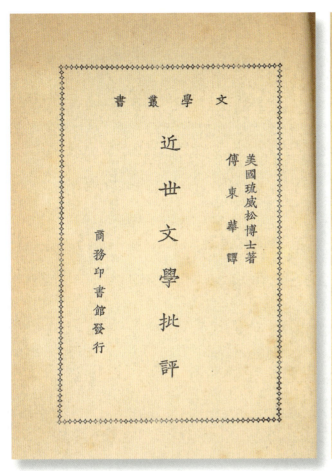
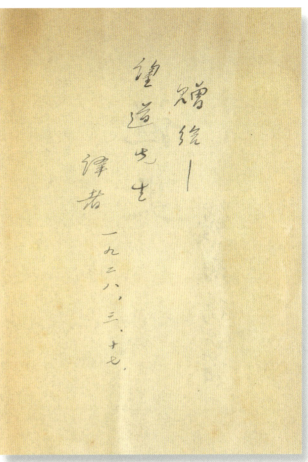

《近世文学批评》

[美]琉威松著,傅东华译,商务印书馆发行,1928年3月初版。

前环衬题"赠给——望道先生 译者 一九二八,三,十七"。

傅东华(1893—1971),翻译家。1912年进中华书局任编译员。1913年开始为《中华小说界》译作短篇小说。1929年至1932年任复旦大学教授。1933年至1935年任《文学》月刊执行编委,20世纪30年代创办《文学社》,编写过《孤岛闲语》、初中《国文教科书》和高中《复兴国文教科书》、《国文法程》等。著作有《诗歌与批评》《山胡桃集》《创作与模仿》等,译著有《诗之研究》《社会的文学批评论》《近世文学批评》《飘》《琥珀》等。

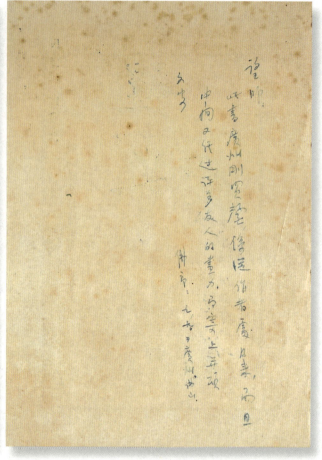

《谜史》

钱南扬著,民俗学会编审,国立中山大学语言历史研究所印行,1928年7月初版。

封里题"望师:此书广州刚买罄,系从作者处得来,而且中间又经过许多友人的尽力。即寄上并颂 文安 佛郎:九,九。于广州,佛山"。

佛郎,即祝秀侠。

祝秀侠(1907—1986),作家,广东番禺人。原名祝庚明,笔名秀侠、佛郎等。就读于上海复旦大学中文系,师从陈望道。陈望道1931年协编《微音》月刊时,祝秀侠是主要支持者、撰稿人之一,以笔名佛郎发表了《有声电影论》《泰纳的文艺术批评之批评》《一月零四日的血痕》等文章。

《中国文学史讲话》

陈子展著,北新书局印行,1933年3月初版。

前环衬题"此换米之物耳　敬呈望道先生哂而教之　子展　一九三三,五,八"。

陈子展(1898—1990),中国文学史家、杂文家。1932年主编《读书生活》。1933年起任复旦大学等校教授。1930年代曾发表大量杂文、诗歌和文艺评论,后长期从事《诗经》《楚辞》研究。著有《中国近代文学之变迁》《最近三十年中国文学》《诗经直解》《楚辞直解》等。

《密尔格拉得》

[俄]果戈理著，孟十还译，文化生活出版社刊行，1936年4月初版，精装。

前环衬题"望道先生惠教　后学十还敬呈"，并钤"孟十还"朱文印一枚。

孟十还（1908—1946），作家、编辑、翻译家。原名孟显直，又名孟宪智。曾留学苏联，在黎烈文主编的《译文》上发表许多俄国和苏联文学译文。1936年主编《作家》月刊。与鲁迅来往密切，两人合作翻译了《果戈理选集》。

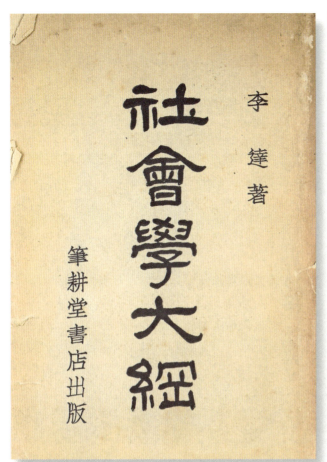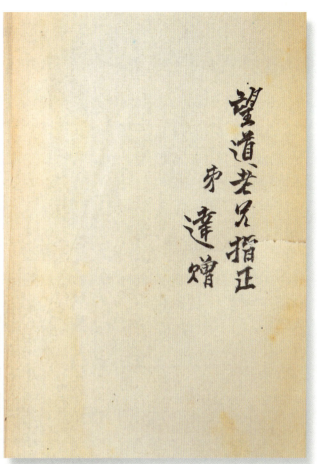

《社会学大纲》

李达著,笔耕堂书店出版,1937年5月初版。

前环衬题"望道老兄指正　弟达赠"。

李达(1890—1966),中国共产党主要创始人之一,中国马克思主义启蒙思想家、哲学家、经济学家、教育家和法学家,马克思主义理论家。著有《实践论解说》《矛盾论解说》和主编《唯物辩证法大纲》等。

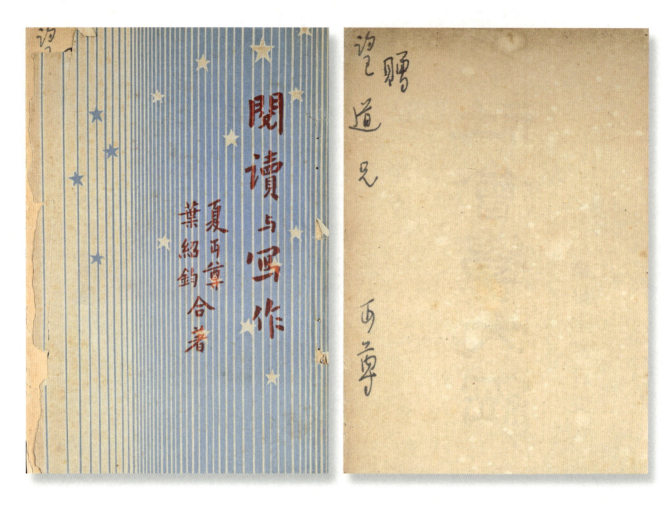

《阅读与写作》

夏丏尊、叶绍钧合著,开明书店发行,1938年4月初版。

前环衬题"赠望道兄　丏尊"。

夏丏尊(1886—1946),文学家、语文学家、出版家和翻译家。1919年与陈望道、刘大白、李次九共同支持五四新文化运动,推行革新语文教育。1921年加入文学研究会,1929年任开明书店编辑所所长,1930年创办《中学生》杂志。出版了《文艺讲座》《生活与文学》《现代世界文学大纲》等,编著有《芥川龙之介集》《开明国文讲义》等,译著有《社会主义与进化论》《近代的恋爱观》《爱的教育》等。

 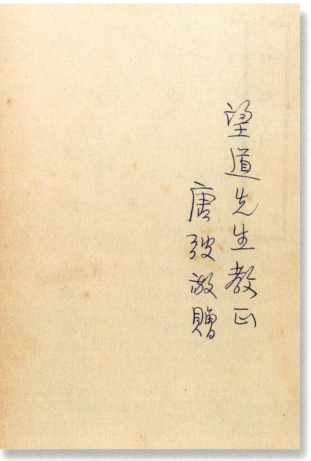

《文章修养》（上）

唐弢著，少年读物编辑社编，文化生活出版社出版，1939年4月初版。

前环衬题"望道先生教正　唐弢敬赠"。

唐弢（1913—1992），作家、文学理论家、文学史家、鲁迅研究专家。出版杂文集《推背集》《海天集》《投影集》《劳薪集》等，散文随笔集《落帆集》《晦庵书话》等，论文集《向鲁迅学习》《鲁迅的美学思想》《海山论集》等，主编《中国现代文学史》，另辑有《鲁迅全集补遗》《鲁迅全集补遗续编》。

《助字辨略》

刘淇著，章锡琛校注，开明书店出版，1940年1月初版。

前环衬题"此书初刻于康熙五十年辛卯，在西历为一七一一年。道志"；扉页题"望道先生惠存　锡琛敬赠"。

章锡琛（1889—1969），现代出版家。1912—1925年任上海商务印书馆《东方杂志》编辑、《妇女杂志》主编，编辑《时事新报》《民国日报》副刊。1926年离开商务印书馆筹建《新女性》杂志社，随后创办开明书店。1949年任出版总署处长、专员。中华人民共和国成立后，担任古籍出版社副总编辑、中华书局任副总编辑，主持拟订《著作权暂行法》，参加《资治通鉴》等历史名著的编校出版。

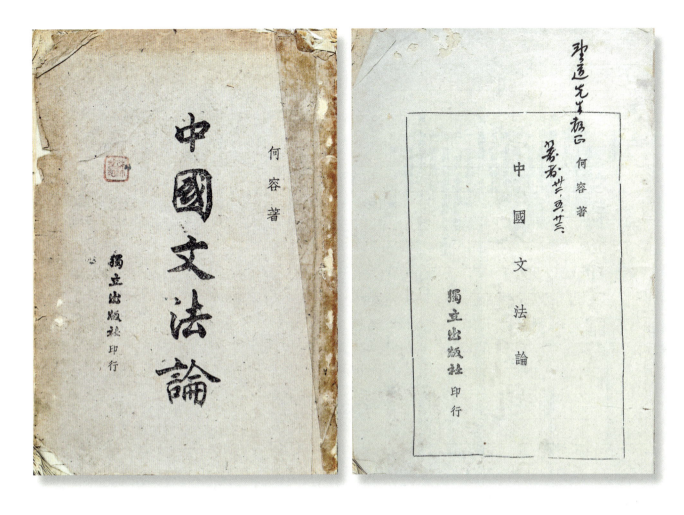

《中国文法论》

何容著,独立出版社印行,1944年4月初版。

扉页题"望道先生教正　著者　卅二,五,廿三"("卅二"疑为"卅三"——编者注),封面钤"陈望道"朱文印一枚。

何容(1903—1990),语言学家。本名兆熊,字子祥。1926年大革命时投笔从戎,1929年继续回北大读书。1931年起任"教育部国语统一筹委员"编辑,主编《国语周刊》。1937年全面抗战开始后,与老舍等人创办《抗到底》《人人看》。1939年在重庆主编《抗战画刊》。1941年任国语推行委员会委员,兼任复旦大学中文系教授。1945年8月被派往台湾推行国语。1948年和友人创办《国语日报》。著作有《中国文法论》《简明国语文法》《从头谈起》《政治工作大纲》。

《中学国文教学问题》

胡怀琛著,商务印书馆发行,1936年3月初版。

封面题"蔚南先生教正　寄尘敬赠"。

胡怀琛(1886—1938),文学史家、学者、编辑。名有怀,字季仁,后改寄尘。胡朴安之弟。1910年受聘于《神州日报》担任编辑。翌年与兄胡朴安一起加入南社。辛亥革命爆发,与柳亚子编撰《警报》,后又任《中华民报》编辑。1920年应聘于沪江大学。后应王云五邀聘去商务印书馆任编辑,参加《万有文库》编辑工作。继后,在中国公学、沪江、持志等大学及正风学院担任教授。在任教、编辑期间,选编、撰写、著述颇丰,且门类广博。主要著作有《国学概论》《中国文学史略》《修辞学发微》《中国诗学通评》《中国民歌研究》《中国小说研究》《中国戏曲史》等。

《科学概论》

卢于道著,中国文化服务社印行,1944年5月第4版。

封面题"望道先生指正 著者敬赠"。

卢于道(1906—1985),解剖学家。中国解剖学先驱之一,开拓了中国近现代神经解剖学领域。早年毕业于南京东南大学,后赴美国芝加哥大学留学。1948年10月,辗转至陕北解放区,受到毛泽东、周恩来的接见。1949年10月1日,出席开国大典。中华人民共和国成立后,任复旦大学理学院院长。著有《神经解剖学》《科学概念》《中国人之大脑皮层》等。

《异行传》

张默生著,东方书社发行,1944年12月再版。

封面题"望道先生 教正"。

张默生(1895—1979),学者、教育家。曾任上海复旦大学教授、四川北碚相辉学院教授兼文史系主任。张默生毕生治中国古典文学,尤擅先秦诸子之学,出版有《庄子新释》《墨子精选读书》《韩非子新编》等。张默生还以传记闻名,有《苗老爷传》《鸟王张传》《义丐武训传》《厚黑教主传》等多部传记流传于世。

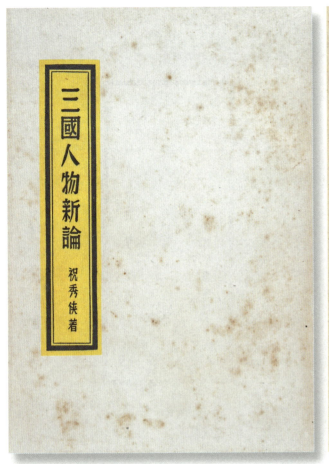

《三国人物新论》

祝秀侠著,国际文化服务社出版,1946年11月上海再版。

扉页题"望道师赐正　祝秀侠敬赠　卅五年冬"。

祝秀侠(1907—1986),作家,广东番禺人,原名祝庚明,笔名秀侠、佛郎等。就读于上海复旦大学中文系,师从陈望道。陈望道1931年协编《微音》月刊时,祝秀侠是主要支持者、撰稿人之一,以笔名佛郎发表了《有声电影论》《泰纳的文艺术批评之批评》《一月零四日的血痕》等文章。

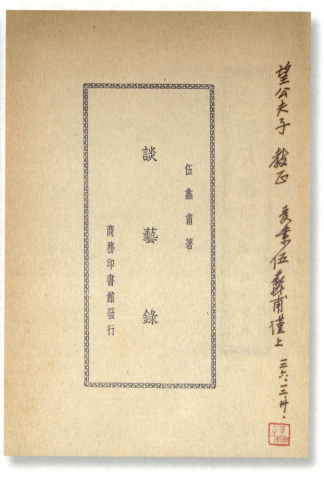

《谈艺录》

伍蠡甫著,商务印书馆发行,1947年8月初版。

扉页题"望公夫子 教正 受业伍蠡甫谨上 三六.三.卅",并钤"蠡甫"朱文印一枚。

伍蠡甫(1900—1992),翻译家、美术理论家、西方文论专家、国画家。翻译出版《文化与文明》《苏联文学诸问题》《威廉的修业时代》《雪莱诗辩》等著作。艺术领域出版论著《谈艺录》《中国画论研究》《名画家论》,并主编《中国名画欣赏辞典》《山水与美学》等。

上编 精华图录

🌀 《普希金文集》

罗果夫主编，戈宝权编辑，时代书报出版社出版，1947年12月初版。

前环衬题"望道先生：时代社敬赠"，并钤"时代书报馆"椭圆形印章一枚。

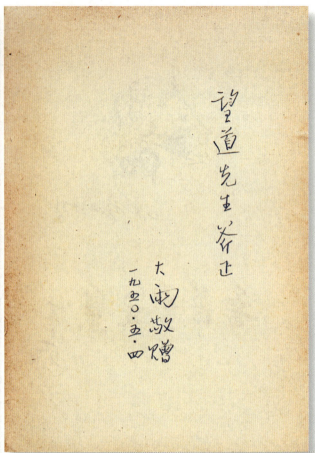

《黎琊王》（上册）

［英］莎士比亚著，孙大雨译，商务印书馆出版，1948年11月初版。

前环衬题"望道先生斧正　大雨敬赠　一九五〇.五.四"。

孙大雨（1905—1997），诗人、文学翻译家。1925年从清华大学毕业，留学美国耶鲁大学研究院，专攻英国文学。1930年回国后，先后任武汉大学、山东大学等校教授。中华人民共和国成立后任复旦大学等校教授、系主任。1919年起发表文学作品及译作，写韵律十四行诗，译勃朗宁长诗和莎士比亚作品。主要著作有《屈原诗选英译》《奥赛罗》《麦克白斯》《萝密欧与居丽晔》《威尼斯商人》等。

上编 精华图录

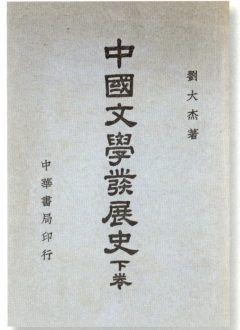

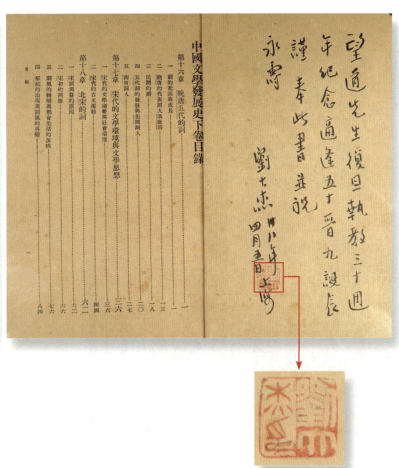

《中国文学发展史》（下卷）

刘大杰著，中华书局印行，1949年1月初版。

扉页背面题"望道先生复旦执教三十周年纪念 适逢五十晋九诞辰谨奉此书并祝 永寿 刘大杰 卅八年四月五日 上海"，并钤刘大杰朱白相间印一枚。

刘大杰（1904—1977），文史学家、作家、翻译家。早期所写小说、戏剧有《支那女儿》《昨日之花》等。翻译有托尔斯泰的《高加索囚人》《迷途》，杰克·伦敦的《野性的呼唤》等。学术著作有《魏晋思想论》《中国文学发展史》等。曾任上海大东书局编辑、安徽大学教授、四川大学中文系主任、上海临时大学文法科主任、暨南大学文学院院长。中华人民共和国成立后，担任复旦大学教授兼中文系主任。

055

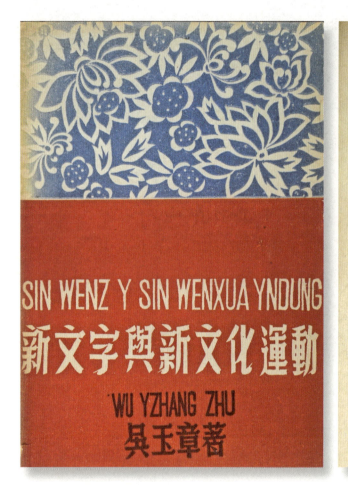

《新文字与新文化运动》

吴玉章著,华北大学出版,1949年7月初版。

前环衬题"望道先生指正　吴玉章　一九四九.十.四"。

吴玉章(1878—1966),我国无产阶级革命家、教育家,马克思主义历史学家和语言文字学家,新中国教育的开拓者,中国人民大学的创始人。吴玉章是跨世纪的革命老人,一生历经戊戌变法、辛亥革命、讨袁战争、北伐战争、抗日战争、解放战争、新中国建设,与董必武、徐特立、谢觉哉、林伯渠一起被尊称为"延安五老"。

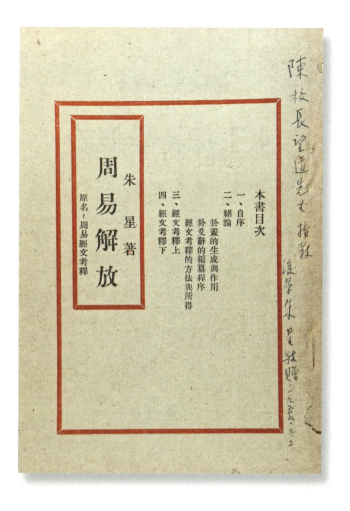

《周易解放》

朱星著，中国文学院出版，1949年11月15日初版。

封面题"陈校长望道先生指教　后学朱星敬赠　一九五六.三.三"。

朱星（1911—1982），语言学家。早年入教会学校，学习拉丁文和法文，后入上海震旦大学和无锡国学专修学校学习，曾向马相伯学习文法学，并拜陈垣为师。曾任教于上海的美国教会学校Consaga College中国学生部、法国教会学校天津工商学院、北洋大学等校。著有《古代汉语概论》《周易解放》等。

《水土保持学概论》

陈恩凤著，商务印书馆出版，1949年12月初版。

扉页题"望道 前辈 赐存 著者谨赠 一九五〇.一"

陈恩凤（1910—2008），中国土壤学家、农业教育家。1933年毕业于金陵大学农学院，1935年赴德国留学，1938年任地质调查所技师，1940年任中国地理研究所副研究员，1943年任复旦大学农学院教授、农艺系主任。曾任《土壤通讯》主编、中国土壤学会副理事、辽宁省土壤学会理事长。编著有《水土保持学概论》《中国土壤地理》等。

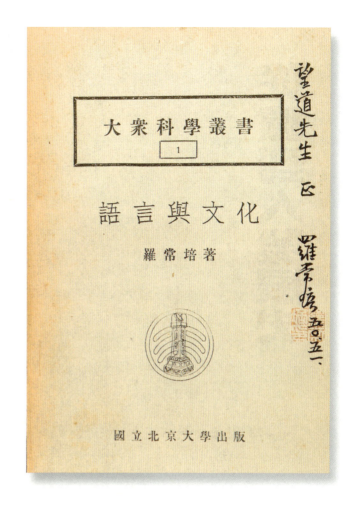

《语言与文化》

罗常培著,国立北京大学出版。

封面题"望道先生 正 罗常培 五〇.五一",并钤"罗常培印"白文印一枚。

罗常培(1899—1958),语言学家、语言教育家。历任西北大学、厦门大学、中山大学、北京大学教授,历史语言研究所研究员,北京大学文科研究所所长。毕生从事语言教学、少数民族语言研究,方言调查、音韵学研究。著作有《汉语音韵学导论》《国音字母演进史》《语言与文化》《厦门音系》《临川音系》等。

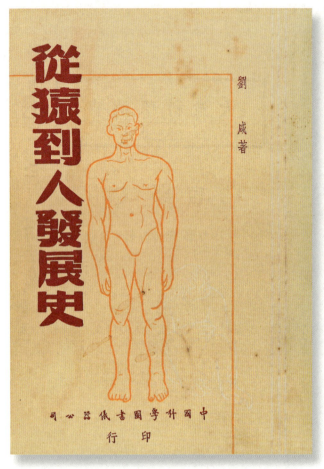
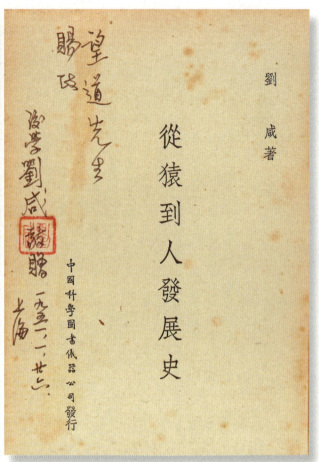

《从猿到人发展史》

刘咸著，中国科学图书仪器公司发行，1950年10月初版。

扉页题"望道先生赐政　后学刘咸敬赠　一九五一，一，廿六。上海"，并钤"刘咸"朱文印一枚。

刘咸（1901—1987），生物学家、人类学专家。1921年考入东南大学生物系，1927年为清华大学生物系讲师，1928年考取江西省公费留学，入牛津大学研究人类学，1923年获硕士学位，为英国皇家人类学会会员。1949年5月上海解放后担任复旦大学社会学系主任、人类学教授。著有《猿与猴》《从猿到人发展史》等。

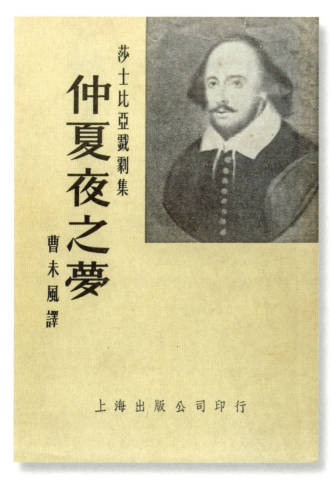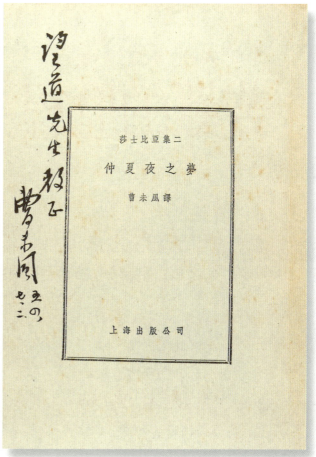

《仲夏夜之梦》

［英］莎士比亚著，曹未风译，上海出版公司出版，1954年6月初版。

扉页题"望道先生教正　曹未风　五四，七，二"。

曹未风（1911—1963），翻译家。原名曹崇德。解放前曾在大夏大学、暨南大学、光华大学等校任教授。1931年着手翻译莎士比亚全集，历经十余年完成《微尼斯商人》（即《威尼斯商人》）等11种剧本，曾以《莎士比亚全集》为总名，由贵阳文通书局于1942至1944年间出版。此外还译有汤因比的《历史研究》（三卷本）。

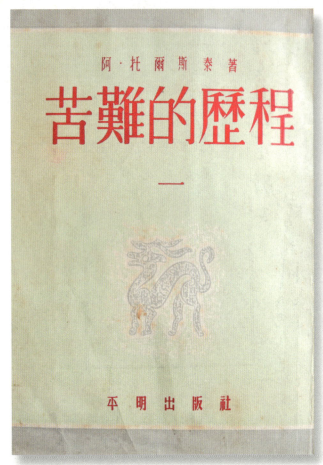
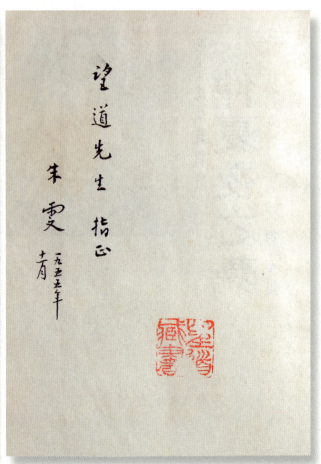

《苦难的历程》(一)

[苏]阿·托尔斯泰著,朱雯译,平明出版社出版,1955年3月第1版第6次印刷。

前环衬题"望道先生指正 朱雯 一九五五年十一月"。

朱雯(1911—1994),作家、翻译家,1932年毕业于苏州东吴大学。历任上海财经学院、复旦大学、上海师范大学教授。著有长篇小说《动乱一年》,散文集《百花洲畔》《烽鼓集》,短篇小说集《现代作家》,译著有长篇小说《苦难的历程》《彼得大帝》《西线无战事》《凯旋门》等。

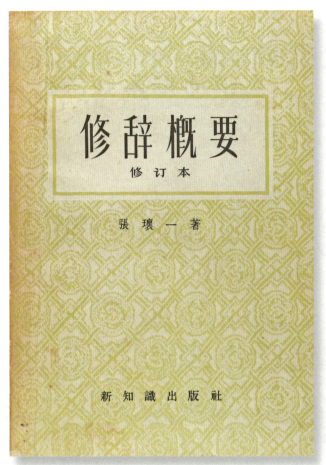
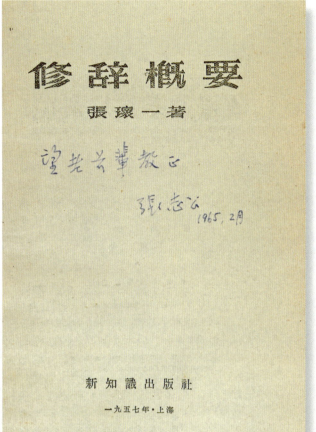

《修辞概要》

张环一著,新知识出版社出版,1957年3月新1版。

扉页题"望老前辈教正　张志公　1965,2月"。

张志公(1918—1997),现代语言学家、教育家。笔名张环一、纪纯。1945年毕业于金陵大学外文系。曾先后任教于金陵大学、海南大学、香港华侨大学。1950年后任北京开明书店编辑、《语文学习》主编。毕生从事语言学研究和语文教育工作。主要著作有《汉语语法常识》《修辞概要》《语法学习讲话》《传统语文教育初探》等。

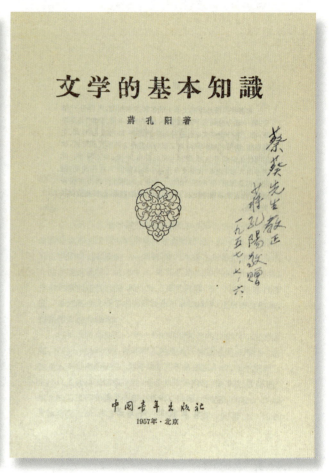

《文学的基本知识》

蒋孔阳著,中国青年出版社出版,1957年5月初版。

扉页题"蔡葵先生教正　蒋孔阳敬赠　一九五七,七,六"。

蒋孔阳(1923—1999),现代学者、美学家。1946年毕业于中央政治大学经济系。1951年后曾任复旦大学中文系艺术教研室主任。主要著作有《文学的基本知识》《论文学艺术的特征》《形象与典型》《先秦音乐美学思想论稿》等。

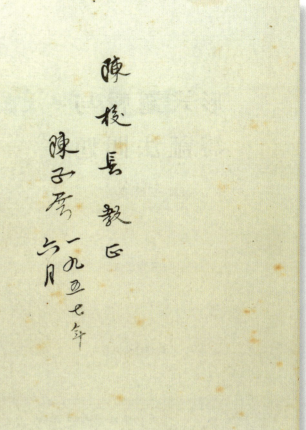

《雅颂选译》

陈子展著,古典文学出版社出版,1957年6月初版。
前环衬题"陈校长教正　陈子展　一九五七年六月"。

 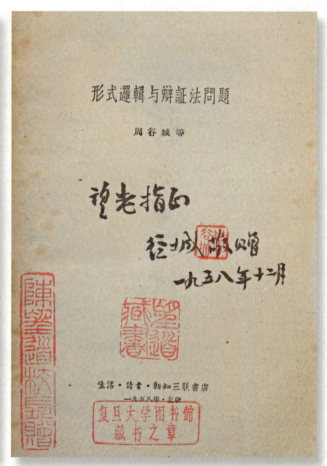

《形式逻辑与辩证法问题》

周谷城等著,生活·读书·新知三联书店出版,1958年11月初版。

扉页题"望老指正 谷城敬赠 一九五八年十二月",并钤"周谷城"朱文印一枚。

周谷城(1898—1996),历史学家、教育家、社会活动家。自1942年秋起,周谷城一直在复旦大学执教,任历史系主任、教务长等职。曾任中国农工民主党主席,第六、七届全国人大常委会副委员长。主要著作有《中国通史》《论西亚古史的重要性》《中国社会史论》等。

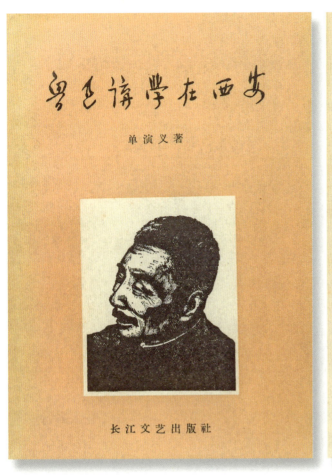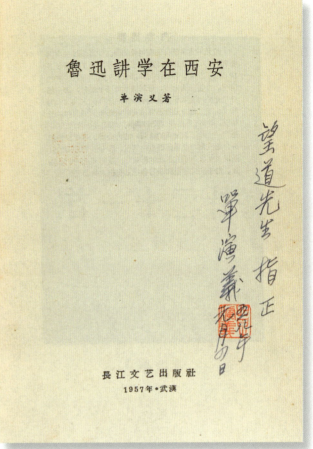

《鲁迅讲学在西安》

单演义著,长江文艺出版社,1957年12月初版。

扉页题"望道先生 指正 单演义 五八年元月四日",并钤"单演义"朱文印一枚。

单演义(1909—1989),学者,鲁迅研究专家。原名铭智,又名晏一,字慧轩,笔名汉江。1942年毕业于东北大学,自1944年开始执教于西北大学。创办《鲁迅研究年刊》,在全国率先招收鲁迅研究专业硕士生,培养了包括王富人等人在内的一批鲁迅研究学者。

《诗二十一首》

汪静之著,作家出版社出版,1958年12月初版。

扉页题"望道前辈先生教正　后学汪静之敬赠"。

汪静之(1902—1996),作家、诗人。1921年起在《新潮》《小说月报》《诗》《新青年》等杂志发表新诗,与潘漠华、应修人、冯雪峰创立湖畔诗社。曾任上海建设大学、安徽大学、暨南大学中文系教授,1947年8月任上海复旦大学中文系教授,1952年调北京人民出版社古典文学编辑部任编辑。著有《蕙的风》《寂寞的国》《作家的条件》《诗歌的原理》《李杜研究》等。

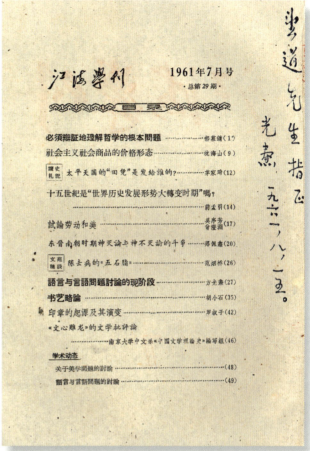

《江海学刊》

1961年7月号,总第29期(不在总目清单)。

目录页题"望道先生指正 光焘 一九六一,八,一五",封面钤"陈望道"朱文印一枚。

方光焘(1898—1964),语言学家、作家、文艺理论家、文学翻译家。留学时参加"创造社",1931年加入"中国左翼作家联盟",20世纪30年代末40年代初积极参加由陈望道发起的中国文法革新问题的讨论。发表《疟疾》《曼蓝之死》等小说,翻译英、日等国作家作品,合作编译出版《文学入门》。

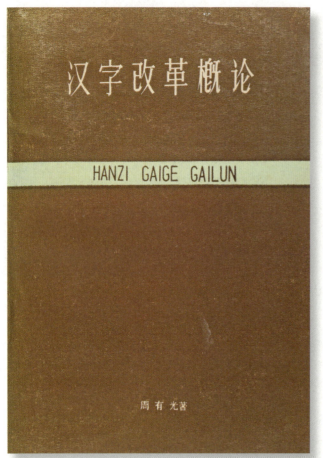 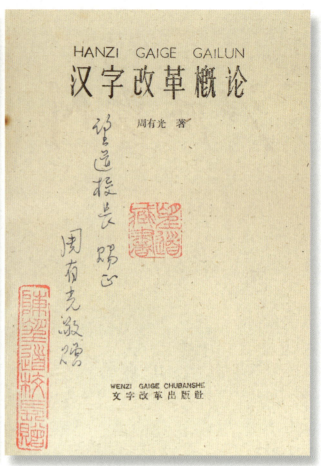

《汉字改革概论》

周有光著,文字改革出版社出版,1961年11月初版。

扉页题"望道校长赐正　周有光敬赠"。

周有光(1906—2017),语言学家、"汉语拼音之父"。1923年考入上海圣约翰大学,主修经济、语言学。在大学时积极参加拉丁化新文字运动。1949年任复旦大学经济研究所教授、上海财经学院教授。1955年进入中国文字改革委员会工作,参加制订汉语拼音方案。著有《汉字改革概论》《中国拼音文字研究》《电报拼音化》等,主编《汉语拼音词汇》。

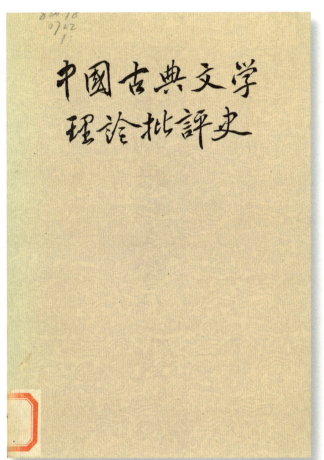

《中国古典文学理论批评史》(上册)

郭绍虞著,人民文学出版社,1959年11月初版。

前环衬题"望道先生指正　绍虞敬赠"。

郭绍虞(1893—1984),教育家、古典文学家、语言学家、书法家。复旦大学教授,中国科学院学部委员。曾任上海文联副主席、上海文学所所长、《辞海》副主编等职。主要著作有《中国文学批评史》《宋诗话考》《宋诗话辑佚》等。

《中国历代文学作品选》(上编第一册)

朱东润主编,中华书局出版,1962年9月初版。

扉页题"望老校长　惠存　东润"。

朱东润(1896—1988),传记文学家、文艺批评家、文学史家、教育家和书法家。1914年留学英国。1929年出任武汉大学特约讲师。抗战后历任中央大学、江南大学、齐鲁大学、沪江大学等校教授。1952年调入复旦大学中文系任教授。著有《中国文学批评史大纲》《史记考索》《张居正大传》《陆游传》《梅尧臣传》《杜甫叙论》等。

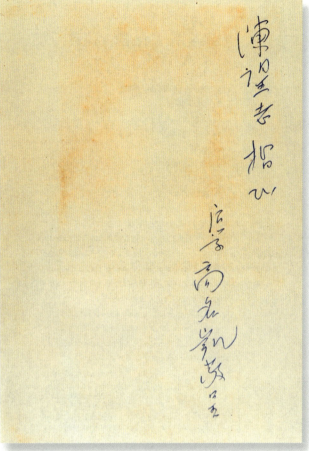

《语言论》

高名凯著,科学出版社出版,1963年10月初版,硬精装。

前环衬题"陈望老指正　后学高名凯敬呈"。

高名凯(1911—1965),理论语言学家、汉语语法学家和文学翻译家。曾任燕京大学国文系教授、北京大学中文系教授等职。语言学著作有《汉语语法论》《普通语言学》《语法理论》和《语言论》,哲学著作有《现代哲学》《哲学大纲》,并翻译出版多种巴尔扎克的小说,与吴小如合译了《巴尔扎克传》。

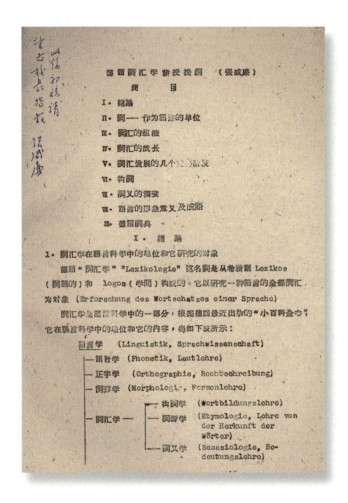

《德语词汇学讲授提纲》

张威廉著,铅印本讲义。

正文首页题"此系初稿 请望老校长指正 张威廉"。

张威廉(1902—2004),翻译家,德语文学研究专家。作为我国席勒研究专家,为《中国大百科全书·外国文学卷》撰写了长篇条目"席勒",并翻译席勒名剧《威廉·退尔》《唐·卡洛斯》以及《杜兰朵:中国的公主——悲喜传奇剧》。此外,他的译著还有《布莱德尔小说选集》《乡情们》《儿子们》《第七个十字架》等。

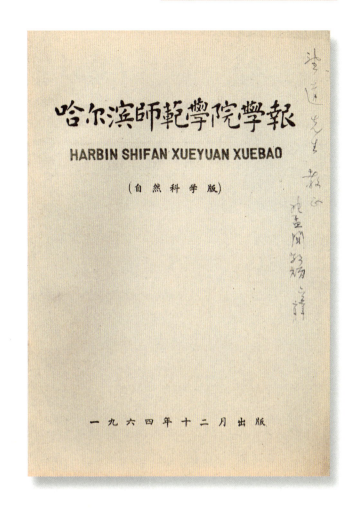

《哈尔滨师范学院学报》（自然科学版）

1964年12月出版（不在总目清单）。

封面题"望道先生教正　张孟闻敬赠　六五年二月"。

张孟闻（1903—1993），动物学家、教育家。1926年毕业于东南大学动物学系，1936年获法国巴黎大学科学博士学位。曾任北平大学农学院副教授，中国科学社生物研究所研究员。中华人民共和国成立后历任复旦大学教授及生物系主任。著有《中国蝾螈志》《脊椎动物比较解剖学》，主编《科学》《大百科全书生物学卷爬行纲》，合编《中国科技史探索》等多种刊物。

《修辞学发凡》

陈望道著,上海人民出版社出版,1976年7月初版。
扉页题"振新弟弟存览 望道 1976.10.2"。
陈振新,陈望道哲嗣,复旦大学电子工程系退休教授。

〇四 批校本

本节共选批校本十一种。这些批校本对于了解陈望道的行文风格、学术端倪,具有独特价值。

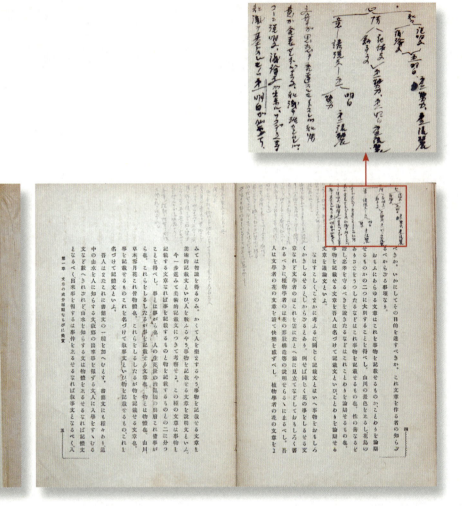

《文章纲要》

［日］武岛又次郎著，东京金港堂书籍株式会社发行，1912年2月18日第5版。

内有陈望道批注手迹。

上编　精华图录

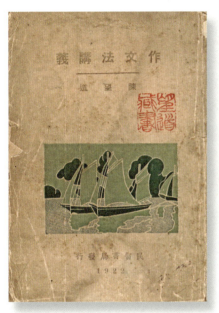

◎《作文法讲义》

陈望道著,民智书局发行,1927年8月第7版。
内有陈望道校改手迹。

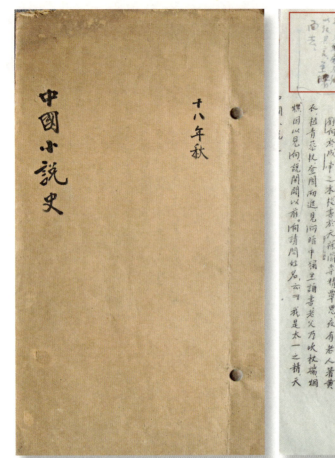

《中国小说史》

油印本,讲义稿。
内有批注手迹。

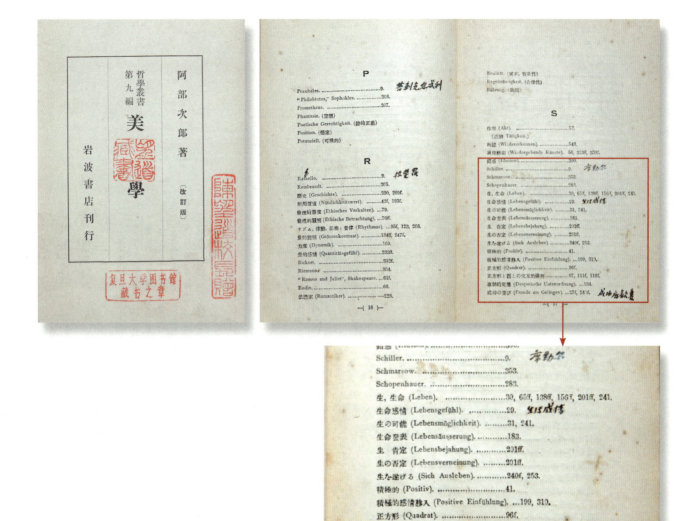

◎ 《美学》

[日]阿部次郎著,岩波书店刊行,1931年5月10日改订第68版。
内有陈望道批注手迹。

《因明学》

陈望道著，世界书局出版，1931年10月初版。
内有陈望道校改手迹。

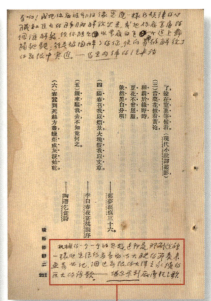

《修辞学发凡》（上、下册）

陈望道著，大江书铺出版，上册 1932 年 1 月 15 日初版，下册 1932 年 8 月 30 日初版。

内有陈望道批注手迹。

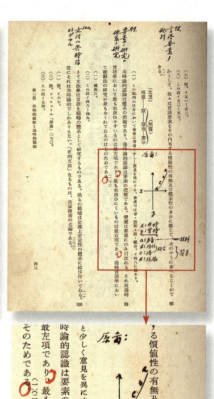
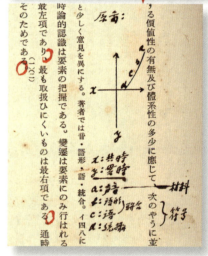

《一般文法の原理》

[日]小林英夫著,岩波书店发行,1932年12月20日初版,布面精装。内有陈望道批注手迹。

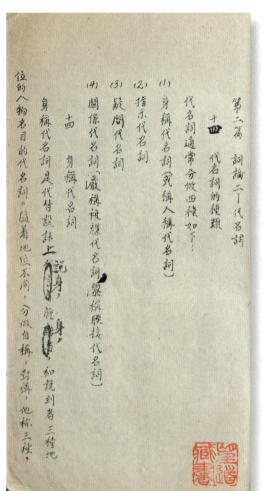
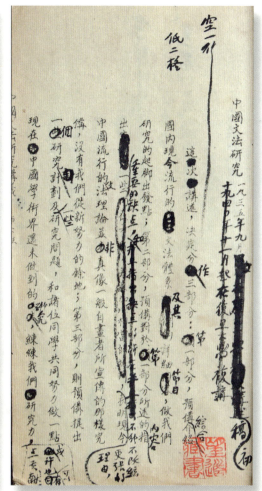

《中国文法研究》

陈望道著,油印本,两卷。

内有陈望道校改手迹。

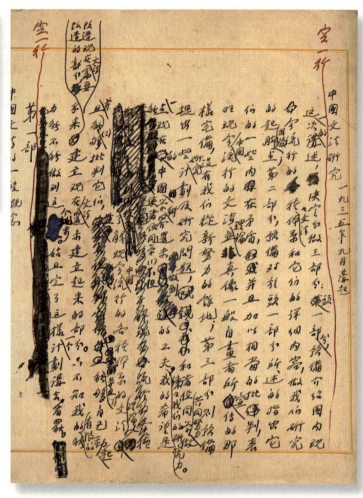

《中国文法研究》(未刊稿)

陈望道著,手稿。

内有陈望道校改手迹;正文题目下题"一九三五年九月讲起"。

《李有才板话》

赵树理著,新华书店印行,1949年5月初版。
内有陈望道批注手迹。

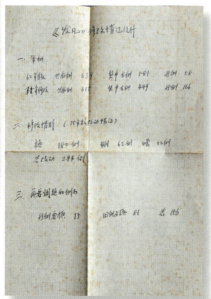

《修辞学发凡》

陈望道著，上海教育出版社，1976年7月初版。

内夹两份文件，其中一份是陈望道手写的"《发凡》修改情况统计"。

〇五 稀见本

本节所选十九种图书，一类是正式出版物，一类是油印本、手稿本等，均为1949年之前出版的稀见本。从内容看，语言学和书法类较多，其中语言学七种、书法六种。

1949年之前出版的日文图书是陈望道藏书一大特色，这些图书大多数是国内稀见本。前面四节虽已涉及过日文稀见本，但主要从"签名""题跋""钤印""批注"四个角度遴选。本节所选四种日文图书，不只从"稀见"角度加以考虑，也因为这三种图书涉及的语言学、美学、艺术学、理学或因明学等学科领域，均与陈望道早年从日本留学归国后的写作、翻译、出版等学术活动有关联。

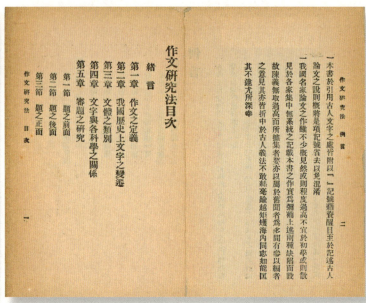
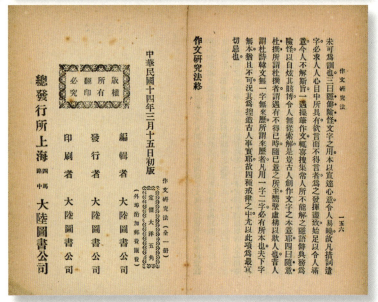

《作文研究法》

上海大陆图书公司编辑、出版，1925年3月15日初版。

本书的主旨和特色可从例言中管窥："本书主旨在说明文字之结构，俾初学作文者得略知作文之门径……我国名家论文之作，虽不少概见，然或则程度过高，不宜于初学，或则散见于各家集中，无系统之记载。本书之作，实为弥补上述两种缺陷而设，故陈义无取过高，而所撮集者，要亦属于旧闻者为多，间有参以编者之意见，其亦皆折中于古人义法，不敢丝毫逾越矩矱……"

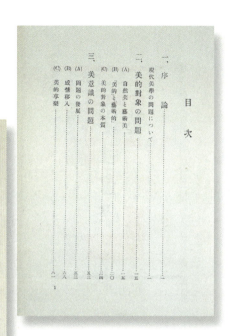
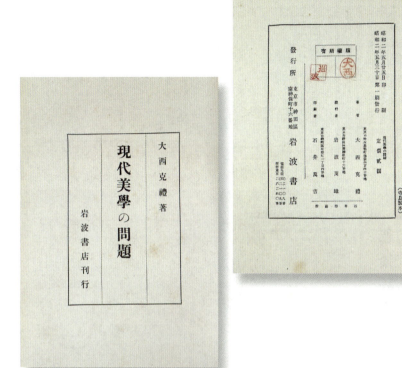

《现代美学の問題》

[日]大西克礼著,岩波书店发行,发行者岩波茂雄,1927年5月30日初版,精装。

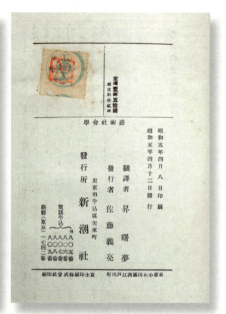
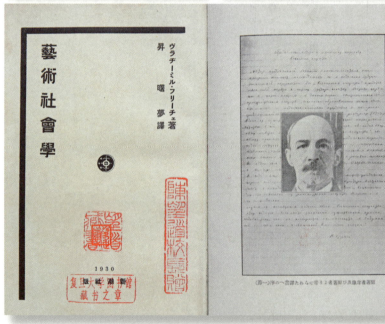

《艺术社会学》

［日］昇曙梦译，新潮社发行，发行者佐藤义亮，1930年4月12日初版，精装。

扉页钤"望道"朱文印一枚。

《介词"之"的研究　翻译学小补　国音示范》

董世礼著,医学书局发行,1930年10月初版,线装。

开篇为董世礼所写自序。在自序一开始,董世礼写道:"自古以来,从未有人用科学方法研究'之'之为介词者。"接着,作者总结了该书在介词"之"的研究中的三个特色:一、"义证介词'之'之可省与否诸条件";二、"句句全译法文,以期中西文之汇通";三、"字字皆注国音并标五声"。

此书国内罕见。董世礼是民国时期翻译家,擅长法语,译有《中国语音学研究之弁言与通论·中国方音字典之通论》(高本汉著,辅仁大学1935年版)、《日尔曼语系研究》(德鲁盎著,辅仁大学1935年版)。

《中国文法通论》

许杰编述，铅印本。

翻口印"安徽大学"字样，可知此稿为许杰1932—1935年在安徽大学任教时的讲义稿。"在安庆三年，我的整个精力都放在编写讲义和应付教学这两个方面。这期间，我编写了一本《中国文法通论》"（参见许杰著《坎坷路上的足迹》），但许杰出版的著作中，并无此书。此书也很少被研究者提及。

此讲义稿存世稀少，对研究许杰的人生经历和语法思想，具有重要价值。

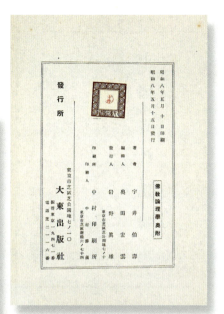

《佛教论理学》

［日］宇井伯寿著，［日］奥田宏云编，大东出版社发行，［日］岩野真雄发行，1933年5月15日初版，精装。

《中国古代跳舞史》

陈文波著,神州国光社出版,1935年1月初版。

本书从中国古代跳舞之起源、制度、种类、方法、变迁,以及中国古代妇女之跳舞六个方面,对中国古代跳舞史做了系统性的梳理和归纳。戏剧家向培良认为,此书"和王国维的《宋元戏曲史》一样,都是开创之作"。

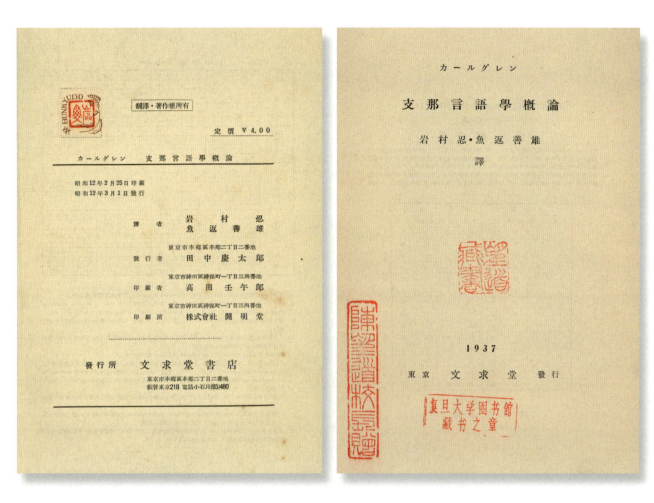

《支那言语学概论》

[日]岩村忍、[日]鱼返善雄译,东京文求堂书店发行,1937年3月1日初版,精装。

《拉丁化汉字拼音表》

陈望道编,开明书店印行,1938年6月初版。

该表由表头小记、字母、拼音表、拼法表、拼音凡例五部分组成。

尽管《陈望道文集》(1979)、《陈望道语文论集》(1980)、《陈望道语言学论文集》(2009)、《陈望道全集》(2011)、《陈望道文存全编》(2021)中均包含《拉丁化汉字拼音表》,但此表原版却存世稀少。

上编 精华图录

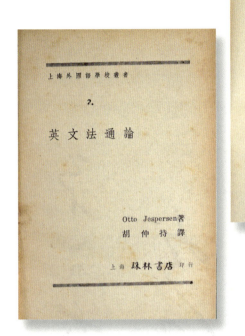

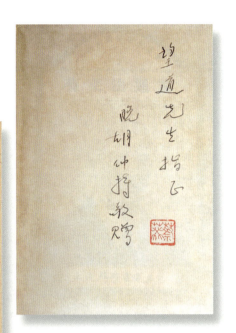

《英文法通论》

［丹麦］奥托·耶斯剖生（Otto Jespersen）著，胡仲持译，上海外国语学校主编，杨克齐发行，上海珠林书店印行，1938年9月初版，布面精装。

《英文法通论》是"上海外国语学校丛书"第二种，序言由"上海外国语学校"撰写，介绍这套丛书的编撰目的和特色：希望"编辑一种外国语自习丛书"，以最低的价格发卖，让渴求知识，而又受着经济、时间及空间限制的英语爱好者，能"自己闭户独习"。

该书分平装和精装两种，存世皆少，精装本尤少见。陈望道所藏为精装本，前环衬有作者题"望道先生指正 晚胡仲持敬赠"，同时还钤有陈望道夫人蔡葵女士朱文印一枚。

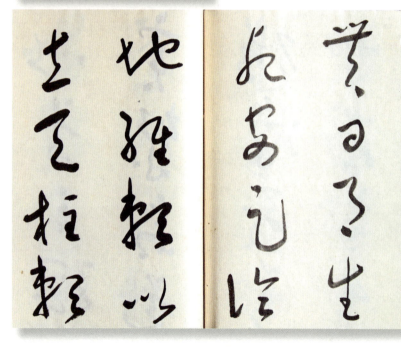

《于右任书正气歌》

于右任书,1942年3月7日,手稿本,线装。

尾二页书:"三十一年三月七日写第二本　右任",并钤"右任"朱文印一枚。封面钤"望道"朱文印一枚。

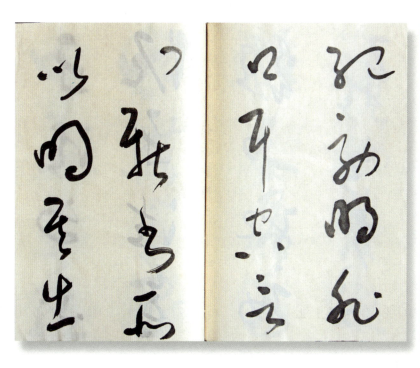

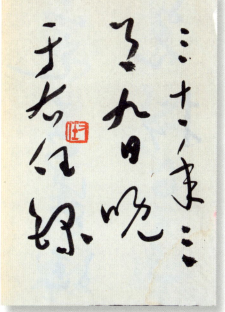

《于右任书纪效新书序》

于右任书，1942年3月9日，手稿本，线装。

尾页书："三十一年三月九日晚　于右任录"，并钤"右任"朱文印一枚。封面钤"望道"朱文印一枚。

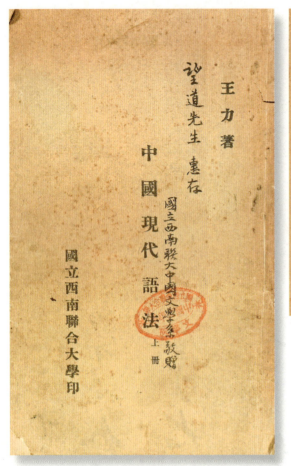
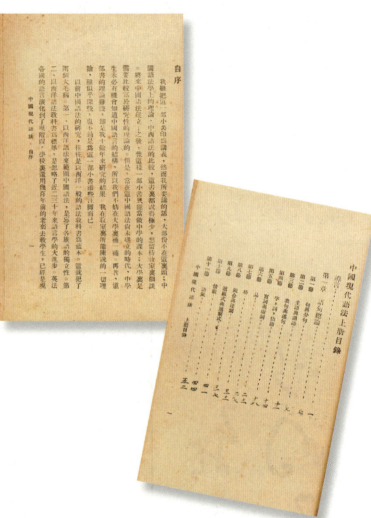

中国现代语法(上册)

王力著,封面钤国立西南联合大学印。

封面题"望道先生 惠存 国立西南联大中国文学系敬赠",并钤"国立西南联合大学 文学院 中国文学系"椭圆朱文印一枚。

此书为语言学家王力抗战时期在西南联大的讲义。在自序中王力写道:"我虽把这一部小书印为讲义,然而我所要讲的话,大部分不在这里头;中国语法学上的理论、中西语法的比较,这书里都说得极少,想留待教室里细谈……"

此讲义经过修改,于1943年11月由商务印书馆在重庆初版发行,1947年2月又在上海初版发行。对比商务印书馆版本可见,铅印讲义无朱自清序言,自序也完全不同,甚至目录和正文内容也改动颇多。

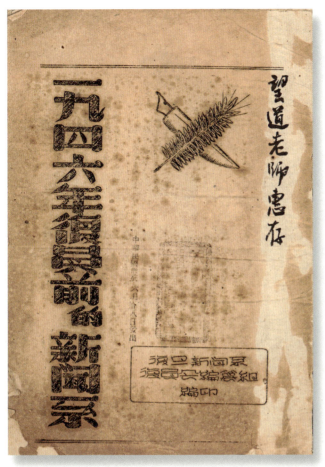
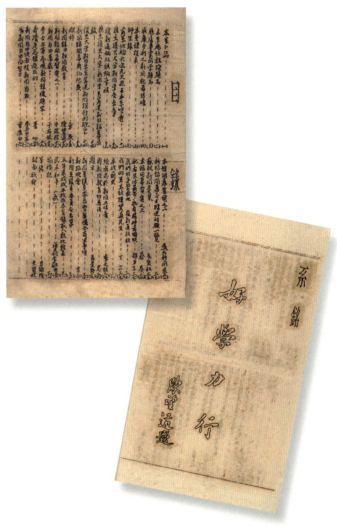

《一九四六年复员前的新闻系》

复旦新闻系复员会编纂组编印，1946年6月编印，油印本。

目录页背面是陈望道为新闻系题写的"好学力行"4个字，随后是"本系小志"。在"小志"中，编者追溯了复旦新闻系前辈于右任、邵力子、陈望道对于新闻事业的贡献，对于新闻系学生的熏陶，并讲述了复旦新闻系在陈望道系主任主持下蓬勃发展的良好氛围。还有《国立复旦大学新闻学系会章》《国立复旦大学新闻学系主办复新通讯社组织章程》《复旦大学新闻学系筹建新闻馆募捐启》《复旦大学新闻学系筹建新闻馆计划概要》，以及章益校长的《献词》，于右任在复旦新闻馆落成典礼上的演讲词《新闻自由万岁！》，陈望道的《新闻馆与新闻教育问题》等文章。

封面右上角有毛笔题写的"望道老师惠存"。封面还印有文字"中华民国卅五年六月拾八日发出"，并钤"国立复旦大学新闻学会"方形印一枚。

《国徽图案参考资料》

人民政治协商会议筹备会编印,1949年9月25日印制,打孔装订。

内有五幅国徽图案彩图,图下文字分别为"复选第一号第一修正图""复选第一号第二修正图""复选第一号第三修正图""复选第一号第四修正图""复选第一号第五修正图"。第六页是《中华人民共和国国徽应征图案复选修正图案说明》,落款为"设计者:章汀 钟灵"。

封面左上角钤"陈望道"朱文印一枚。

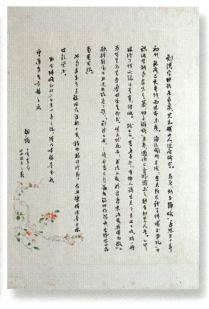

乐嗣炳赠陈望道书画合册

书画合册，精装。

此为"望道先生古稀之庆"（1961）时，现代语言学家、收藏家、国语改革运动参与者、复旦大学教授、陈望道好友乐嗣炳赠给陈望道的"墨宝"。

该册中书法由《助字辨略》的作者、清代书法家刘淇（号南泉）"手录旧作诗册"，绘画则是清代画家陈朴（字澹吾）的"泼墨山水"。刘淇书法和陈朴画作，分列左右。合册由乐嗣炳作序。书、画、序均是原稿，裱于合册中。

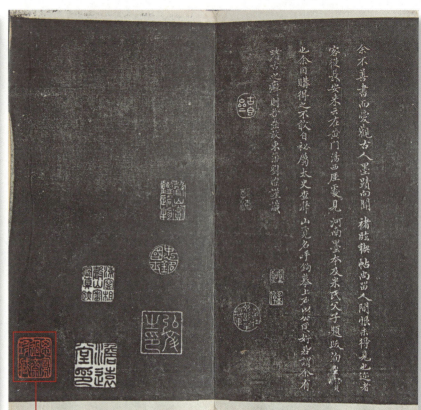

《何氏胡氏藏本禊帖合装一册》

《禊帖》，晋代王羲之行书法帖《兰亭序》帖的别称。"何氏藏本"指明代东阳何士英所藏《禊帖》。清翁方纲在《苏米斋兰亭考》中认为，东阳何氏《禊帖》拓本缘于《定武本》，是存世极少的定武善本之一；"胡氏藏本"指清代书画金石收藏大家、光山胡义赞所藏《禊帖》。

陈望道所藏《何氏胡氏藏本禊帖合装一册》，系木板经折装，内钤"思寡过斋珍藏"朱文印一枚。可知此册曾为晚清吴蓉藏品。

吴蓉（1847—1935），字镜江，又字秋舫，清朝同治辛未年举人，曾任内阁中书。1875年入淳王府教馆，充当珍、瑾二妃的老师，直至二妃入宫。辛亥革命后隐居故里，以读书著文自娱，自号云石老人，设书斋曰"思寡过斋"，著有《思寡过斋文集》四卷。

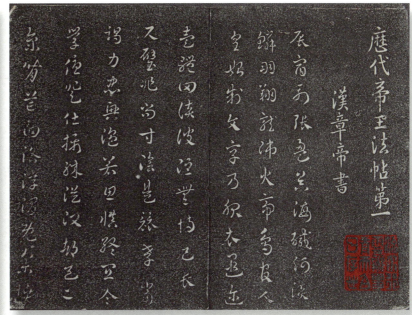

《兰州本阁帖十卷》

《兰州本阁帖十卷》亦称《淳化阁帖兰州本》《淳化阁帖肃府本》。《淳化阁帖》第一卷为历代帝王书,第二、三、四卷为历代名臣书,第五卷是诸家古法帖,第六、七、八卷为王羲之书,第九、十卷为王献之书。

陈望道所藏《兰州本阁帖十卷》,封面钤四枚印章,分别为"流水行云办事 青天白日存世""五岳归来不看山""游戏三昧""修史庐张圣奘藏书记"。封三同钤此四枚印章。此四枚印均系张圣奘所用印。

张圣奘(1903—1992),学者,藏书家。名圣,字圣庄,号虎丞,张居正第13世孙,林则徐曾外孙,父亲张国淦是北洋政府时期官员、学者。张圣奘先后留学哈佛、牛津和莱比锡大学,精通九国外语,获文学、医学、史学三个博士学位。后归国,历任东北大学、复旦大学、震旦大学等校教授,可教授28门课程,号称"万能教授"。著有《元史探源》《回鹘史研究》《孔子十论》《巴蜀集》等。中华人民共和国成立初期,任成渝铁路沿线考古调查小组组长,发现了"资阳人"头骨化石。

《明拓云麾将军碑》

《云麾将军碑》亦称李思训碑，李邕撰文并书，立于唐开元八年（720），现存陕西蒲城，已残。铭文记述唐李思训的生平事迹。书法劲健遒丽，是李邕书法代表作。

此本为楠木夹板装，封面签条题"癸酉冬月得于西安考之此本多不小二字　乾惕道人"，并钤朱文印一枚。内有朱文批注"并序二字惜为俗工剪去但不知序字已剜为文字否"。

下编 藏书目录

目 录

〇一　马列主义、毛泽东思想 / 111

〇二　世界哲学（含哲学理论）/ 131

〇三　中国哲学 / 137

〇四　逻辑学（论理学）、伦理学、美学、心理学、思维科学 / 145

〇五　社会科学总论 / 151

〇六　政治、法律、军事 / 153

〇七　经济 / 165

〇八　文化、科学、教育、体育 / 169

〇九　语音学、方言学与汉语的规范化、标准化、推广普通话 / 175

一〇　语法学 / 183

一一　修辞学与写作学 / 195

一二　文字学与语义学、语用学、词汇学、词义学 / 201

一三　语言理论与方法论 / 209

一四　语文教学与翻译学 / 217

一五　文学评论和研究 / 221

一六　文学史、文学思想史与方针政策及其阐释 / 229

一七　小说 / 231

一八　诗歌、韵文与散文 / 237

一九　作品集与杂著 / 241

二〇　戏剧文学、报告文学、民间文学 / 247

二一　世界文学 / 251

二二　艺术 / 259

二三　历史、地理 / 263

二四　数理科学、化学、天文学、地球科学 / 279

二五　生物科学、医药、卫生 / 281

二六　农业科学、工业技术、交通运输 / 283

二七　辞典与图书目录、文摘、索引 / 285

01 马列主义、毛泽东思想

题　名	著译者	出版单位	出版时间	版次	备注
辩证法与自然科学	恩格斯；曹葆华、于光远译	人民出版社	1951年8月	第1版	/
布尔什维克能否保持国家政权？	列宁	外国文书籍出版局	1954年	/	/
德意志意识形态	马克思、恩格斯；郭沫若译	群益出版社	1947年3月	第1版	/
帝国主义是资本主义的最高阶段	列宁；中共中央马克思恩格斯列宁斯大林著作编译局译	人民出版社	1964年9月	第2版	/
帝国主义是资本主义底最高阶段	列宁	外国文书籍出版局	1950年	/	/
法兰西内战（第1、2、3、4分册）	马克思	人民出版社	1964年6月	第1版	/
法兰西内战	马克思；中共中央马克思恩格斯列宁斯大林著作编译局译	人民出版社	1964年5月	第2版	/
费尔巴哈与德国古典哲学的终结（第1、2分册）	恩格斯；张仲实译	人民出版社	1949年9月	第1版	/
哥达纲领批判	马克思；中共中央马克思恩格斯列宁斯大林著作编译局译	人民出版社	1965年3月	第1版	/
哥达纲领批判	马克思；中共中央马克思恩格斯列宁斯大林著作编译局译	人民出版社	1971年4月	第1版	复本1册
《哥达纲领批判》浅说	《哥达纲领批判》浅说编写组	上海人民出版社	1974年6月	第1版	/
工资、价格和利润	马克思；中共中央马克思恩格斯列宁斯大林著作编译局译	人民出版社	1964年4月	第1版	/
共产党人哲学家的任务和对斯大林的哲学错误的批判	加罗蒂；徐懋庸、陈莎译	生活·读书·新知三联书店	1963年3月	第1版	/
共产党宣言	马克思、恩格斯；中共中央马克思恩格斯列宁斯大林著作编译局译	人民出版社	1949年9月	第1版	钤印
共产党宣言	马克思、恩格斯；中共中央马克思恩格斯列宁斯大林著作编译局译	人民出版社	1964年9月	第6版	钤印
共产党宣言（注音本）	马克思、恩格斯	文字改革出版社	1958年11月	第1版	/
共产主义运动中的"左派"幼稚病	列宁	解放社	1949年8月	第1版	/
共产主义运动中的"左派"幼稚病	列宁	外国文书籍出版局	1949年	第1版	/
共产主义运动中的"左派"幼稚病	列宁；中共中央马克思恩格斯列宁斯大林著作编译局译	人民出版社	1949年9月	第1版	/

续 表

题 名	著 译 者	出版单位	出版时间	版次	备注
共产主义运动中的"左派"幼稚病	列宁；中共中央马克思恩格斯列宁斯大林著作编译局译	人民出版社	1964年8月	第3版	/
雇佣劳动与资本	马克思	人民出版社	1964年7月	第1版	/
关于农民问题的学习材料	中国民主同盟总部学习委员会	中国民主同盟总部学习委员会	1954年12月	/	/
关于斯大林所著《马克思主义与语言学问题》一书论文选	中国人民大学辩证唯物论与历史唯物论教研室	中国人民大学	1953年1月20日	第1版	/
关于学习毛主席著作问题	艾思奇	中国人民政协会议全国委员会	1960年9月20日	/	钤印
国家与革命（第一、二分册）	列宁；中共中央马克思恩格斯列宁斯大林著作编译局译	人民出版社	1964年5月	第1版	钤印
国家与革命	列宁；木苍译	解放社	1950年3月	第2版	/
国家与革命	列宁；中共中央马克思恩格斯列宁斯大林著作编译局译	人民出版社	1964年9月	第7版	/
黑格尔"逻辑学"一书摘要（第一、二、三分册）	列宁；中共中央马克思恩格斯列宁斯大林著作编译局译	人民出版社	1963年10月	第1版	/
黑格尔"逻辑学"一书摘要	列宁；曹葆华译	解放社	1949年12月	/	/
回忆列宁	蔡特金；马清槐译	人民出版社	1957年3月	第1版	/
回忆列宁	斯大林、高尔基等；曹葆华等译	中国青年出版社	1957年9月	第1版	/
回忆马克思恩格斯	苏共中央马克思列宁主义研究院编；胡尧之、杨启潾、兰德毅等译	人民出版社	1957年12月	第1版	/
家庭、私有制和国家的起源	恩格斯；张仲实译	人民出版社	1954年10月	第1版	精装
家族私有财产及国家的起源	恩格斯；张仲实译	生活·读书·新知三联书店	1950年10月	第5版	/
介绍毛主席关于农业合作化问题的报告	熊复	通俗读物出版社	1955年10月	第1版	/
进一步，退两步	列宁	外国文书籍出版局	1949年	/	/
经济学—哲学手稿	马克思；何思敬译	人民出版社	1956年9月	第1版	/
劳动在从猿到人转变过程中的作用	恩格斯；曹葆华、于光远译	人民出版社	1951年10月	重印第9版	/
劳动在从猿到人转变过程中的作用	恩格斯	人民出版社	1952年8月	重印第10版	/

续 表

题　名	著　译　者	出版单位	出版时间	版次	备注
列宁反对修正主义、机会主义的斗争	郑言实编	人民出版社	1963年6月	第1版	钤印
列宁反对修正主义、机会主义的斗争	郑言实编	人民出版社	1963年6月	第1版	批校
列宁反对修正主义	列宁；中共中央马克思恩格斯列宁斯大林著作编译局译	人民出版社	1958年5月	第1版	精装
列宁论帝国主义是无产阶级社会主义革命的前夜	列宁	人民出版社出版 上海人民出版社重印	1960年4月	第1版	/
列宁论反对修正主义	列宁	人民出版社	1960年4月	第1版	钤印
列宁论国民教育	列宁	人民教育出版社	1959年12月	第2版	精装
列宁论和平与战争	列宁	世界知识出版社	1959年11月	第1版	/
列宁论劳动生产率	列宁	人民出版社	1956年11月	第1版	/
列宁论马克思恩格斯及马克思主义	列宁；唯真译	人民出版社	1953年6月	第2版	/
列宁论马克思和恩格斯	列宁	人民出版社	1953年5月	第1版	/
列宁论马克思和恩格斯	列宁；中共中央马克思恩格斯列宁斯大林著作编译局译	人民出版社	1971年9月	第1版	/
列宁论民族殖民地问题的三篇文章	列宁；中共中央马克思恩格斯列宁斯大林著作编译局译	人民出版社	1964年8月	第1版	/
列宁论青年	列宁	中国青年出版社	1961年7月	第2版	/
列宁论文学	列宁	人民文学出版社	1958年9月	第1版	/
列宁论文学与艺术（一、二）	列宁	人民文学出版社	1960年4月	第1版	/
列宁论战争、和平的三篇文章	列宁；中共中央马克思恩格斯列宁斯大林著作编译局译	人民出版社	1964年7月	第1版	/
列宁论重工业的发展和全国电气化	列宁	人民出版社	1956年11月	第1版	/
列宁	马雅可夫斯基；余振译	人民文学出版社	1953年7月	第1版	/
列宁全集（1—38卷目录）	/	人民出版社	1959年10月	第1版	/
列宁全集（1—39卷目录）	/	人民出版社	1965年2月	第2版	/
列宁全集（第一卷）	列宁；中共中央马克思恩格斯列宁斯大林著作编译局译	人民出版社	1955年12月	第1版	精装
列宁全集（第二卷）	列宁；中共中央马克思恩格斯列宁斯大林著作编译局译	人民出版社	1959年5月	第1版	精装

续 表

题 名	著 译 者	出版单位	出版时间	版次	备注
列宁全集（第三卷）	列宁；中共中央马克思恩格斯列宁斯大林著作编译局译	人民出版社	1959年9月	第1版	精装
列宁全集（第四卷）	列宁；中共中央马克思恩格斯列宁斯大林著作编译局译	人民出版社	1958年10月	第1版	精装
列宁全集（第五卷）	列宁；中共中央马克思恩格斯列宁斯大林著作编译局译	人民出版社	1959年1月	第1版	精装
列宁全集（第六卷）	列宁；中共中央马克思恩格斯列宁斯大林著作编译局译	人民出版社	1959年4月	第1版	精装
列宁全集（第七卷）	列宁；中共中央马克思恩格斯列宁斯大林著作编译局译	人民出版社	1959年5月	第1版	精装
列宁全集（第八卷）	列宁；中共中央马克思恩格斯列宁斯大林著作编译局译	人民出版社	1959年7月	第1版	精装
列宁全集（第九卷）	列宁；中共中央马克思恩格斯列宁斯大林著作编译局译	人民出版社	1959年7月	第1版	精装
列宁全集（第十卷）	列宁；中共中央马克思恩格斯列宁斯大林著作编译局译	人民出版社	1958年12月	第1版	精装
列宁全集（第十一卷）	列宁；中共中央马克思恩格斯列宁斯大林著作编译局译	人民出版社	1959年7月	第1版	精装
列宁全集（第十二卷）	列宁；中共中央马克思恩格斯列宁斯大林著作编译局译	人民出版社	1959年7月	第1版	精装
列宁全集（第十三卷）	列宁；中共中央马克思恩格斯列宁斯大林著作编译局译	人民出版社	1959年7月	第1版	精装
列宁全集（第十四卷）	列宁；中共中央马克思恩格斯列宁斯大林著作编译局译	人民出版社	1957年10月	第1版	精装
列宁全集（第十五卷）	列宁；中共中央马克思恩格斯列宁斯大林著作编译局译	人民出版社	1959年9月	第1版	精装
列宁全集（第十六卷）	列宁；中共中央马克思恩格斯列宁斯大林著作编译局译	人民出版社	1959年4月	第1版	精装
列宁全集（第十七卷）	列宁；中共中央马克思恩格斯列宁斯大林著作编译局译	人民出版社	1959年8月	第1版	精装
列宁全集（第十八卷）	列宁；中共中央马克思恩格斯列宁斯大林著作编译局译	人民出版社	1959年6月	第1版	精装
列宁全集（第十九卷）	列宁；中共中央马克思恩格斯列宁斯大林著作编译局译	人民出版社	1959年2月	第1版	精装
列宁全集（第二十卷）	列宁；中共中央马克思恩格斯列宁斯大林著作编译局译	人民出版社	1958年10月	第1版	精装
列宁全集（第二十一卷）	列宁；中共中央马克思恩格斯列宁斯大林著作编译局译	人民出版社	1959年7月	第1版	精装

题　　名	著 译 者	出版单位	出版时间	版次	备注
列宁全集(第二十二卷)	列宁；中共中央马克思恩格斯列宁斯大林著作编译局译	人民出版社	1958年6月	第1版	精装
列宁全集(第二十三卷)	列宁；中共中央马克思恩格斯列宁斯大林著作编译局译	人民出版社	1958年12月	第1版	精装
列宁全集(第二十四卷)	列宁；中共中央马克思恩格斯列宁斯大林著作编译局译	人民出版社	1957年5月	第1版	精装
列宁全集(第二十六卷)	列宁；中共中央马克思恩格斯列宁斯大林著作编译局译	人民出版社	1959年3月	第1版	精装
列宁全集(第二十七卷)	列宁；中共中央马克思恩格斯列宁斯大林著作编译局译	人民出版社	1958年10月	第1版	精装
列宁全集(第二十八卷)	列宁；中共中央马克思恩格斯列宁斯大林著作编译局译	人民出版社	1956年12月	第1版	精装
列宁全集(第二十九卷)	列宁；中共中央马克思恩格斯列宁斯大林著作编译局译	人民出版社	1956年7月	第1版	精装
列宁全集(第三十卷)	列宁；中共中央马克思恩格斯列宁斯大林著作编译局译	人民出版社	1957年11月	第1版	精装
列宁全集(第三十一卷)	列宁；中共中央马克思恩格斯列宁斯大林著作编译局译	人民出版社	1958年8月	第1版	精装
列宁全集(第三十二卷)	列宁；中共中央马克思恩格斯列宁斯大林著作编译局译	人民出版社	1958年9月	第1版	精装
列宁全集(第三十三卷)	列宁；中共中央马克思恩格斯列宁斯大林著作编译局译	人民出版社	1957年8月	第1版	精装
列宁全集(第三十四卷)	列宁；中共中央马克思恩格斯列宁斯大林著作编译局译	人民出版社	1959年8月	第1版	精装
列宁全集(第三十五卷)	列宁；中共中央马克思恩格斯列宁斯大林著作编译局译	人民出版社	1959年9月	第1版	精装
列宁全集(第三十六卷)	列宁；中共中央马克思恩格斯列宁斯大林著作编译局译	人民出版社	1959年9月	第1版	精装
列宁全集(第三十七卷)	列宁；中共中央马克思恩格斯列宁斯大林著作编译局译	人民出版社	1959年9月	第1版	精装
列宁全集(第三十八卷)	列宁；中共中央马克思恩格斯列宁斯大林著作编译局译	人民出版社	1959年9月	第1版	精装
列宁全集(第三十九卷)	列宁；中共中央马克思恩格斯列宁斯大林著作编译局译	人民出版社	1963年2月	第1版	精装
列宁全集(第十四卷附册)	列宁；中共中央马克思恩格斯列宁斯大林著作编译局译	人民出版社	/	第1版	/
列宁全集索引(第1—35卷)上册	中共中央马克思恩格斯列宁斯大林著作编译局	人民出版社	1963年12月	第1版	精装

续　表

题　名	著 译 者	出版单位	出版时间	版次	备注
列宁生平事业简史	联共(布)中央附设马恩列学院	人民出版社	1953年4月	第3版	批校
列宁是怎样写作学习的	娜·康克鲁普斯卡娅	人民出版社	1973年4月	第1版	/
列宁斯大林论科学技术工作	龚育之	中国科学院	1954年6月	第1版	/
列宁斯大林论社会主义竞赛	列宁、斯大林；合树译	工人出版社	1955年5月	第1版	精装
列宁斯大林论文化和文化革命第三辑	斯米尔诺夫、阿勃罗申科；慧文译	平明出版社	1953年3月	第1版	/
列宁斯大林论中国	列宁、斯大林	人民出版社	1963年7月	第1版	/
列宁文集(第一册)	列宁	人民出版社	1953年12月	第1版	/
列宁文集(第二册)	列宁	人民出版社	1954年2月	第1版	/
列宁文集(第三册)	列宁	人民出版社	1954年4月	第1版	/
列宁文集(第四册)	列宁	人民出版社	1954年7月	第1版	/
列宁文集(第五册)	列宁	人民出版社	1954年9月	第1版	/
列宁文集(第六册)	列宁	人民出版社	1954年10月	第1版	/
列宁文集(第七册)	列宁	人民出版社	1954年5月	第1版	/
列宁文选(第一卷)	列宁	外国文书籍出版局	1949年	/	/
列宁文选(第一卷)	列宁	人民出版社	1953年12月	第1版	精装
列宁文选(第二卷)	列宁	外国文书籍出版局	1950年	/	/
列宁文选(第二卷)	列宁	人民出版社	1954年2月	第1版	精装
列宁选集(第一卷)	中共中央马克思恩格斯列宁斯大林著作编译局	人民出版社	1972年10月	第2版	精装
列宁选集(第二卷)	中共中央马克思恩格斯列宁斯大林著作编译局	人民出版社	1972年10月	第2版	精装
列宁选集(第三卷)	中共中央马克思恩格斯列宁斯大林著作编译局	人民出版社	1972年10月	第2版	精装
列宁选集(第四卷)	中共中央马克思恩格斯列宁斯大林著作编译局	人民出版社	1972年10月	第2版	精装
列宁印象记	蔡特金	生活·读书·新知三联书店	1954年11月	第1版	/
列宁主义概论	斯大林	解放社	1949年7月	/	/
列宁主义万岁	徐宏桢注释	商务印书馆	1961年3月	第1版	/
列宁主义问题(第一至十三分册)	斯大林；中共中央马克思恩格斯列宁斯大林著作编译局译	人民出版社	1964年6月	第1版	/

续表

题　名	著译者	出版单位	出版时间	版次	备注
列宁主义问题	斯大林	外国文书籍出版局	1948年	第1版	精装铃印
列宁主义问题	斯大林；唯真译	人民出版社	1955年8月	第2版	精装
列宁传略	中共中央马克思恩格斯列宁斯大林著作编译局 苏共中央马克思恩格斯列宁斯大林研究院	人民出版社	1956年2月	第1版	/
列宁传（上、下）	马京、华国	生活·读书·新知三联书店	1960年10月	第1版	/
路德维希·费尔巴哈和德国古典哲学的终结	恩格斯；中共中央马克思恩格斯列宁斯大林著作编译局译	人民出版社	1972年4月	第1版	/
论反对派（第一至十二分册）	斯大林；中共中央马克思恩格斯列宁斯大林著作编译局译	人民出版社	1964年6月	第1版	/
论个人在历史上的作用	普列汉诺夫；唯真译	外国文书籍出版局	1950年	第1版	/
论个人在历史上的作用	普列汉诺夫；唯真译	新华书店华东总分店	1951年1月	第3版	/
论个人在历史上的作用问题	普列汉诺夫；唯真译	生活·读书·知三联书店	1964年9月	第1版	/
论工农联盟	列宁	外国文书籍出版局	1956年	/	精装
论国家工业化和论联共（布）党内的右倾	斯大林	外国文书籍出版局	1954年	/	铃印
论合作制	列宁	外国文书籍出版局	1949年	第1版	铃印
论和平与战争	列宁	世界知识出版社	1959年11月	第1版	/
论列宁	斯大林	外国文书籍出版局	1949年	第1版	/
论列宁主义基础　论列宁主义的几个问题	斯大林	外国文书籍出版局	1949年	第1版	/
论列宁主义基础　论列宁主义底几个问题	斯大林	外国文书籍出版局	1949年	/	铃印
论马克思恩格斯及马克思主义（第一至九分册）	列宁；唯真译	人民出版社	1955年6月	第2版	/
论马克思恩格斯及马克思主义	列宁；唯真译	外国文书籍出版局	1949年	/	精装
论马克思主义	迪·努·艾地	人民出版社	1962年12月	第1版	/
论学习马克思列宁主义	中国人民大学马克思列宁主义教研室	中国人民大学出版社	1954年6月	第2版	/

续表

题　名	著译者	出版单位	出版时间	版次	备注
马克思恩格斯关于殖民地及民族问题的论著	马克思、恩格斯；民族问题译丛编译室译	中央民族学院研究部	1956年9月	第1版	/
马克思恩格斯列宁论技术革命	国家技术委员会办公厅编	人民出版社	1958年9月	第1版	/
马克思恩格斯列宁斯大林论巴黎公社	中共中央马克思恩格斯列宁斯大林著作编译局译	人民出版社	1961年5月	第1版	精装
马克思恩格斯列宁斯大林论人在生产中的作用	中共中央马克思恩格斯列宁斯大林著作编译局编	人民出版社	1958年11月	第1版	/
马克思恩格斯列宁斯大林论数学	复旦大学数学系编	/	1974年11月	/	/
马克思恩格斯列宁斯大林论文艺	曹葆华等译	人民文学出版社	1951年8月	第1版	钤印
马克思恩格斯列宁斯大林论文艺	曹葆华等译	人民文学出版社	1953年9月	第2版	/
马克思恩格斯列宁斯大林论文艺（第1分册—第2分册）	中共中央马克思恩格斯列宁斯大林著作编译局译	人民出版社	1964年12月	第1版	/
马克思恩格斯列宁斯大林论哲学史	中国科学院哲学研究所西方哲学史组编	科学出版社	1959年8月	第1版	/
马克思恩格斯列宁斯大林思想方法论	解放社编	人民出版社	1949年10月	第1版	/
马克思、恩格斯论国家和法	马克思、恩格斯；复旦大学法律系国家与法的理论、历史教研组译	法律出版社	1958年10月	第1版	签名
马克思恩格斯论教育	马克思、恩格斯；中共中央马克思恩格斯列宁斯大林著作编译局译	人民教育出版社	1958年7月	第1版	钤印
马克思恩格斯论浪漫主义	马克思、恩格斯	人民文学出版社	1958年12月	第1版	/
马克思恩格斯全集（第一卷）	马克思、恩格斯；中共中央马克思恩格斯列宁斯大林著作编译局译	人民出版社	1956年12月	第1版	精装
马克思恩格斯全集（第二卷）	马克思、恩格斯；中共中央马克思恩格斯列宁斯大林著作编译局译	人民出版社	1957年12月	第1版	精装
马克思恩格斯全集（第三卷）	马克思、恩格斯；中共中央马克思恩格斯列宁斯大林著作编译局译	人民出版社	1960年12月	第1版	精装
马克思恩格斯全集（第四卷）	马克思、恩格斯；中共中央马克思恩格斯列宁斯大林著作编译局译	人民出版社	1958年8月	第1版	精装

续 表

题　　名	著　译　者	出版单位	出版时间	版次	备注
马克思恩格斯全集（第五卷）	马克思、恩格斯；中共中央马克思恩格斯列宁斯大林著作编译局译	人民出版社	1958年11月	第1版	精装
马克思恩格斯全集（第六卷）	马克思、恩格斯；中共中央马克思恩格斯列宁斯大林著作编译局译	人民出版社	1961年8月	第1版	精装
马克思恩格斯全集（第七卷）	马克思、恩格斯；中共中央马克思恩格斯列宁斯大林著作编译局译	人民出版社	1959年4月	第1版	精装
马克思恩格斯全集（第八卷）	马克思、恩格斯；中共中央马克思恩格斯列宁斯大林著作编译局译	人民出版社	1961年10月	第1版	精装
马克思恩格斯全集（第九卷）	马克思、恩格斯；中共中央马克思恩格斯列宁斯大林著作编译局译	人民出版社	1961年12月	第1版	精装
马克思恩格斯全集（第十卷）	马克思、恩格斯；中共中央马克思恩格斯列宁斯大林著作编译局译	人民出版社	1962年4月	第1版	精装
马克思恩格斯全集（第十一卷）	马克思、恩格斯；中共中央马克思恩格斯列宁斯大林著作编译局译	人民出版社	1962年6月	第1版	精装
马克思恩格斯全集（第十二卷）	马克思、恩格斯；中共中央马克思恩格斯列宁斯大林著作编译局译	人民出版社	1962年8月	第1版	精装
马克思恩格斯全集（第十三卷）	马克思、恩格斯；中共中央马克思恩格斯列宁斯大林著作编译局译	人民出版社	1962年11月	第1版	精装
马克思恩格斯全集（第十四卷）	马克思、恩格斯；中共中央马克思恩格斯列宁斯大林著作编译局译	人民出版社	1964年8月	第1版	精装
马克思恩格斯全集（第十五卷）	马克思、恩格斯；中共中央马克思恩格斯列宁斯大林著作编译局译	人民出版社	1963年12月	第1版	精装
马克思恩格斯全集（第十六卷）	马克思、恩格斯；中共中央马克思恩格斯列宁斯大林著作编译局译	人民出版社	1964年2月	第1版	精装
马克思恩格斯全集（第十七卷）	马克思、恩格斯；中共中央马克思恩格斯列宁斯大林著作编译局译	人民出版社	1963年11月	第1版	精装
马克思恩格斯全集（第十八卷）	马克思、恩格斯；中共中央马克思恩格斯列宁斯大林著作编译局译	人民出版社	1964年10月	第1版	精装

续 表

题 名	著译者	出版单位	出版时间	版次	备注
马克思恩格斯全集（第十九卷）	马克思、恩格斯；中共中央马克思恩格斯列宁斯大林著作编译局译	人民出版社	1963年12月	第1版	精装
马克思恩格斯全集（第二十卷）	马克思、恩格斯；中共中央马克思恩格斯列宁斯大林著作编译局译	人民出版社	1971年3月	第1版	精装
马克思恩格斯全集（第二十一卷）	马克思、恩格斯；中共中央马克思恩格斯列宁斯大林著作编译局译	人民出版社	1965年9月	第1版	精装
马克思恩格斯全集（第二十二卷）	马克思、恩格斯；中共中央马克思恩格斯列宁斯大林著作编译局译	人民出版社	1965年5月	第1版	精装
马克思恩格斯全集（第二十三卷）	马克思、恩格斯；中共中央马克思恩格斯列宁斯大林著作编译局译	人民出版社	1972年9月	第1版	精装
马克思恩格斯全集（第二十四卷）	马克思、恩格斯；中共中央马克思恩格斯列宁斯大林著作编译局译	人民出版社	1972年12月	第1版	精装
马克思恩格斯全集（第二十六卷）	马克思、恩格斯；中共中央马克思恩格斯列宁斯大林著作编译局译	人民出版社	1972年6月	第1版	精装
马克思恩格斯全集（第二十七卷）	马克思、恩格斯；中共中央马克思恩格斯列宁斯大林著作编译局译	人民出版社	1972年6月	第1版	精装
马克思恩格斯全集（第二十八卷）	马克思、恩格斯；中共中央马克思恩格斯列宁斯大林著作编译局译	人民出版社	1973年3月	第1版	精装
马克思恩格斯全集（第二十九卷）	马克思、恩格斯；中共中央马克思恩格斯列宁斯大林著作编译局译	人民出版社	1972年6月	第1版	精装
马克思恩格斯全集（第三十一卷）	马克思、恩格斯；中共中央马克思恩格斯列宁斯大林著作编译局译	人民出版社	1972年6月	第1版	精装
马克思恩格斯全集（第三十四卷）	马克思、恩格斯；中共中央马克思恩格斯列宁斯大林著作编译局译	人民出版社	1972年6月	第1版	精装
马克思恩格斯全集（第三十七卷）	马克思、恩格斯；中共中央马克思恩格斯列宁斯大林著作编译局译	人民出版社	1971年6月	第1版	精装
马克思恩格斯全集（第三十八卷）	马克思、恩格斯；中共中央马克思恩格斯列宁斯大林著作编译局译	人民出版社	1972年8月	第1版	精装

续 表

题 名	著 译 者	出版单位	出版时间	版次	备注
马克思恩格斯书简	马克思、恩格斯	人民出版社	1963年11月	第1版	/
马克思恩格斯书信选集	马克思、恩格斯;刘潇然等译	人民出版社	1962年10月	第1版	精装
马克思恩格斯书信选集	马克思、恩格斯;刘潇然等译	人民出版社	1962年10月	第1版	钤印
马克思恩格斯通信集(第一卷)	马克思、恩格斯;李季译	生活·读书·新知三联书店	1957年3月	第1版	精装
马克思恩格斯通信集(第二卷)	马克思、恩格斯;李季译	生活·读书·新知三联书店	1957年12月	第1版	精装
马克思恩格斯通信集(第三卷)	马克思、恩格斯;李季译	生活·读书·新知三联书店	1958年3月	第1版	精装
马克思恩格斯文选(第一卷)	/	人民出版社	1958年1月	第1版	精装
马克思恩格斯文选(第二卷)	/	外国文书籍出版局	1955年	/	精装
马克思和恩格斯是科学共产主义的创始人	梅林;何清新译	生活·读书·新知三联书店	1962年6月	第1版	/
马克思和列宁的学习方法	李致远	中国青年出版社	1957年4月	第1版	/
马克思列宁主义辩证法是哲学科学	罗任(Рожин.В.Л)	中国人民大学出版社	1959年1月	第1版	/
马克思列宁主义关于革命的理论	何凤栖	中国青年出版社	1958年10月	第1版	/
马克思列宁主义基础(导言)	马克思、列宁;复旦大学马列主义基础教研组译	/	1957年1月	第1版	/
马克思列宁主义基础(1)	马克思、列宁;复旦大学马克思列宁主义基础教研组译	/	1957年2月	第1版	/
马克思列宁主义基础(2)	马克思、列宁;复旦大学马克思列宁主义基础教研组译	/	1957年2月	第1版	/
马克思列宁主义基础(3)	马克思、列宁;复旦大学马克思列宁主义基础教研组译	/	1957年2月	第1版	/
马克思列宁主义基础(4)	马克思、列宁;复旦大学马克思列宁主义基础教研组译	/	1957年1月	第1版	/
马克思列宁主义基础(5)	马克思、列宁;复旦大学马克思列宁主义基础教研组译	/	1957年1月	第1版	/
马克思列宁主义基础(6)	马克思、列宁;复旦大学马克思列宁主义基础教研组译	/	1957年1月	第1版	/
马克思列宁主义基础(7)	马克思、列宁;复旦大学马克思列宁主义基础教研组译	/	1957年1月	第1版	/
马克思列宁主义基础(共产党宣言)	马克思、列宁;复旦大学马列主义基础教研组译	/	1957年1月	第1版	/

续 表

题 名	著 译 者	出版单位	出版时间	版次	备注
马克思列宁主义经典著作家论逻辑	马特编	高等教育出版社	1958年9月	第1版	/
马克思列宁主义经典作家的工作方法	格拉塞（Glasseer, M.）；高国淦译	生活·读书·新知三联书店	1954年5月	第1版	/
马克思列宁主义美学的原则	周来祥、石戈	湖北人民出版社	1957年1月	第1版	/
马克思列宁主义美学原理（上、下册）	陆梅林、谢宁、张文焕等译	生活·读书·新知三联书店	1961年10月	第1版	/
马克思列宁主义原理（上、下册）	马济、高语民译	生活·读书·新知三联书店	1960年	第1版	钤印
马克思列宁主义哲学及其教学方法的若干问题	谢·斯·吉谢辽夫；刘群译	高等教育出版社	1956年5月	第1版	/
马克思列宁主义哲学问题论文集	米丁等	生活·读书·新知三联书店	1953年10月	第1版	/
马克思列宁主义哲学问题	西道罗夫、雅科夫列夫；潘文学、江文若、廖伯文译	中国人民大学出版社	1958年6月	第1版	/
马克思致库格曼书信集俄译本序言和致左尔格书信集俄译本序言	列宁	人民出版社	1953年4月	第1版	/
马克思主义辩证方法	罗逊塔尔；晦闻、仲公译	作家书屋	1953年2月	第5版	/
马克思主义的基本问题	普列汉诺夫（Плеханов）	人民出版社	1957年9月	第1版	/
马克思主义的人道主义	加罗蒂；刘若水、惊蛰译	生活·读书·新知三联书店	1963年5月	第1版	/
马克思主义的认识论是实践论	王若水	天津人民出版社	1965年5月	第2版	/
马克思主义和语言学问题	斯大林；李立三等译	人民出版社	1964年5月	第1版	/
马克思主义经典作家论历史科学	人民出版社编辑部	人民出版社	1961年10月	第1版	/
马克思主义经典作家论历史人物评价问题	马克思	人民出版社	1961年10月	第1版	/
马克思主义经典作家论语言	北京外国语学院俄语系语言学教研组	商务印书馆	1959年3月	第1版	签名
马克思主义经典作家论语言	北京外国语学院俄语系语言学教研组	商务印书馆	1959年3月	第1版	钤印
马克思主义与民族问题	斯大林；唯真译	解放社	1949年12月	/	/
马克思主义与民族问题	斯大林	新华书店	1954年3月	第3版	/
马克思主义与民族殖民地问题	斯大林；张仲实译	人民出版社	1953年11月	第1版	钤印
马克思主义与语言	北京大学中文系语言学教研室青年教师、研究生	中华书局	1958年9月	第1版	签名

续 表

题 名	著 译 者	出版单位	出版时间	版次	备注
马克思主义与语言学问题	斯大林	解放社	1950年11月	第1版	钤印
马克思主义与语言学问题	斯大林	人民出版社	1950年10月	第1版	/
马克思主义与语言学问题	斯大林	人民出版社	1953年3月	第2版	/
马克思主义与中国革命	黎澍	人民出版社	1963年6月	第1版	/
马克思主义哲学唯物主义	阿·沃斯特里科夫	上海高等学校教师学习委员会	1954年	/	钤印
马克思主义哲学原理（上册）	苏联科学院哲学研究所；中国人民大学出版社编译室译	人民出版社	1959年7月	第1版	签名
马克思主义哲学原理（上册）	苏联科学院哲学研究所；中国人民大学出版社编译室译	人民出版社	1959年7月	第1版	钤印
马克思主义哲学原理（下册）	苏联科学院哲学研究所；中国人民大学出版社编译室译	人民出版社	1959年7月	第1版	钤印
马克思主义哲学原理（下册）	苏联科学院哲学研究所；中国人民大学出版社编译室译	人民出版社	1959年7月	第1版	钤印、签名
马克思"资本论"中的辩证法问题	罗森塔尔；冯维静译	生活·读书·新知三联书店	1957年8月	第1版	精装
马克斯主义底三个来源与三个组成部分	列宁	外国文书籍出版局	1952年	/	钤印
马克思传	弗·梅林著	生活·读书·新知三联书店	1956年5月	第1版	/
毛泽东论文艺	毛泽东著,中国科学院文学研究所马克思主义文艺理论丛书编辑委员会编	人民文学出版社	1958年12月	第1版	签名
毛泽东同志对马克思主义辩证法的贡献	张如心	人民出版社	1954年8月	第1版	/
毛泽东同志对马克思主义唯物论的贡献	张如心	人民出版社出版华东人民出版社重印	1954年5月	第1版	/
毛泽东选集（第一卷）	毛泽东	人民出版社	1952年7月	第2版	/
毛泽东选集（第一卷·第一至四分册）	毛泽东	人民出版社	1964年1月	第2版	线装
毛泽东选集（第二卷）	毛泽东	人民出版社	1952年8月	第2版	/
毛泽东选集（第二卷·第一至四分册）	毛泽东	人民出版社	1964年1月	第2版	线装
毛泽东选集（第三卷）	毛泽东	人民出版社	1953年5月	第2版	/
毛泽东选集（第三卷·第一至四分册）	毛泽东	人民出版社	1964年1月	第2版	线装

续表

题　名	著　译　者	出版单位	出版时间	版次	备注
毛泽东选集（第四卷）	毛泽东	人民出版社	1960年9月	第1版	/
毛泽东选集（第四卷·第一至四分册）	毛泽东	人民出版社	1964年1月	第2版	线装
毛泽东选集（第五卷）	毛泽东	人民出版社	1977年4月	第1版	精装
毛泽东选集（合订一卷本）	毛泽东	人民出版社	1964年4月	第1版	/
毛泽东选集	毛泽东	东北书店	1948年5月	第1版	/
毛泽东选集（一卷本）	毛泽东	人民出版社	1966年3月	第1版	精装
毛泽东印象记	许之桢	生活·读书·新知三联书店	1960年2月	/	/
毛泽东语言研究	中山大学中国语言文学系"毛泽东语言研究小组"	上海教育出版社	1960年9月	/	/
毛主席的四篇哲学论文	毛泽东	人民出版社	1964年11月	第1版	钤印
毛主席诗词	浙江省红代会、浙江工农兵画报社	/	1969年8月	第1版	/
毛主席诗词解释	复旦大学革委会《大破大立》编辑部	/	1968年7月	/	/
毛主席诗词十九首	毛泽东	文物出版社	1958年9月	第1版	线装
毛主席同亚洲非洲拉丁美洲人士的几次谈话	中国人民政协上海委员会学委会	/	1960年5月30日	/	/
毛主席语录	毛泽东	东方红出版社	1967年8月	第1版	精装
毛主席语录	中国人民解放军总政治部	不详	1965年8月	/	精装钤印、签名
毛主席在苏联的言论	毛泽东	人民日报出版社	1957年12月	/	/
毛主席在云都	傅连暲	文字改革出版社	1959年5月	第1版	/
"矛盾论"浅说	李琪	中国青年出版社	1956年8月	第1版	/
批判斯大林问题文集　第二辑	人民出版社	人民出版社	1956年8月	第1版	/
批判斯大林问题文集	人民出版社	人民出版社	1956年7月	第1版	/
レーニン全集	/	大月书店	1961年4月	第1版	精装
社会民主党在民主革命中的两个策略	列宁；唯真译	解放社	1950年2月	第1版	/
社会民主党在民主革命中的两种策略（第1分册—第2分册）	列宁；中共中央马克思恩格斯列宁斯大林著作编译局译	人民出版社	1964年7月	第1版	/

续 表

题 名	著 译 者	出版单位	出版时间	版次	备注
社会主义从空想到科学的发展	恩格斯；博古译	解放社	1949年7月	/	/
社会主义从空想到科学的发展	恩格斯；吴黎平译	人民出版社	1962年9月	第1版	/
社会主义	恩格斯；曹真译	文源出版社	1949年	第1版	/
神圣家族，或对批判的批判所做的批判	马克思、恩格斯；中共中央马克思恩格斯列宁斯大林著作编译局译	人民出版社	1958年7月	第1版	精装
剩余价值学说史（第一、二、三卷）	马克思；郭大力译	生活·读书·新知三联书店	1949年6月	第1版	精装
十月革命与俄国共产党人底策略	斯大林	外国文书籍出版局	1949年	/	/
什么是马克思列宁主义哲学	罗森塔尔（Роэнтбль, М.）；一枏、长之译	中国青年出版社	1954年9月	第1版	/
什么是马克思主义的认识论	罗森塔尔（Роэнтбль, М.）；张光璐译	人民出版社	1956年2月	第1版	/
斯大林第一个五年计划底总结	斯大林	人民出版社	1953年4月	第1版	/
斯大林关于民族殖民地问题的理论	李琪	中国青年出版社	1954年3月	第1版	/
斯大林关于语言学问题的著作对于社会科学发展的意义	波·弗·尤金；秋江、列兵译	人民出版社出版 华东人民出版社重印	1952年5月	重印第1版	/
斯大林略论党内的意见分歧	斯大林	人民出版社	1953年10月	第3版	
斯大林论辩证法问题	列昂诺夫	华东人民出版社	1950年9月	第1版	
斯大林论联共（布）党内的右倾	斯大林	人民出版社	1953年11月	第1版	
斯大林论马克思主义在语言学中的问题	斯大林	五十年代出版社	1951年1月1日	第2版	/
斯大林论马克思主义在语言学中的问题	斯大林	五十年代出版社	1953年2月	沪新1版	/
斯大林论批评与自我批评	斯大林；曹葆华、毛岸青译	人民出版社出版 华东人民出版社重印	1953年12月	重印第7版	/
斯大林论文学和艺术	斯大林	人民文学出版社	1959年10月	第1版	/
斯大林论语言学的著作与苏联文艺学问题	维诺格拉多夫（Виноградов, В.В.）；张孟恢译	时代出版社	1952年12月	第1版	/
斯大林论语言学问题	斯大林；草婴译	时代出版社	1950年8月	第1版	/
斯大林全集（第一卷）	斯大林	人民出版社	1953年9月	第1版	/

续 表

题　　名	著 译 者	出版单位	出版时间	版次	备注
斯大林全集(第二卷)	斯大林	人民出版社	1953年12月	第1版	/
斯大林全集(第三卷)	斯大林	人民出版社	1955年3月	第1版	/
斯大林全集(第四卷)	斯大林	人民出版社	1956年8月	第1版	/
斯大林全集(第五卷)	斯大林	人民出版社	1957年11月	第1版	/
斯大林全集(第六卷)	斯大林	人民出版社	1956年11月	第1版	/
斯大林全集(第七卷)	斯大林	人民出版社	1958年8月	第1版	/
斯大林全集(第八卷)	斯大林	人民出版社	1954年9月	第1版	/
斯大林全集(第九卷)	斯大林	人民出版社	1954年4月	第1版	/
斯大林全集(第十卷)	斯大林	人民出版社	1954年12月	第1版	/
斯大林全集(第十一卷)	斯大林	人民出版社	1955年7月	第1版	/
斯大林全集(第十二卷)	斯大林	人民出版社	1955年12月	第1版	/
斯大林全集(第十三卷)	斯大林	人民出版社	1956年4月	第1版	/
斯大林全集介绍	波尔查洛夫；流水、求是译	生活·读书·新知三联书店	1953年10月	第1版	/
斯大林与文化	喾莫斐·罗柯托夫；曹葆华译	人民出版社出版 华东人民出版社重印	1951年3月	重印第1版	/
斯大林语言学著作中的哲学问题	亚历山大洛夫(Алексбндров, Г.Ф.)	生活·读书·新知三联书店	1953年9月	第1版	/
斯大林语言学著作中的哲学问题(续集)	凯德洛夫(Алексбндров, Г.Ф.)	生活·读书·新知三联书店	1955年4月	第1版	/
斯大林传略	唯真；亚历山大洛夫、莫察洛夫等	外国文书籍出版局	1951年	/	/
苏联共产党的列宁组织原则	顿斯科依；俊庄译	时代出版社	1955年9月	第1版	/
苏联社会主义经济问题	斯大林	人民出版社	1952年11月	第1版	/
苏联社会主义经济问题	斯大林；中共中央马克思恩格斯列宁斯大林著作编译局译	人民出版社	1964年6月	第1版	/
唯物论史论丛	普列汉诺夫；王太庆译	人民出版社	1953年10月	/	/
唯物论与经验批判论	列宁；曹葆华译	解放社	1950年10月	重印第1版	/
唯物主义和经验批判主义(第一至七分册)	列宁；中共中央马克思恩格斯列宁斯大林著作编译局译	人民出版社	1960年4月	第4版	/
唯物主义与经验批判主义	列宁；曹葆华译	人民出版社	1956年3月	第3版	精装

续 表

题　名	著 译 者	出版单位	出版时间	版次	备注
我们究竟拒绝什么遗产?	列宁；曹葆华、毛岸青译	人民出版社出版 华东人民出版社重印	1952年8月	重印第2版	/
无产阶级革命和叛徒考茨基（第一、二分册）	列宁；中共中央马克思恩格斯列宁斯大林著作编译局译	人民出版社	1964年6月	第1版	/
无产阶级革命和叛徒考茨基	列宁；中共中央马克思恩格斯列宁斯大林著作编译局译	人民出版社	1964年9月	第3版	/
无政府主义还是社会主义?	斯大林；曹葆华译	解放社	1949年11月	/	/
新民主主义论	毛泽东	人民出版社	1952年3月	第1版	钤印
修正主义　马克思主义思想史论丛	利·拉贝兹编	商务印书馆	1963年9月	第1版	/
学习马克思　恩格斯　列宁　斯大林关于共产主义的理论	中国青年出版社	中国青年出版社	1959年4月	第1版	/
学习《毛泽东选集》第四卷	中国青年出版社	中国青年出版社	1961年3月	第1版	/
学习自然辩证法参考资料（选编二）	复旦大学政治理论课教研组	/	1974年5月	/	/
学习自然辩证法参考资料（选编三）	复旦大学政治理论课教研组	/	1974年10月	/	/
英国工人阶级状况	恩格斯；中共中央马克思恩格斯列宁斯大林著作编译局译	人民出版社	1956年5月	第1版	精装
与英国作家威尔斯的谈话	斯大林；刘光译	人民出版社	1950年10月	第1版	/
约·维·斯大林的天才著作"论辩证唯物论与历史唯物论"解释	斯捷潘宁(Степаная, H.)；方德厚译	作家书屋	1953年4月	第1版	/
约·维·斯大林的著作"马克思主义与语言学问题"对政治学说史的意义	С. Ф. 凯契克扬(Кечекъян, С. Ф.)；中国人民大学马列主义关于国家与法权理论教研室译	中国人民大学	1954年3月	第1版	/
在联共（布）第十六次代表大会上关于中央委员会政治工作的总结报告	斯大林	外国文书籍出版局	1953年	/	钤印
在毛主席周围	蒋秦峰	文字改革出版社	1959年6月	第1版	/
在毛主席周围	蒋秦峰	中国青年出版社	1958年7月	第1版	/
怎么办?	列宁；中共中央马克思恩格斯列宁斯大林著作编译局译	人民出版社	1965年3月	第2版	/
哲学笔记	列宁；中共中央马克思恩格斯列宁斯大林著作编译局译	人民出版社	1956年9月	第1版	精装 钤印

续 表

题　名	著译者	出版单位	出版时间	版次	备注
哲学的贫困	马克思	人民出版社	1961年11月	第3版	/
《政治经济学批判》序言、导言	马克思；中共中央马克思恩格斯列宁斯大林著作编译局译	人民出版社	1964年6月	第1版	/
《政治经济学批判》序言、导言	马克思；中共中央马克思恩格斯列宁斯大林著作编译局译	人民出版社	1975年8月	第2版	/
レーニン主義の基礎　レーニン主義の諸問題について	スターリン	外国语图书出版所	1951年	第1版	/
资本论（第一卷）	马克思；郭大力、王亚南译	人民出版社	1953年3月	第1版	精装
资本论（第二卷）	马克思；郭大力、王亚南译	人民出版社	1953年5月	第1版	精装
资本论（第三卷）	马克思；郭大力、王亚南译	人民出版社	1953年12月	第1版	精装
"资本论"解说讲座	何仲珉译	生活·读书·新知三联书店	1957年3月	第1版	/
自然辩证法（第1、2、3、4、5分册）	恩格斯；曹葆华、于光远、谢宁译	人民出版社	1963年10月	第1版	/
自然辩证法	恩格斯；曹葆华等译	人民出版社	1955年2月	第1版	精装
自然辩证法	恩格斯；杜畏之译	文源出版社	1949年10月	第1版	/
《自然辩证法》简介和注（上）	复旦大学政治理论课教研组哲学系自然辩证法教研组	/	1974年12月	第1版	/
做什么？	列宁	外国文书籍出版局	1947年	第1版	/
1948至1850年的法兰西阶级斗争（第1、2、3分册）	马克思；中共中央马克思恩格斯列宁斯大林著作编译局译	人民出版社	1964年9月	第1版	/
Joseph Stalin A Short Biography	G.F.Alexandrov, M.R.Galationov, V.S.Kruzhkov, M.B.Mitin, V.D.Mochalov, P.N.Pospelov	Foreign Languages Publishing House Moscow	1949年	第2版	精装
Lenin Collected Works Volume.38	Stewart Smith；Clemens Dutt译	Foreign Languages Publishing House	1961年	/	精装
Manifesto of the Communist Party	Karl Marx & Frederick Engels	Foreign Languages Press	1970年	第1版	/
Mao Tse-Tung On Contradiction	毛泽东	Foreign Languages Press	1952年	/	/
Marx, Engels, marxism	Lenin, V. I.	Foreign Languages Publishing House	/	/	精装

续 表

题　名	著　译　者	出版单位	出版时间	版次	备注
Materialism & Enpirio-criticism	V.I.Lenin；A.Fineberg 译	Foreign Languages Publishing House	1947年	/	精装
Memories of Lenin	Nadezhda K.Krupskaya；E.Verney 译	New York International Publishers	1930年	第1版	精装
Stalin and Stalin's Leadership	V.Molotov	Foreign Languages Publishing House	1950年	/	/
Value, Price and Profit	K.Marx	Foreign Languages Publishing House	1947年	第1版	/
V.I.Lenin Selected Works in Two Volumes Volume II Part 2	V.I.Lenin	Foreign Languages Publishing House	1951年	/	精装
V.I.Lenin Selected Works in Two Volumes Volume I Part 2	V.I.Lenin	Foreign Languages Publishing House	1952年	/	精装

02 世界哲学（含哲学理论）

题名	著译者	出版单位	出版时间	版次	备注
保卫哲学 反对实证主义和实用主义	康福斯；瞿菊农、舒贻上、郭从周、南铣译	生活·读书·新知三联书店	1955年10月	第1版	/
悲观论集	叔本华；萧赣译	商务印书馆	1934年11月	第1版	/
辨学	耶方斯；王国维译	生活·读书·新知三联书店	1959年10月	第1版	钤印
辩证唯物论大纲（上册）	华岗	华东人民出版社	1954年7月	第1版	/
辩证唯物论大纲（下册）	华岗	上海人民出版社	1955年1月	第1版	/
辩证唯物论（上册）	中国人民大学辩证唯物论与历史唯物论教研室；中国人民大学辩证唯物论与历史唯物论教研室译	中国人民大学出版社	1953年12月	第1版	钤印
辩证唯物论（下册）	中国人民大学辩证唯物论与历史唯物论教研室；中国人民大学辩证唯物论与历史唯物论教研室译	中国人民大学出版社	1953年12月	第1版	钤印
辩证唯物论与历史唯物论基本问题（第一至四分册）	博古	生活·读书·新知三联书店	1951年7月	第4版	/
辩证唯物主义	阿历山大罗夫；马哲译	人民出版社	1954年8月	第1版	精装
辩证唯物主义范畴的相互关系	杜加林诺夫；汤侠生译	生活·读书·新知三联书店	1957年12月	第1版	/
辩证唯物主义纲要	艾思奇	人民出版社	1959年8月	第2版	/
辩证唯物主义和历史唯物主义	孙叔平等编	上海人民出版社	1961年9月	第1版	/
辩证唯物主义讲课提纲	艾思奇	人民出版社	1957年3月	第1版	/
辩证唯物主义讲课提纲	艾思奇	中共中央高级党校	1956年9月	/	钤印
辩证唯物主义讲授提纲	艾思奇	中共上海市委宣传部翻印	1956年8月	/	签名
辩证唯物主义历史唯物主义	艾思奇	人民出版社	1961年11月	第1版	钤印
辩证唯物主义历史唯物主义	艾思奇	人民出版社	1962年8月	第2版	/
辩证唯物主义论文集（第二集）	"学习译丛"编辑部编译	学习杂志社	1956年8月	第1版	精装 钤印
辩证唯物主义论文集（第三集）	"学习译丛"编辑部编译	学习杂志社	1956年12月	第1版	钤印
辩证唯物主义论文集	"学习译丛"编辑部编译	学习杂志社	1955年8月	第1版	精装 钤印
辩证唯物主义问题解答汇编	/	上海人民出版社协助出版	1957年	/	/

续 表

题 名	著 译 者	出版单位	出版时间	版次	备注
辩证唯物主义学习资料	上海高等学校教师学习委员会	上海高等学校教师学习委员会	1956年	/	/
存在主义还是马克思主义？	卢卡奇；韩润棠、阎静先、孙兴凡译	商务印书馆	1962年6月	第1版	/
存在主义简史	让·华尔；马清槐译	商务印书馆	1962年3月	第1版	/
存在主义哲学	中国科学院哲学研究所西方哲学史组	商务印书馆	1963年6月	第1版	/
狄德罗哲学选集	狄德罗（Diderot, D.）；陈修斋、王太庆等译	生活·读书·新知三联书店	1957年4月	第1版	精装
东方哲学史	秋泽修二；汪耀三、刘执之译	生活书店	1939年6月	/	线装
杜威批判引论	人民教育社	人民教育出版社	1951年2月	第1版	/
法哲学原理	黑格尔；范扬、张企泰译	商务印书馆	1961年6月	第1版	精装签名
反对现代修正主义的几个哲学问题	艾思奇	中国人民政治协商会议全国委员会学习委员会	1963年8月31日	/	/
反对哲学中的修正主义	普列汉诺夫（Плеханов, Г.В.）；刘若水译	人民出版社	1957年3月	第1版	精装、平装各一册
范畴篇 解释篇	亚里士多德；方书春译	生活·读书·新知三联书店	1957年12月	第1版	/
费尔巴哈的唯物主义	加巴拉耶夫（Габараев, С.Ш.）；涂纪亮、余传金译	科学出版社	1959年10月	第1版	/
否定之否定规律论文集	勃·凯德洛夫	浙江人民出版社	1957年7月	第1版	/
古希腊罗马哲学	北京大学哲学系外国哲学史教研室	生活·读书·新知三联书店	1957年7月	第1版	/
规律、规律性及其他	/	/	/	/	钤印
赫拉克利特哲学思想——赫拉克利特诞生二千五百周年纪念文集	中国科学院哲学研究所西方哲学史组	商务印书馆	1962年4月	第1版	/
黑格尔的哲学	奥则尔曼（Ойзерман, Т.И.）	上海人民出版社	1957年6月	第1版	/
黑格尔范畴论批判	丕之	上海人民出版社	1961年6月	第1版	/
黑格尔《精神现象学》述评	张世英	上海人民出版社	1962年9月	第1版	/
黑格尔	开尔德（E. Caird）；贺麟译	商务印书馆	1936年3月	第1版	/
黑格尔哲学	索考罗夫；彭仲文译	商务印书馆	1962年3月	第1版	/
黑格尔哲学中的活东西和死东西	克罗齐；王衍孔译	商务印书馆	1959年8月	第1版	/

续 表

题　名	著译者	出版单位	出版时间	版次	备注
科学与唯心主义的对立	康福斯	生活·读书·新知三联书店	1954年7月	第1版	/
科学哲学的兴起	H.赖欣巴哈；伯尼译	商务印书馆	1966年1月	第1版	/
克罗齐哲学述评	朱光潜	正中书局	1948年5月	第1版	/
客观规律和主观能动性	肖明	上海人民出版社	1960年6月	第1版	/
空间与时间	符·约·斯维杰尔斯基；许国保等译	上海人民出版社	1959年11月	第1版	/
历史辩证法	吴江	天津人民出版社	1964年2月	第1版	/
历史唯物论——社会发展史	艾思奇	生活·读书·新知三联书店	1951年11月	第6版	批校
历史唯物主义	康士坦丁诺夫；刘丕坤等译	人民出版社	1955年7月	第1版	精装
历史唯物主义纲要	孙叔平	上海人民出版社	1958年9月	第1版	/
历史唯物主义论文集	"学习译丛"编辑部编译	学习杂志社	1957年8月	第1版	/
两点论	王集成、蔡平	江苏人民出版社	1961年6月	第2版	钤印
论辩证法、逻辑与认识论的统一	哲学研究编辑部编	上海人民出版社	1959年1月	第1版	/
论黑格尔哲学	奥依则尔曼	科学出版社	1959年7月	第1版	/
论世界可知性	哈斯哈契赫；周新译	生活·读书·新知三联书店	1955年3月	第1版	/
论一元论历史观之发展	普列哈诺夫；博古译	新华书店	1949年9月	/	/
论一元论历史观之发展（第一至六分册）	普列汉诺夫；博古译	生活·读书·新知三联书店	1964年5月	第1版	/
逻辑哲学论	维特根斯坦；郭英译	商务印书馆	1962年8月	第1版	/
矛盾、差异、对立、冲突	薛靖	上海人民出版社	1959年7月	第1版	/
青年黑格尔	卢卡奇；王玖兴译	商务印书馆	1963年12月	第1版	/
人道主义、人性论研究资料（第一辑）	/	商务印书馆	1963年3月	第1版	/
人道主义、人性论研究资料（第三辑）	/	商务印书馆	1963年4月	第1版	/
人类理解论（第一、二册）	洛克（原名John Locke）；关琪桐译	商务印书馆	1938年7月	第1版	/
十八世纪末—十九世纪初德国哲学	北京大学哲学系外国哲学史教研室	商务印书馆	1960年1月	第1版	精装

续表

题　名	著　译　者	出版单位	出版时间	版次	备注
十六—十八世纪西欧各国哲学	北京大学哲学系外国哲学史教研室	生活·读书·新知三联书店	1958年7月	第1版	/
什么是唯物主义？	杨献珍	中国民主同盟中央委员会学习委员会	1956年12月	/	/
什么是语义哲学？它为谁服务？	布鲁江；李金声译	人民出版社	1955年12月	第1版	/
实用主义——帝国主义的哲学	哈利·威尔斯；葛力等译	生活·读书·新知三联书店	1955年6月	第1版	/
实用主义批判	陈元晖	生活·读书·新知三联书店	1954年9月	第1版	/
实用主义	乾姆斯；孟宪承译	商务印书馆	1928年	第2版	/
世界的物质性及其发展的规律性	奥夫钦尼柯夫；冬海译	时代出版社	1954年7月	第1版	/
苏联哲学问题论文集（1961年11月—1962年12月）	哲学丛编辑部	商务印书馆	1963年5月	第1版	/
谈辩证法	吴传启	中国青年出版社	1958年3月	第1版	/
谈谈矛盾问题	曾文经	工人出版社	1958年11月	第1版	/
唯物辩证的工作方法	中国人民大学哲学系毛泽东著作研究会	中国人民大学出版社	1958年8月	第1版	钤印
唯物辩证法	葛春霖	山东人民出版社	1957年3月	第1版	精装
唯物史观解说	郭泰	中华书局	1930年4月	第11版	/
未来哲学原理	费尔巴哈（Feuerbach, L.）；洪谦译	生活·读书·新知三联书店	1955年10月	第1版	/
西方现代资产阶级哲学论著选辑	洪谦	商务印书馆	1964年8月	第1版	/
西欧中世纪哲学史纲	特拉赫金堡（Трахтенберг, О. В.）；于汤山译	上海人民出版社	1960年2月	第1版	/
西洋哲学史简编	薛格洛夫；王子野译	新华书店	1949年11月	第1版	钤印
现代哲学辞典	三木清	日本评论社	1941年5月	改订第2版	精装钤印
现代哲学倾向	拉·巴·培里；傅统先译	商务印书馆	1962年12月	第1版	/
现代资产阶级哲学的基本特点	Т.И.奥则尔曼；何渝生译	商务印书馆	1962年12月	第1版	/
现代资产阶级哲学批判	哲学研究编辑部编	科学出版社	1958年2月	第1版	/

续 表

题 名	著 译 者	出版单位	出版时间	版次	备注
新编哲学史	亚历山大洛夫	人民出版社	1951年9月	第1版	/
形而上学	亚里士多德；吴寿彭译	商务印书馆	1959年12月	第1版	/
学点哲学史	/	上海人民出版社	1973年1月	第1版	/
印度哲学研究	宇井伯寿	甲子社书房	1926年9月20日	第2版	精装
语义派思想批判	特洛菲莫夫（Трофимов, П.С.）	科学出版社	1956年2月	第1版	/
语义派思想批判	特洛菲莫夫（Трофимов, П.С.）；孙经灏译	科学出版社	1956年2月	第1版	钤印、批校
哲学史　第一卷（上、下册）	敦尼克、约夫楚克、凯德洛夫等编	生活·读书·新知三联书店	1958年9月	第1版	/
哲学史　第二卷（上、下册）	敦尼克、约夫楚克、凯德洛夫等编	生活·读书·新知三联书店	1961年12月	第1版	/
哲学史　第四卷（上、下册）	敦尼克、约夫楚克、凯德洛夫等编	生活·读书·新知三联书店	1964年12月	第1版	/
哲学史简编	洪潜、任华、汪子嵩等	人民出版社	1957年3月	第1版	/
哲学史讲演录（第一卷）	黑格尔（Hegel, G.W.F.）	生活·读书·新知三联书店	1957年4月	第1版	精装
哲学史讲演录（第三卷）	黑格尔（Hegel, G.W.F.）	商务印书馆	1959年12月	第1版	/
资产阶级社会学、哲学资料汇编	哲学研究编辑部编	科学出版社	1958年8月	第1版	/
自然科学中的哲学问题	E.A.布季洛娃等；齐云山译	科学出版社	1957年2月	第1版	/
作为哲学的人道主义	C.拉蒙特	商务印书馆	1963年7月	第1版	/

〇三 中国哲学

题　　名	著　译　者	出版单位	出版时间	版次	备注
陈确哲学选集	侯外庐	科学出版社	1958年9月	第1版	/
刍言·子华子·潜溪邃言	崔敦礼、宋濂等	商务印书馆	1936年12月	第1版	/
传习录	王岫庐、朱经农	商务印书馆	1927年1月	第1版	/
春秋战国思想史话	嵇文甫	中国青年出版社	1958年4月	第1版	/
大学·中庸	/	/	/	/	线装
东莱博议	吕祖谦	上海文瑞楼	/	/	线装
东莱吕紫微师友杂志　紫微杂说	吕本中	商务印书馆	1939年12月	第1版	/
东西均	方以智	中华书局	1962年11月	第1版	/
读经示要	熊十力	南方印书馆	1945年12月	第1版	/
二程粹言	杨时	商务印书馆	1936年6月	第1版	/
二程语录（一、二、三、四）	朱熹	商务印书馆	1936年6月	第1版	/
二程语录	朱熹	商务印书馆	不详	/	/
范缜——南北朝反对佛教斗争中长大的唯物论者	李日华	湖北人民出版社	1956年11月	第1版	/
范缜	申先哲	中华书局	1959年5月	第1版	/
焚书	李贽	中华书局	1961年3月	第1版	/
焚书　续焚书	李贽	中华书局	1975年1月	第1版	/
公孙龙子考	胡道静	商务印书馆	1934年3月	第1版	/
公孙龙子　尸子	/	中华书局	1936年8月	第4版	线装
公孙龙子形名发微	谭戒甫	科学出版社	1957年12月	第1版	/
公孙龙子形名发微	谭戒甫	中华书局	1963年8月	第1版	/
公孙龙子译注	庞朴	上海人民出版社	1974年7月	第1版	/
顾炎武传略	赵俪生	上海人民出版社	1955年5月	第1版	/
关于中国哲学史中的唯物主义传统	杨兴顺；李恒、汪国训译	科学出版社	1957年12月	第1版	/
管子集校（上、下册）	郭沫若等	科学出版社	1956年3月	第1版	精装
管子	唐敬杲	商务印书馆	1926年3月	第1版	/
国学概论	曹聚仁	泰东图书局	1925年5月1日	第1版	/
韩非子集解	王先慎	商务印书馆	1933年11月	第1版	/
韩非子	唐敬杲	商务印书馆	1926年1月	第1版	/
淮南子	沈雁冰	商务印书馆	1926年3月	第1版	/

续表

题　　名	著　译　者	出版单位	出版时间	版次	备注
简明中国思想史	杨荣国、陈玉森、李锦全等	中国青年出版社	1962年5月	第1版	/
简明中国哲学史	杨荣国	人民出版社	1973年7月	第1版	/
近思录集注	江永	商务印书馆	/	/	/
经今古文学	周予同	中华书局	1955年11月	第1版	/
经学历史	皮锡瑞；周予同注	中华书局	1959年12月	第1版	/
孔丛子	宋咸	商务印书馆	1937年3月	初版	/
孔墨的思想	杨荣国	生活书店	1946年5月	/	/
孔子哲学讨论集	《哲学研究》编辑部	中华书局	1962年9月	第1版	/
老子今译	任继愈译	古籍出版社	1956年8月	第1版	/
老子哲学讨论集	哲学研究编辑部	中华书局	1959年12月	第1版	/
老子正诂	高亨	古籍出版社	1967年10月	第1版	/
李贽——十六世纪中国反封建的先驱者	朱谦之	湖北人民出版社	1956年1月	第1版	/
历代法家著作选注（上）	《历代法家著作选注》编辑小组	北京人民出版社	1974年12月	第1版	/
历代法家著作选注（第二册）	上海市《历代法家著作选注》编辑组	上海人民出版社	1975年1月	第1版	/
柳宗元哲学选集	侯外庐	中华书局	1964年9月	第1版	/
龙川文集附辨伪考异（一至六册）	陈亮	商务印书馆	1936年12月	初版	/
论董仲舒思想	周辅成	上海人民出版社	1961年9月	第1版	/
论衡（一）	王充	上海商务印书馆	1934年7月	第1版	/
论衡（二）	王充	上海商务印书馆	1934年7月	第1版	/
论衡	王充	上海人民出版社	1974年9月	第1版	/
论衡选	中华书局上海编辑所	中华书局	1958年9月	第1版	/
论老子	车载	上海人民出版社	1962年5月	第2版	/
论语（一—五）	/	/	/	/	线装
论语（六—十）	/	/	/	/	线装
孟子（一—三）	/	/	/	/	线装
孟子（四—五）	/	/	/	/	线装
孟子（六—七）	/	/	/	/	线装
孟子文选	李炳英	人民文学出版社	1958年9月	第1版	精装

续 表

题　　名	著　译　者	出版单位	出版时间	版次	备注
孟子字义疏证	戴震	中华书局	1961年12月	第1版	/
墨辩疏证	范耕研	商务印书馆	1935年11月	第1版	/
墨经校释	梁启超	商务印书馆	1922年4月	第1版	/
墨经校释	梁启超	中华书局	1941年1月	第3版	/
墨经新释	邓高镜	商务印书馆	1931年3月	第1版	/
墨经哲学	杨宽	正中书局	1946年	沪1版	/
墨学源流	方授楚	中华书局	1940年10月	第2版	精装
墨子	任继愈	上海人民出版社	1956年7月	第1版	/
墨子	北京市第一中学语文历史组	中华书局	1961年6月	第2版	/
墨子集解	张继一	世界书局	1936年9月	第1版	精装
墨子间诂（上、下册）	孙诒让	商务印书馆	1936年10月	第3版	/
墨子间诂笺	张纯一	商务印书馆	1922年10月	第1版	/
墨子研究论文集	栾调甫	人民出版社	1957年6月	第1版	/
评注王充论衡（卷一至八）	杨逸	扫叶山房	1927年8月	/	线装
七篇指略	王训	金陵缪氏	/	/	线装
清代学术概论	梁启超	中华书局	1954年10月	第1版	/
清代扬州学记	张舜徽	上海人民出版社	1962年10月	第1版	/
商君书注译	高亨	中华书局	1974年11月	第1版	/
十批判书	郭沫若	科学出版社	1956年10月	第1版	/
十三经经文	开明书店	开明书店	1955年6月	第1版	精装
十三经注疏（上、下册）	阮元	国学整理社	1935年12月	第1版	精装
思想起源论	拉法格；王子野译	生活·读书·新知三联书店	1963年2月	第1版	/
四书串释	李珮精	上海文明书局	1931年11月	/	线装
四书集注　仿古字版	朱熹	世界书局	1947年5月	新1版	/
四书集注	朱熹	世界书局	1943年10月	新1版	/
孙子十家注	孙星衍、吴人骥	商务印书馆	1937年12月	第1版	/
谭嗣同哲学思想	杨荣国	人民出版社	1957年5月	第1版	签名
王充哲学思想研究	关锋	上海人民出版社	1957年3月	第1版	复本1册
王充——中国古代的唯物主义者和启蒙思想家	阿·阿·彼得洛夫；李时译	科学出版社	1956年12月	第1版	/

续 表

题　名	著 译 者	出版单位	出版时间	版次	备注
王船山学术论丛	嵇文甫	中华书局	1962年10月	第1版	/
王文成公全书（一）	王守仁	上海商务印书馆	/	/	/
先秦诸子思想概要	杜国庠	生活·读书·新知三联书店	1949年7月	第2版	
新序说苑	庄适	商务印书馆	1929年8月	第1版	
性命古训辨证（上、下）	傅斯年	商务印书馆	1947年2月	第2版	线装
续焚书	李贽	中华书局	1959年12月	第1版	
玄奘	杨非	学习生活出版社	1955年11月	第1版	
荀子集解	王先谦	商务印书馆	1936年10月	第3版	
荀子简注	章诗同	上海人民出版社	1974年7月	第1版	
荀子哲学纲要	刘子静	商务印书馆	1938年7月	第1版	
晏子春秋集释（上、下）	吴则虞	中华书局	1962年1月	第1版	
晏子春秋校注	张纯一	世界书局	1936年4月	第2版	精装
晏子春秋	庄适	商务印书馆	1926年12月	第1版	钤印
因是子静坐法	因是子	商务印书馆	1915年12月27日	第6版	线装
尹文子	尹文	商务印书馆	1937年3月	第1版	/
尹文子	尹文	中华书局	1936年9月	第5版	线装
尹文子直解	陈仲亥	商务印书馆	1938年7月	第1版	/
鱼樵对问·晁氏儒言·上蔡先生语录	邵雍、晁说之、谢良佐、朱熹	商务印书馆	1939年12月	第1版	
张子全书	张载	商务印书馆	1935年3月	第1版	
中国古代思想史	杨荣国	人民出版社	1973年7月	第2版	
中国古代哲学家老子及其学说	杨兴顺	科学出版社	1957年5月	第1版	
中国近代思想家研究论文选	中国人民大学中国历史教研室	生活·读书·新知三联书店	1957年4月	第1版	
中国近代思想史参考资料简编	石峻	生活·读书·新知三联书店	1957年2月	第1版	精装
中国近代思想史讲授提纲	石峻、任继愈、朱伯昆	人民出版社	1955年3月	第1版	/
中国近代思想史论文集	上海人民出版社	上海人民出版社	1958年7月	第1版	/
中国思想通史（第一卷）	侯外庐、赵纪彬、杜国庠	人民出版社	1957年3月	第1版	精装
中国思想通史（第二卷）	侯外庐、赵纪彬、杜国庠等	人民出版社	1957年4月	第1版	精装

续 表

题　名	著译者	出版单位	出版时间	版次	备注
中国思想通史（第三卷）	侯外庐、赵纪彬、杜国庠等	人民出版社	1957年5月	第1版	精装
中国思想通史　第四卷（上册）	侯外庐、赵纪彬、杜国庠等	人民出版社	1959年12月	第1版	精装
中国思想通史　第四卷（下册）	侯外庐、赵纪彬、杜国庠、邱汉生、白寿彝、杨荣国、杨向奎、诸青	人民出版社	1960年4月	第1版	精装
中国唯物主义思想简史	张岱年	中国青年出版社	1957年3月	第1版	/
中国早期启蒙思想史	侯外庐	人民出版社	1956年8月	第1版	精装
中国哲学史大纲（上卷）	胡适	商务印书馆	1941年2月	大丛本第4版	/
中国哲学史（第一册）	任继愈	人民出版社	1963年7月	第1版	/
中国哲学史（第一册）	任继愈	人民出版社	1964年9月	第2版	/
中国哲学史（第二册）	任继愈	人民出版社	1963年12月	第1版	/
中国哲学史（第三册）	任继愈	人民出版社	1964年10月	第1版	/
中国哲学史略	侯外庐	中国青年出版社	1958年8月	第1版	钤印
中国哲学史论文集（二集）	《哲学研究》编辑部	中华书局	1965年6月	第1版	/
中国哲学史史料学初稿	冯友兰	上海人民出版社	1962年12月	第1版	/
中国哲学史问题讨论专辑·哲学问题讨论辑（第二辑）	哲学研究编辑部	科学出版社	1957年7月	第1版	精装
中国哲学史新编（第一册）	冯友兰	人民出版社	1962年9月	第1版	/
中国哲学史资料选辑——两汉之部	中国科学院哲学研究所中国哲学史组	中华书局	1960年2月	第1版	精装
中国哲学史资料选辑——宋元明之部（上、下）	中国科学院哲学研究所中国哲学史组	中华书局	1962年3月	第1版	/
中国哲学史资料选辑——清代之部	中国科学院哲学研究所中国哲学史组	中华书局	1962年1月	第1版	/
中国哲学史资料选辑——近代之部（上、下）	中国科学院哲学研究所中国哲学史组	中华书局	1959年9月	第1版	/
中国哲学思想	赵纪彬	中华书局	1948年10月	第1版	钤印
中国哲学小史	冯友兰	商务印书馆	1947年3月	第4版	/
周易古经今注	高亨	开明书店	1947年9月	第1版	/
周易古史观（上）	胡朴安	/	/	/	线装
周易古史观（下）	胡朴安	/	/	/	线装

续 表

题 名	著 译 者	出版单位	出版时间	版次	备注
周易解放	朱星	中国文学院	1949年11月15日	/	签名
周易哲学及其辩证法因素	李景春	山东人民出版社	1961年6月	第1版	/
周子全书(上、中、下)	周敦颐	商务印书馆	1937年3月	第1版	/
朱子语类辑略	张伯行	商务印书馆	1939年12月	第1版	/
诸子集成(全八册)	国学整理社	世界书局	1935年12月	初版	精装
诸子集成(全八册)	国学整理社	中华书局	1954年12月	第1版	精装
庄子集释(全八册)	郭庆藩	/	/	/	线装
庄子解(第一至十二册)	/	/	/	/	线装
庄子内篇译解和批判	关锋	中华书局	1961年6月	第1版	钤印
庄子	沈德鸿	商务印书馆	1931年4月	3版	/
庄子哲学讨论集	哲学研究编辑部	中华书局	1962年8月	第1版	/

〇四 逻辑学（论理学）、伦理学、美学、心理学、思维科学

题　名	著　译　者	出版单位	出版时间	版次	备注
辩证逻辑参考资料（第一卷）	且大有	科学出版社	1959年1月	第1版	钤印
辩证逻辑参考资料（第二卷）	且大有	科学出版社	1959年2月	第1版	钤印
辩证逻辑原理	罗森塔尔（Розенталь, M.M.）；马兵等译	生活・读书・新知三联书店	1962年6月	第1版	/
表象与想象的心理学研究	Е.И.伊格纳基也夫等；金世柏、黄克冰等译	科学出版社	1963年9月	第1版	/
佛教论理学	宇井伯寿、奥田宏云	大东出版社	1933年5月15日	第1版	精装
高尔基的美学观	萧三	群益出版社	1951年6月	第2版	/
高中论理学	张希之	文化学社	1937年1月	第1版	/
格式心理学原理（上、下册）	考夫卡（K. Koffka）；傅统先译	商务印书馆	1937年4月	第1版	/
关于思维和它的研究道路	谢・列・鲁宾斯坦；赵璧如译	上海人民出版社	1963年3月	第1版	/
韩非子的逻辑	周钟灵	人民出版社	1958年8月	第1版	/
黑格尔的小逻辑	黑格尔；贺麟译	商务印书馆	1950年11月	第1版	/
黑格尔逻辑大纲	黑格尔；周谷城译	正理报社	1934年1月1日	第1版	/
黑格尔《小逻辑》浅释	姜丕之	上海人民出版社	1963年12月	第1版	/
记忆	H.艾宾浩斯；曹日昌译	科学出版社	1965年6月	第1版	/
近代西方逻辑学发展纲要	巴斯摩尔；《现代外国哲学社会科学文摘》编辑部译	上海人民出版社	1960年3月	第1版	复本1册
伦理学底根本问题	利普斯、阿部次郎；陈望道译	中华书局	1936年12月	第1版	/
伦理学の根本问题	阿部次郎	岩波书店	1920年12月1日	第19版	精装钤印
论黑格尔的逻辑学	张世英	上海人民出版社	1959年12月	第1版	钤印
论理学	速水滉；汪馥泉译	民智书局	1933年3月	第1版	/
论理学	吴士栋	商务印书馆	1938年4月	第9版	钤印
论形式逻辑问题	王方名	中国人民大学出版社	1957年10月	第1版	/
逻辑底原理	Josiah Royce；唐擘黄译	商务印书馆	1933年9月	国难后第1版	精装
逻辑底原理	逻倚斯；唐擘黄译	商务印书馆	1947年3月	第2版	/
逻辑概论	枯雷顿；刘奇译	商务印书馆	1935年5月	国难后第2版	精装钤印

续 表

题　　名	著 译 者	出版单位	出版时间	版次	备注
逻辑基本	查普曼；殷福生译	正中书局	1937年4月	第1版	钤印
逻辑	金岳霖	商务印书馆	1942年9月	渝1版	钤印
逻辑	琼斯（A.L.Jones）；潘梓年译	商务印书馆	1932年9月	国难后第1版	/
逻辑史选译	王宪钧	生活·读书·新知三联书店	1961年8月	第1版	/
逻辑	斯特罗戈维奇（Строговин, M.）；曹葆华、谢宁译	人民出版社	1952年1月	第3版	钤印
逻辑问题讨论集	巴克拉节	生活·读书·新知三联书店	1954年5月	第1版	钤印
逻辑问题讨论集	哲学研究编辑部	上海人民出版社	1959年4月	第1版	钤印
逻辑问题讨论续集	哲学研究编辑部	上海人民出版社	1960年2月	第1版	/
逻辑问题	哲学研究编辑部	科学出版社	1958年8月	第1版	钤印
逻辑学讲话	殷福生	中国文化服务社	1943年10月	第1版	/
逻辑学教学大纲	弗·特·马卡洛夫；北京大学哲学系逻辑教研室译	高等教育出版社	1956年7月	第1版	/
逻辑学（上卷）	黑格尔；杨一之译	商务印书馆	1966年2月	第1版	精装
逻辑学	维诺格拉多夫、库兹明；刘执之译	人民教育出版社	1955年8月	第1版	/
逻辑指要	章士钊	生活·读书·新知三联书店	1961年3月	第1版	钤印
马克思列宁主义美学（第三辑·第二种）	特罗菲莫夫；马晶锋译	新文艺出版社	1958年2月	第1版	/
马克思列宁主义美学	瓦·斯卡尔任斯卡娅；潘文学、杨慧莲、王亦程、钟宇人、袁振民译	中国人民大学出版社	1957年12月	第1版	/
马克思主义和逻辑问题	马特	科学出版社	1958年12月	第1版	/
美学	阿部次郎	岩波书店	1922年9月15日	第34版	精装钤印
美学	李安宅	世界书局	1934年2月	第1版	/
美学（第一卷）	黑格尔（Hegel, G.W.F.）；朱光潜译	人民文学出版社	1958年12月	第1版	精装
美学泛论	稻垣末松	洛阳堂	1921年1月20日	第1版	精装钤印
美学（改订版）	阿部次郎	岩波书店	1931年5月10日	改订第68版	精装批注

题　名	著译者	出版单位	出版时间	版次	备注
美学概论	范寿康	商务印书馆	1927年3月	第1版	/
美学概论	列斐伏尔；杨成寅、姚岳山译	朝花美术出版社	1957年5月	第1版	/
美学论文选	车尔尼雪夫斯基；缪灵珠译	人民文学出版社	1957年9月	第1版	/
美学批判论文集	朱光潜	作家出版社	1958年10月	第1版	/
美学问题讨论集	《文艺报》编辑部	作家出版社	1957年5月	第1版	/
美学与文艺问题论文集	《学习译丛》编辑部	学习杂志社	1957年11月	第1版	/
美学原理	Benedetto Croce；朱光潜译	正中书局	1947年11月	第1版	/
美学原理	克罗齐；朱光潜译	作家出版社	1958年2月	第1版	/
美学原论	金公亮	正中书局	1936年7月	第1版	/
名学纲要	屠孝实	商务印书馆	1925年10月	第2版	精装钤印、签名
名学浅说	耶方斯（W.S.Jevons）；严复译	商务印书馆	1933年2月	国难后一版	/
墨家的形式逻辑	詹剑峰	湖北人民出版社	1956年9月	第1版	/
穆勒名学（一、二、三）	穆勒（J.S.Mill）；严复译	商务印书馆	/	/	/
穆勒名学（一、二、三）	穆勒；严复译	商务印书馆	1933年3月	国难后第1版	/
判断	陆征麟	河北人民出版社	1960年7月	第1版	/
社会心理学（上册）	孙本文	商务印书馆	1946年11月	第1版	钤印
社会心理学（下册）	孙本文	商务印书馆	1946年11月	第1版	/
实证美学的基础	卢那卡尔斯基；齐明虞译	世界书局	1939年7月	第1版	/
思维形式辩证法	阿列克谢也夫（Алексеев, М.）；马兵译	上海人民出版社	1961年4月	第1版	/
思维与语言	阿·斯皮尔金；张家拯译	湖北人民出版社	1958年5月	第1版	/
苏联心理学会议上的报告	A.H.列昂节夫等；孙晔等译	科学出版社	1959年1月	第1版	/
文艺心理学	朱光潜	开明书店	1947年4月	第8版	/
西方美学史（上卷）	朱光潜	人民文学出版社	1963年7月	第1版	/
现代逻辑	沈有乾	新月书店	1933年4月	第1版	钤印
现代逻辑	汪奠基	商务印书馆	1937年1月	第1版	精装
现代美学の问题	大西克礼	岩波书店	1927年5月	第1版	精装

续　表

题　名	著　译　者	出版单位	出版时间	版次	备注
小逻辑	黑格尔（Hegel, G.W.F.）；贺麟译	生活·读书·新知三联书店	1954年11月	第1版	/
小逻辑	黑格尔；贺麟译	商务印书馆	1959年9月	第1版	/
心理科学的几个问题	中国科学院心理研究室	科学出版社	1955年3月	第1版	/
心理学	阿·阿·斯米尔诺夫、阿·恩·列昂节夫、斯·耳·鲁宾斯坦；朱智贤、龙叔修、张世臣等译	人民教育出版社	1957年11月	第1版	/
心理学	阿·符·彼得罗夫斯基、格·阿·富尔顿纳多夫；朱智贤、龚浩然译	人民教育出版社	1957年12月	第2版	/
心理学	查包洛塞兹；朱智贤、龙浩然、赵璧如译	人民教育出版社	1954年11月	第2版	/
心理学概论	阿尔乔莫夫（Артёмов, B.A.）；赵璧如译	人民教育出版社	1956年12月	第1版	钤印
心理学	捷普洛夫；赵璧如译	东北教育出版社	1952年7月	第2版	/
新美学	蔡仪	群益出版社	1947年	/	/
形式逻辑	复旦大学哲学系逻辑教研组	上海人民出版社	1973年11月	第1版	/
形式逻辑	胡曲园	上海人民出版社	1963年11月	第1版	/
形式逻辑与辩证法问题	周谷城	生活·读书·新知三联书店	1958年11月	第1版	钤印、签名
形式逻辑与唯物辩证法	斯特罗戈维奇（Строговин, M.）；曹葆华、谢宁译	生活·读书·新知三联书店	1950年8月	第1版	/
形式逻辑	中国人民大学哲学系逻辑教研室	中国人民大学出版社	1959年9月	第1版	/
形势心理学原理	勒温；高觉敷译	正中书局	1945年11月	沪1版	/
亚里斯多德逻辑	韦卓民	科学出版社	1957年7月	第1版	/
言语美学	カルル·フォスレル；小林英夫译	小山书店	1935年6月5日	第1版	钤印
因明入正理论讲义	武昌佛学院讲师慧圆居士	/	/	/	/
因明学	陈望道	世界书局	1931年10月	/	批校、钤印、签名
因明学	虞愚	中华书局	1936年11月	/	精装
印度论理学纲要	阿特里雅（Treya, B. L.）；杨国宾译	商务印书馆	1936年6月	第1版	/

续 表

题　名	著　译　者	出版单位	出版时间	版次	备注
语言与思维	高名凯	生活·读书·新知三联书店	1956年11月	第1版	签名
证明和反驳	且大有	河北人民出版社	1962年11月	第1版	/
中国逻辑思想史料分析（第一辑）	汪奠基	中华书局	1961年9月	第1版	/
中国名学	虞愚	正中书局	1937年2月	第1版	钤印
The Principles of Aesthetics	DeWitt H.Parker	Silver, Burdette and Company	1920年	第1版	精装

〇五 社会科学总论

题　名	著译者	出版单位	出版时间	版次	备注
荒古原人史	麦开柏；吴敬恒译	文明书店	1926年1月	/	/
社会发展简史（干部必读）	解放社	解放社	1950年7月	增订第11版	/
社会发展史画	潘力模	工人出版社	1951年9月	第2版	/
社会思想史（一、二、三、四、五、六）	鲍茄德斯；徐卓英等译	商务印书馆	1937年3月	第1版	/
社会物质生活的条件	康士坦丁诺夫；刘群译	人民出版社出版 华东人民出版社重印	1952年5月	重印第1版	/
社会学大纲	李达	笔耕堂书店	1937年5月	第1版	签名
社会研究法	韦伯夫妇；钱亦石、詹哲尊译	商务印书馆	1938年5月	第1版	/
社会意识学大纲	波格达诺夫；陈望道、施存统	大江书铺	1932年7月	第6版	钤印
神话论	林惠祥	商务印书馆	1934年7月	第2版	/
世界人种志	林惠祥	商务印书馆	1932年12月	第1版	/
苏联民族学研究史	托尔斯托夫、托卡列夫；梅林、罗致平译	民族出版社	1958年9月	第1版	/
苏维埃民族学的发展	托尔斯托夫（原名Толотов, С.П.）；历史研究编辑部译	科学出版社	1956年7月	第1版	/
未开社会の思惟	山田吉彦译	小山书店	1935年7月	/	签名、钤印
文化人类学	林惠祥	商务印书馆	1934年1月	第1版	精装
我们祖先的创造发明	茅左本	上海人民出版社	1957年9月	第1版	/
意义学	李安宅	商务印书馆	1934年3月	第1版	钤印
怎样运用统计方法分析现象之间的依存关系	乌尔兰尼斯；国家统计局综合司编译处译	统计出版社	1959年6月	第1版	/

一〇六 政治、法律、军事

题名	著译者	出版单位	出版时间	版次	备注
爱国主义国际主义和社会主义思想教育的学习文件选辑	中国人民政治协商会议全国委员会学习委员会	中国人民政治协商会议全国委员会学习委员会	1962年12月	/	/
巴黎公社	胡代聪	文字改革出版社	1959年3月	第1版	
北京大学批判资产阶级学术思想论文集	北京大学学报（人文科学）编辑委员会	高等教育出版社	1958年12月	第1版	/
比较宪法（下册）	王世杰、钱端升	商务印书馆	1944年2月	赣2版（增订4版）	
勃列日涅夫言论（第二集）	上海人民出版社编译室	上海人民出版社	1974年10月	第1版	
勃列日涅夫言论（第三集）	上海人民出版社编译室	上海人民出版社	1974年10月	第1版	
勃列日涅夫言论（第四集）	上海人民出版社编译室	上海人民出版社	1974年10月	第1版	
勃列日涅夫言论（第五集）	上海人民出版社编译室	上海人民出版社	1974年10月	第1版	
跛足巨人：美国对外政策及其国内影响	威廉·富布赖特；伍协力译	上海人民出版社	1976年1月	第1版	/
不断革命论	列夫·托洛茨基	生活·读书·新知三联书店	1966年2月	第1版	
大兴调查研究之风	北京出版社	北京出版社	1961年7月	第1版	
大字报选1	上海文化出版社	上海文化出版社	1958年3月	第1版	
大字报选2	上海人民出版社、新文艺出版社、上海文化出版社	上海人民出版社	1958年6月	第1版	
第一国际和第二国际	克利沃古斯、斯切茨凯维奇；中国人民大学编译室译	生活·读书·新知三联书店	1960年6月	第1版	
对台湾宣传稿件选辑	政协上海市委员会促进和平解放台湾工作组办公室	/	1959年3月	/	/
法斯特叛党言行批判	译文编辑部	/	1957年12月	/	/
斐迪南·拉萨尔及其对工人阶级的意义	爱德华·伯恩施坦；郑异凡、梁建华、于沪生译	生活·读书·新知三联书店	1964年1月	第1版	
妇女问题论文集	陈碧云	中华基督教女青年会全国协会	1935年2月	第1版	
古巴事件内幕	/	世界知识出版社	1962年12月	第1版	/
关于国际共产主义运动总路线的论战	/	人民出版社	1965年3月	第1版	精装
关于美国国防部侵越秘密报告材料汇编（上、下）	/	生活·读书·新知三联书店	1973年5月	第1版	/
关于目前国际形势、我国外交政策和解放台湾问题	周恩来	人民出版社	1956年7月	第1版	/

续 表

题　　名	著 译 者	出版单位	出版时间	版次	备注
关于若干历史问题的决议	中国共产党中央委员会	人民出版社	1953年11月	重印第2版	/
关于知识分子问题的报告	周恩来	人民出版社	1956年2月	第1版	钤印
关于知识分子自我改造问题学习参考资料	中国民主同盟上海市委员会	中国民主同盟上海市委员会	1958年9月	/	/
国徽图案参考资料	人民政治协商会议筹备会	大众书局	1949年9月	/	/
国际主义和战争	卡尔·考茨基；许长卿译	生活·读书·新知三联书店	1963年1月	第1版	/
国际主义与民族主义	解放社	新华书店	1949年11月	/	/
过渡时期总路线学习参考资料（第二辑）	/	人民出版社出版华东人民出版社重印	1954年2月	第1版	/
赫鲁晓夫言论（第一集）	世界知识出版社	世界知识出版社	1964年7月	第1版	/
赫鲁晓夫言论（第二集）	世界知识出版社	世界知识出版社	1964年9月	第1版	/
赫鲁晓夫言论（第五集）	世界知识出版社	世界知识出版社	1965年4月	第1版	/
胡适思想批判参考资料	胡适思想批判讨论会工作委员会秘书处	胡适思想批判讨论会工作委员会秘书处	1955年4月	/	/
胡适思想批判（第一辑）	生活·读书·新知三联书店	生活·读书·新知三联书店	1955年3月	重印第1版	/
胡适思想批判（第二辑）	生活·读书·新知三联书店	生活·读书·新知三联书店	1955年3月	重印第1版	/
胡适思想批判（第三辑）	生活·读书·新知三联书店	生活·读书·新知三联书店	1955年4月	重印第1版	/
胡适思想批判（论文选集）	生活·读书·新知三联书店	生活·读书·新知三联书店	1959年4月	第1版	/
胡适思想批判资料集刊	中国作家协会上海分会	新文艺出版社	1955年4月	第1版	/
互助论	克鲁泡特金；李平沤	商务印书馆	1963年3月	第1版	/
黄祸论	海因茨·哥尔维策尔	商务印书馆	1964年4月	第1版	/
阶级斗争学说的最初阶段	普列哈诺夫；柳明、石柱	生活·读书·新知三联书店	1965年1月	第1版	/
阶级和阶级斗争	张香山	中国青年出版社	1956年12月	第1版	/
阶级是怎样产生的为什么发生阶级斗争	车列木内赫（Черемних, Д.）	时代出版社	1954年11月	第1版	/
今译新编孙子兵法	郭化若	中华书局	1962年11月	第1版	/
科学社会主义史	В.С.冈察洛夫	中国人民大学	1958年8月	第1版	/

续 表

题　名	著译者	出版单位	出版时间	版次	备注
恐怖主义和共产主义	卡尔·考茨基	生活·读书·新知三联书店	1963年6月	第1版	/
雷锋日记1959—1962	雷锋	解放军文艺社	1963年4月	第1版	/
李大钊选集	李大钊	人民出版社	1959年4月	第1版	精装
理性与民主	张东荪	商务印书馆	1946年5月	第1版	/
《联共(布)党史简明教程》名词解释	中国人民大学马克思列宁主义教研室	中国人民大学	1955年7月	第2版	/
联共(布)党史简明教程	佚名	外国文书籍出版局	1950年	/	精装签名
联共(布)第十四次代表大会	契加廖夫；中国人民大学马克思列宁主义教研室	人民出版社出版华东人民出版社重印	1953年11月	重印第1版	/
联共(布)第十六次代表大会	科斯金(Костин, А.)；中国人民大学马克思列宁主义教研室	人民出版社	1954年6月	第1版	/
联系人民是共产党力量的泉源	波里索夫；俊庄译	时代出版社	1954年9月	第1版	/
猎潜战	A.J.瓦茨；刘鹭译	海洋出版社	1985年12月	第1版	/
论党的教育	学习译丛编辑部	学习杂志社	1956年4月	第1版	/
论基础和上层建筑	张镛	上海人民出版社	1959年9月	第1版	/
论群众路线	中华全国总工会干部学校马克思、列宁主义教研室	工人出版社	1955年12月	第1版	钤印
论知识分子	中国民主同盟总部宣传委员会	中国民主同盟总部宣传委员会	1952年11月	第2版	/
马克思列宁主义的阶级和阶级斗争理论	格列则尔曼(Глезермдн.F.E.)；北流译	人民出版社	1952年	第1版	/
马克思列宁主义与民族殖民地问题	康士坦丁诺夫；中国人民大学研究部编译室译	人民出版社	1953年11月	第1版	/
毛主席的好战士——雷锋	中国青年出版社	中国青年出版社	1963年4月	第1版	/
民族政策文献汇编	/	人民出版社	1953年1月	第1版	/
批判胡适的反动哲学思想	艾思奇	中国青年出版社	1955年12月	第1版	/
批判胡适反动哲学思想参考材料	/	上海学术文化界胡适思想批判讨论会工作委员会	1955年1月	/	/
批判胡适反动政治思想参考材料	/	上海学术文化界胡适思想批判讨论会工作委员会	1955年2月	/	/

续 表

题　名	著译者	出版单位	出版时间	版次	备注
企业中的直观鼓动	M.柯桑宁娜（Кощонина, M.）、B.穆拉切夫；劳保忠、杨若译	工人出版社	1954年10月	第2版	/
全世界无产者联合起来反对我们的共同敌人	/	人民出版社	1963年3月	第1版	精装
群己权界论	穆勒；严复译	商务印书馆	1934年7月	第2版	/
人民民主国家宪法汇编	中央人民政府法制委员会编译室	人民出版社	1953年7月	第1版	/
人民民主统一战线	中国农工民主党中央委员会	中国农工民主党中央委员会	/	第1版	/
人民群众和个人在历史上的作用	张香山	中国青年出版社	1954年12月	第1版	/
日本自由民主党及其政策的制订	福井治弘	上海人民出版社	1972年8月	第1版	/
上海市第三届人民代表大会第三次会议文件	/	/	1960年3月	第1版	精装
上海市第五届人民代表大会第一次会议文件	/	/	1964年10月	第1版	精装
上海市第一届人民代表大会第三次会议汇刊	上海市第一届人民代表大会第三次会议秘书处	上海市第一届人民代表大会第三次会议秘书处	1955年	第1版	精装
上海讨论资产阶级法权问题的文章和发言	上海市哲学社会科学学会联合会办公室	上海市哲学社会科学学会联合会办公室	1959年	第1版	/
社会民主党内的修正主义	爱德华·伯恩施坦；史集译	生活·读书·新知三联书店	1963年3月	第1版	/
社会民主主义对抗共产主义	卡尔·考茨基；李石秦译	生活·读书·新知三联书店	1963年4月	第1版	/
社会意识及其形态	康士坦丁诺夫；中国人民大学研究部编译室译	人民出版社	1954年2月	第1版	/
社会主义教育课程的阅读文件汇编　第一编（上、下）	学习杂志编辑部	人民出版社	1957年12月	第1版	/
社会主义能够救中国	/	人民日报出版社	1990年2月	第1版	/
社会主义思想简史	陶大镛	中国青年出版社	1956年8月	第1版	/
什么是社会主义？	爱德华·伯恩施坦；史集译	生活·读书·新知三联书店	1963年5月	第1版	/
什么是资产阶级民族和社会主义民族	科丝洛夫（Козлов, В.К.）；吴玉、高文德译	人民出版社	1955年7月	第1版	/
什么是自由？	茄罗蒂（Garaudy, R.）；凌其翰译	生活·读书·新知三联书店	1954年9月	第1版	/

续 表

题 名	著 译 者	出版单位	出版时间	版次	备注
时事政策学习资料1957（1）	/	中国人民政协上海委员会学委会	1957年3月7日	第1版	/
时事政策学习资料1957（2）	/	中国人民政协上海委员会学委会	1957年3月26日	第1版	/
思想领导与工作方法	斯列波夫、斯大林	北方出版社	1949年5月	第1版	钤印
宋本十一家注孙子（上、中、下）	中华书局上海编辑所	中华书局	1961年8月	/	线装
苏共领导下的苏联文化革命	苏共中央马克思列宁主义研究院；范益彬译	上海人民出版社	1973年8月	第1版	/
苏联报刊反华言论（第一至五集）	世界知识出版社	世界知识出版社	1964年	第1版	/
苏联共产党(布)历史简明教程（第一至八分册）	联共（布）中央特设委员会	人民出版社	1964年6月	第1版	/
苏联共产党(布)历史简明教程	联共（布）中央特设委员会	人民出版社	1949年9月	第1版	钤印
《苏联共产党(布)历史简明教程》名词解释	吴恩裕、徐方、刘孝良	中国青年出版社	1955年4月	新1版	/
苏联共产党第二十次代表大会关于苏联共产党中央委员总结报告的决议	赫鲁晓夫；中共中央马克思恩格斯列宁斯大林著作编译局译	人民出版社出版上海人民出版社重印	1956年3月	第1版	钤印
苏联共产党第二十一次代表大会主要文件	中共中央马克思恩格斯列宁斯大林著作编译局	人民出版社	1959年2月	第1版	/
苏联共产党第二十二次代表大会主要文件	/	人民出版社	1961年11月	第1版	/
苏联共产党历史	/	人民出版社	1960年1月	第1版	精装钤印
苏联共产党五十年	/	人民出版社	1953年10月	第1版	/
苏联宪法通论	卡尔宾斯基；沈颖、黄长霈、党凤德译	人民出版社	1953年11月	第2版	/
苏联怎样消灭剥削阶级和阶级差别	格列节尔曼；李相崇译	时代出版社	1951年8月	第2版	/
孙中山选集（上、下卷）	孙中山	人民出版社	1956年11月	第1版	精装钤印
孙子今译	郭化若	中华书局	1962年11月	/	线装
孙子军事哲学思想研究	关锋	湖北人民出版社	1959年1月	第2版	钤印
谈入党条件、党员义务和权利	许邦仪	中国青年出版社	1957年3月	第1版	/
讨论宪法草案对话	北京人民广播电台编辑部	通俗读物出版社	1954年8月	第1版	/
铁托在普拉的演说及有关评论	世界知识出版社	世界知识出版社	1957年1月	第1版	/

续表

题　名	著　译　者	出版单位	出版时间	版次	备注
铁托主义的实践	/	商务印书馆	1963年7月	第1版	/
伟大的十月社会主义革命四十年	赫鲁晓夫（Хрущев, Н.С.）	人民出版社	1957年1月	第1版	/
伟大的十月社会主义革命四十周年	中共中央马克思恩格斯列宁斯大林著作编译局译	人民出版社	1957年9月	第1版	/
无产阶级专政的历史经验	/	人民出版社；上海人民出版社重印	1957年4月	第1版	/
无产阶级专政	卡尔·考茨基	生活·读书·新知三联书店	1963年7月	第1版	/
宪法的阶级本质	新知识出版社	新知识出版社	1954年7月	第1版	/
新民主主义论讲授提纲	教育部高等教育司	教育部高等教育司	1950年5月15日	第1版	钤印
匈牙利十月事件中的反革命势力2	匈牙利人民共和国部长会议新闻局	世界知识出版社	1957年8月	第1版	/
学习资料3	中国人民政协会议全国委员会学习委员会	中国人民政协会议全国委员会学习委员会	1961年2月24日	第1版	/
学习资料8	中国人民政协会议全国委员会学习委员会	中国人民政协会议全国委员会学习委员会	1962年9月30日	第1版	钤印、签名
亚非人民反对帝国主义的斗争	/	世界知识出版社	1958年3月	第1版	/
一个社会主义者的发展过程	爱德华·伯恩施坦；史集译	生活·读书·新知三联书店	1962年11月	第1版	/
音调不定的号角	马克思威尔·D.泰勒；北京编译社译	世界知识出版社	1963年3月	第1版	/
英国政府机构	英国政府机构编写组	上海人民出版社	1973年12月	第1版	/
迎接祖国第一个宪法	中国青年出版社	中国青年出版社	1954年8月	第1版	/
再论陶里亚蒂同志同我们的分歧	红旗杂志编辑部	人民出版社	1963年3月	第1版	/
在第十九次党代表大会上关于联共(布)中央工作的总结报告	马林科夫	人民出版社	1952年11月	第1版	钤印
在第十九次党代表大会上关于联共(布)中央工作的总结报告	马林科夫	人民出版社	1952年12月	重印第3版	/
在社会主义革命高潮中知识分子的使命	郭沫若	人民出版社	1956年2月	第1版	/
在苏联共产党第二十次代表大会上的发言	福尔采娃；中共中央马克思恩格斯列宁斯大林著作编译局译	人民出版社出版；上海人民出版社重印	1956年4月	第1版	钤印

续表

题　　名	著译者	出版单位	出版时间	版次	备注
怎样分析农村阶级	/	人民出版社	1963年12月	新1版	/
怎样在宣传鼓动工作中运用艺术文学	Ф.马特洛索夫；朱子奇译	中央人民政府政务院文化教育委员会	1951年10月	第1版	/
怎样做报告	格里沙宁·罗吉诺夫；杨慕之译	中外出版社	1951年8月	第7版	/
战争论（第一卷）	克劳塞维茨（Clausewitz, C. Von）	中国人民解放军总参谋部	1964年2月	第1版	精装 钤印
战争论（第二卷）	克劳塞维茨（Clausewitz, C. Von）	中国人民解放军总参谋部	1964年12月	第1版	精装 钤印
战争论（第三卷）	克劳塞维茨（Clausewitz, C. Von）	中国人民解放军总参谋部	1965年4月	第1版	精装
政府工作报告	周恩来	中华人民共和国第一届全国人民代表大会第一次会议秘书处	1954年	/	精装
政协会刊	中国人民政治协商会议全国委员会秘书处	中国人民政治协商会议编辑委员会	1962年2月	第1版	钤印
政协会刊	中国人民政治协商会议全国委员会秘书处	中国人民政治协商会议编辑委员会	1965年12月	/	/
政治报告	周恩来	人民出版社出版；上海人民出版社重印	1956年2月	第1版	/
政治论	亚理士多德；吴颂皋、吴旭初译	商务印书馆	1935年3月	二版	精装
中共党史讲话	张永义、焦贤能	江西人民出版社	1958年1月	第1版	/
中国的社会主义改造	廖盖隆	中国青年出版社	1955年6月	第1版	/
中国妇女问题讨论集：续集	梅生	新文化书社	/	/	/
中国革命的民族问题和民族政策讲话	张执一	中国青年出版社	1956年12月	第1版	/
中国共产党的三十年	胡乔木	人民出版社出版；上海人民出版社重印	1951年11月	第2版	/
中国共产党第八次全国代表大会文件	人民出版社	人民出版社	1956年10月	第1版	精装 钤印
中国共产党第八次全国代表大会文献	中共中央办公厅	人民出版社	1957年2月	第1版	精装

续表

题 名	著译者	出版单位	出版时间	版次	备注
中国共产党第八届中央委员会第八次全体会议文件	中共中央办公厅	人民出版社	1959年8月	第1版	钤印
中国共产党第八届中央委员会第六次全体会议文件	中共中央办公厅	人民出版社	1958年12月	第1版	钤印
中国共产党第九次全国代表大会文件汇编	中共中央办公厅	人民出版社	1969年5月	第1版	/
中国共产党简要历史（初稿）	缪楚黄	中国青年出版社出版；上海儿童出版社重印	1959年9月	第1版	/
中国共产党两条路线斗争大事记	/	/	1969年5月	第1版	钤印
中国和印度关于两国在中国西藏地方的关系问题中印边界问题和其他问题来往文件汇编（1950年8月—1960年4月）	中华人民共和国外交部	/	/	/	/
中国人民解放军的三八作风	中国人民解放军总政治部	人民出版社	1964年6月	第1版	/
中国人民政治协商会议第三届全国委员会第二次会议汇刊	中国人民政治协商会议全国委员会秘书处	人民出版社	1960年	/	精装
中国人民政治协商会议第三届全国委员会委员名单	中国人民政治协商会议全国委员会秘书处	/	1960年3月	/	/
中国人民政治协商会议第四届全国委员会第一次会议分组名单	中国人民政治协商会议全国委员会秘书处	/	1964年12月	/	/
中国人民政治协商会议第四届全国委员会委员名单	中国人民政治协商会议全国委员会秘书处	/	1964年12月	/	/
中国人民政治协商会议共同纲领	/	人民出版社出版；华东人民出版社重印	1952年8月	重印第1版	/
中国人民政治协商会议资料选编（第一集）	中国人民政治协商会议全国委员会秘书处	中国人民政治协商会议全国委员会秘书处	1959年5月	第1版	/
中国政治思想史	吕振羽	生活·读书·新知三联书店	1955年6月	第4版	精装
中华人民共和国兵役法	法律出版社	法律出版社	1955年2月	第1版	/
中华人民共和国第一届全国人民代表大会第二次会议汇刊	中华人民共和国第一届全国人民代表大会第二次会议秘书处	/	1955年	/	精装
中华人民共和国第一届全国人民代表大会第三次会议汇刊	中华人民共和国第一届全国人民代表大会第三次会议秘书处	/	1956年	/	精装

续 表

题 名	著 译 者	出版单位	出版时间	版次	备注
中华人民共和国第一届全国人民代表大会第四次会议汇刊	中华人民共和国第一届全国人民代表大会第四次会议秘书处	/	1957年	/	精装
中华人民共和国第一届全国人民代表大会第五次会议汇刊	中华人民共和国第一届全国人民代表大会第五次会议秘书处	/	1958年	/	精装
中华人民共和国第二届全国人民代表大会代表名单	/	/	1959年4月	/	/
中华人民共和国第二届全国人民代表大会第二次会议会场座次表	/	/	1960年3月	/	/
中华人民共和国第二届全国人民代表大会第一次会议汇刊	中华人民共和国第二届全国人民代表大会第一次会议秘书处	/	1959年	/	精装
中华人民共和国第三届全国人民代表大会名单	/	/	1964年12月	/	/
中华人民共和国各级政权机关组织法规	华东军政委员会参事室	华东军政委员会参事室	1951年3月	第1版	/
中华人民共和国婚姻法	人民出版社	人民出版社出版华东人民出版社重印	1953年3月	重印第3版	/
中华人民共和国全国人民代表大会组织法	/	上海市人民政府办公厅翻印	1955年	第1版	精装
中华人民共和国全国人民代表大会组织法	/	中华人民共和国第一届全国人民代表大会第一次会议秘书处	1954年	第1版	精装
中华人民共和国宪法		人民出版社	1954年9月	第1版	签名
中华人民共和国宪法		文字改革出版社	1958年7月	第1版	钤印
中印边界问题	人民出版社	人民出版社	1962年11月	第2版	/
资产阶级学术思想批判参考资料第九集	中国科学院哲学研究所资料室	商务印书馆	1961年8月	第1版	/
做个有共产主义风格的新人	野平等	中国青年出版社	1959年6月	第1版	/
Advancing to Communism	Fyodor Dubkovetsky	Foreign Languages Publishing House	1951年	第2版	/
American Workers Look at the Soviet Union	/	Foreign Languages Publishing House	1952年	/	/

续 表

题 名	著 译 者	出版单位	出版时间	版次	备注
Complete and Consolidate the Victory	/	Foreign Languages Press, Peking	1950年5月	/	/
Documents Concerning Right Deviation in Rumanian Workers' Party	/	Rumanian Worker's Party Publishing House	1952年	/	/
Draft Constitution of the Rumanian People's Republic	/	/	1952年	/	/
On Inner-party Struggle	Liu Shao-chi	Foreign Languages Press	/	/	/
Prisoners of War Shall Be Repatriated	/	The Chinese People's Committee for World Peace	1952年	/	/
Report to the Nineteenth Party Congress on the Work of the Central Committee of the C.P.S.U.(B.)	/	Foreign Languages Publishing House	1953年	/	/
Sino-Soviet Treaty and Agreements	/	Foreign Languages Press	1950年	/	/
The Agrarian Reform Law of the People's Republic of China	/	Foreign Languages Press	/	/	/
The Agrarian Reform Law of the People's Republic of China	/	Foreign Languages Press	/	/	/
The Marriage Law of The People's Republic of China	/	Foreign Languages Press	1950年	/	/
The Origin and Development of the Differences between the Leadership of the CPSU and Ourselves—Comment on the Open Letter of the Central Committee of the CPSU	The Editorial Departments of Renmin Ribao(People's Daily) and Hongqi(Red Flag)	Foreign Languages Press	1963年	/	/
Two Tactics of Social-Democracy in the Democratic Revolution	V.I.Lenin	Foreign Languages Publishing House	1947年	第1版	/

07

经济

题　名	著译者	出版单位	出版时间	版次	备注
钢铁和国家工业化	小章	中国青年出版社	1956年2月	第1版	/
环绕欧洲共同市场的斗争	国际关系研究所编译室	世界知识出版社	1962年8月	第1版	/
价值规律在资本主义各个阶段中的作用及其表现形式	魏壎、谷书堂	上海人民出版社	1956年5月	第1版	/
简明经济学辞典	科兹洛夫（Козлов. Г.А.）；何青译	人民出版社	1958年12月	第1版	精装
论共产主义公社	中国人民大学马克思列宁主义基础系	中国人民大学出版社	1958年9月	第2版	/
论共产主义公社	中国人民大学马克思列宁主义教研室	中国人民大学出版社	1958年7月	第1版	钤印
明清社会经济形态的研究	中国人民大学历史教研室	上海人民出版社	1957年3月	第1版	/
农业生产合作社示范章程草案	/	人民出版社	1955年11月	第1版	/
日本财界集团及其人物	木村武雄等；复旦历史系日本组译	上海人民出版社	1974年7月	第1版	/
商品自传	邓克生	江苏人民出版社	1960年3月	第1版	/
社会主义政治经济学	鲁米杨采夫等	上海人民出版社	1973年1月	第1版	/
胜利十年	柯庆施	上海人民出版社	1959年10月	第1版	/
什么是商品	汪旭庄	上海人民出版社	1954年12月	第1版	/
苏联共产党第二十次代表大会关于1956—1960年苏联发展国民经济第六个五年计划的指示	布尔加宁（Булганин, Н.А.）；中共中央马克思恩格斯列宁斯大林著作编译局译	人民出版社出版；上海人民出版社重印	1956年3月	第1版	钤印
伟大的十年——中华人民共和国经济和文化建设成就的统计	国家统计局	人民出版社	1959年9月	第1版	精装
我国社会主义建设中的若干经济问题	中国青年出版社	中国青年出版社	1959年5月	第1版	/
五谷史话	万国鼎	中华书局	1961年4月	第1版	/
盐铁论	桓宽	上海人民出版社	1974年6月	第1版	/
战后日本经济	《战后日本经济》编写组	上海人民出版社	1973年8月	第1版	/
政治经济学常识（初稿）	蒋学模等	学习杂志社	1956年8月	第1版	/
中国的封建领主制和地主制	李亚农	上海人民出版社	1961年5月	第1版	精装
中国共产党第七届中央委员会第六次全体会议（扩大）关于农业合作化问题的决议	/	人民出版社	1955年10月	第1版	/
中国近代国民经济史	吴杰	人民出版社	1958年6月	第1版	/

续 表

题　名	著　译　者	出版单位	出版时间	版次	备注
中国资本主义萌芽问题讨论集（上）	中国人民大学中国历史教研室	生活·读书·新知三联书店	/	/	/
中国资本主义萌芽问题讨论集	中国人民大学中国历史教研室	生活·读书·新知三联书店	1957年3月	第1版	/
中华人民共和国发展国民经济的第一个五年计划的名词简释	中华人民共和国国家计划委员会	人民出版社	1955年9月	第1版	/
资本的原始积累	周有光	上海人民出版社	1954年8月	第1版	/
资本与剩余价值	孙怀仁	华东人民出版社	1954年2月	第1版	/
Economic Problems of Socialism in the U.S.S.R.	J.Stalin	Foreign Languages Publishing House	1952年	/	/

〇八 文化、科学、教育、体育

题　　名	著　译　者	出版单位	出版时间	版次	备注
百年大计	湖北人民出版社	湖北人民出版社	1974年3月	第1版	铃印
初级中学课本中国历史（第四册）	/	人民教育出版社	1963年	第7版	/
初学记（全三册）	徐坚等	中华书局	1962年1月	第1版	/
大学英文选	孙大雨	龙门联合书局	1951年1月	第1版	/
德国古代的历史和语言	恩格斯；刘潇然译	人民出版社	1957年11月	第1版	/
杜威教育学批判	B.C.佘夫金；冯可大等	五十年代出版社	1953年12月	第1版	/
儿童之语言与思想	张耀翔	中华书局	1948年4月	第1版	铃印
父母信箱	少年儿童出版社	少年儿童出版社	1981年2月	第1版	/
复旦大学历史学系历史专业教育改革方案（初稿）	复旦大学历史学系	上海教育出版社	1960年5月	第1版	/
复旦大学中国语言文学系汉语言文学专业教育改革方案（初稿）	复旦大学中国语言文学系	上海教育出版社	1960年5月	第1版	/
高级中学课本　中国历史（第一册）	邱汉生、陈乐素、汪义等	人民教育出版社	1958年7月	第2版	/
高级中学课本　中国历史（第二册）	陈乐素、王永兴、邱汉生等	人民教育出版社	1957年11月	第2版	/
高级中学课本　中国历史（第三册）	苏寿桐、王仁忱、孙守任等	人民教育出版社	1958年6月	第2版	/
高级中学课本　中国历史（第四册）	刘惠吾、牛连海、古堡等	人民教育出版社	1957年12月	第1版	/
高级中学中国历史（上、下册）	前华东人民政府教育部教科书编审委员会	人民教育出版社	1951年1月	第1版	/
各国通讯社介绍	新华通讯社	新华通讯社	1957年8月30日	/	/
共产主义教育思想	波波夫	人民教育出版社	1953年3月	第1版	/
古籍版本浅说	陈国庆	辽宁人民出版社	1957年	/	/
古书版本常谈	毛春翔	中华书局	1962年10月	第1版	铃印
古书疑义举例五种	俞樾等	中华书局	1956年1月	第1版	精装
关于普通中学化学课程革新的建议	上海市中学化学课程革新委员会	上海教育出版社	1960年3月	第1版	/
关于普通中学物理课程革新的建议	上海市普通中学物理课程革新委员会	上海教育出版社	1960年3月	第1版	/
关于中小学数学课程革新的建议	上海市中小学数学课程革新委员会	上海教育出版社	1960年3月	第1版	/
广校雠略	张舜徽	中华书局	1963年4月	第1版	/
技术革命的新时代	人民出版社	人民出版社	1958年6月	第1版	/
校对手册	科学出版社	科学出版社	1964年	/	铃印

续表

题　　名	著 译 者	出版单位	出版时间	版次	备注
校勘学释例	陈垣	中华书局	1959年12月	第1版	/
教育十年	人民教育出版社	人民教育出版社	1960年1月	第1版	/
教育史	墨·佛·沙巴也娃；何爽秋、李子卓、毛礼锐等译	人民教育出版社	1955年3月	第1版	精装
教育心理学概论	商戴克；陆志韦译	商务印书馆	1932年11月	国难后1版	精装钤印
教育学讲义（上册）	崔可夫；北京师范大学教育学教研室译	人民教育出版社	1954年9月	第1版	钤印
教育学（上册）	凯洛夫；沈颖等	人民教育出版社	1953年1月	第4版	/
教育学（上册）	叶希波夫、冈查洛夫；于卓等	人民教育出版社	1952年9月	第2版	/
教育学（下册）	凯洛夫；沈颖等	人民教育出版社	1953年7月	第1版	/
教育学	伊·特·奥哥洛德尼柯夫、波·恩·申比廖夫；陈侠、熊承涤译	人民教育出版社	1955年6月	第1版	/
近代印刷术	贺圣鼐、赖彦于	商务印书馆	1934年3月	第1版	/
近代印刷术	赖彦于	商务印书馆	1934年7月	第2版	/
科学概论	卢于道	中国文化服务社	1946年5月	第4版	签名
科学人生观（上）	上海市中学思想政治课教材编审委员会	上海教育出版社	1989年6月	第1版	/
科学人生观（下）	上海市中学思想政治课教材编审委员会	上海教育出版社	1989年11月	第1版	/
科学与人生	密黎根；刘盛渠译	商务印书馆	1937年3月	第1版	/
科学与文明	伍伯立、陈狱生译	商务印书馆	1937年3月	第1版	/
论共产主义教育	安·谢·马卡连柯；刘长松、杨慕之译	人民教育出版社	1954年12月	第1版	精装钤印
论共产主义教育和教学	米·伊·加里宁；陈昌浩、沈颖译	人民教育出版社	1957年9月	第1版	/
马克思主义经典作家论教育	/	人民教育出版社	1959年3月	第2版	/
梦溪笔谈校证（上、下）	胡道静	古典文学出版社	1957年3月	新1版	/
梦溪笔谈校证（下）	胡道静	中华书局	1959年12月	新1版	/
明日之学校	John Dewey；朱经农、潘梓年译	商务印书馆	1924年3月	第2版	精装
排球	张然	人民体育出版社	1959年11月	第1版	/
七修类稿（全二册）	郎瑛	中华书局	1959年1月	第1版	/

续表

题　　名	著　译　者	出版单位	出版时间	版次	备注
人造卫星	Ф·齐格尔；滕砥平、蒋芝英译	科学普及出版社	1957年10月	第1版	/
十万个为什么（01）	/	上海市出版革命组	1970年9月	第1版	/
十万个为什么（02）	/	上海市出版革命组	1970年9月	第1版	/
十万个为什么（03）	/	上海市出版革命组	1970年10月	第1版	/
十万个为什么（04）	/	上海人民出版社	1970年10月	第1版	/
十万个为什么（05）	/	上海人民出版社	1970年10月	第1版	/
十万个为什么（06）	/	上海人民出版社	1971年9月	第1版	/
十万个为什么（07）	/	上海人民出版社	1971年9月	第1版	/
十万个为什么（17）	/	上海人民出版社	1976年9月	第1版	/
石器时代文化	K.P.奥克莱；周明镇	科学出版社	1965年5月	第1版	/
世界地图册　中学生适用	/	地图出版社	/	第1版	精装
世界教育史	麦丁斯基；叶文雄译	五十年代出版社	1950年8月5日	第4版	/
世界文化史	桑戴克；冯雄	商务印书馆	1936年7月	第1版	/
书的故事	北京市女三中语文组	中华书局	1961年8月	第1版	/
书林清话	叶德辉	古籍出版社	1957年1月	第1版	/
思维与教学	杜威；俞庆棠等译	商务印书馆	1936年8月	第1版	/
思想方法和读书方法	胡绳	耕耘出版社	1949年6月	第5版	/
思想方法与学习方法	薛暮桥	新华书店	1950年10月	第3版	/
苏联初期文化建设史略	伊·斯米尔诺夫；徐亚倩	中央人民政府政务院文化教育委员会	1953年1月	第1版	/
苏联的高等教育	教育资料丛刊社	人民教育出版社	1951年4月	第1版	钤印
苏维埃文化与苏联文化革命	卡尔波夫；陈丹、柯力、国芬	时代出版社	1957年3月	第1版	/
速记法基本教程	速记学术研究会	实用速记学校	1953年5月	/	/
提高教学质量的一些条件	/	大众出版社	1955年9月	第2版	/
围棋布局初步	刘棣怀等	上海文化出版社	1958年10月	第1版	/
唯物辩证法教科书	ツロコフ・ヤソコフスキー；早川二郎、大野勤译	白杨社	1935年5月5日	第1版	钤印

续 表

题　名	著译者	出版单位	出版时间	版次	备注
文化革命的新时代	人民出版社	人民出版社	1958年6月	第1版	/
文化论	B.Malinowski；费孝通等译	商务印书馆	1944年7月	第1版	钤印
文化论	B.Malinowski；费孝通等译	商务印书馆	1946年5月	上海第1版	钤印
文学（第一册）	张毕来、王薇、刘国正等	人民教育出版社	1955年5月	第1版	/
我国历史上的科学发明	钱伟长	中国青年出版社	1953年8月	第1版	/
西洋教育思潮发达史（一册）	Percival R. Cole；于熙俭译	商务印书馆	1935年12月	第1版	精装
现代读书之技术	庄泽宣	中国文化服务社	1944年11月	第1版	/
新教育大纲	杨贤江	人民教育出版社	1961年12月	第1版	/
新文字编目档案管理法	陈越	东方书店	1952年11月	第1版	/
性格及其形成规律	А. Г. 科瓦列夫；刘韵桐译	科学出版社	1957年7月	第1版	/
学习的方法和经验	曾怡彬	西北人民出版社	1952年2月	第4版	/
学习毛泽东的思想方法和工作方法	张友渔	中国青年出版社	1958年8月	第1版	钤印
学习毛泽东同志的教育思想	人民教育出版社	人民教育出版社	1959年5月	第1版	/
言叶の文化	长谷川如是闲	中央公论社	1943年3月25日	第1版	精装钤印
艺文类聚（全四册）	欧阳询	中华书局	1965年11月	第1版	/
英文名人述异	杨锦森	中华书局	1929年4月	第10版	精装
语文（第一册）	人民教育出版社	人民教育出版社	1964年7月	第3版	/
语文（第二册）	人民教育出版社	人民教育出版社	1965年12月	第3版	/
语文（第三册）	人民教育出版社	人民教育出版社	1965年6月	第3版	/
语文（第四册）	人民教育出版社	人民教育出版社	1965年12月	第3版	/
语文（第五册）	人民教育出版社	人民教育出版社	1964年7月	第3版	/
语文（第六册）	人民教育出版社	人民教育出版社	1965年12月	第3版	/
语言与文化	罗常培	国立北京大学	1950年1月	/	签名
怎样读书	布尔勤娜等	群众书店	1951年11月	第2版	/
怎样自修马列主义	加里宁；水夫译	时代出版社	1950年2月	第1版	/
知识与文化	张东荪	商务印书馆	1946年1月	第1版	/
中国报刊研究文集	复旦大学新闻系	上海人民出版社	1959年9月	第1版	签名
中国出版界简史	杨寿清	永祥印书馆	1946年8月	第1版	/

续 表

题　名	著　译　者	出版单位	出版时间	版次	备注
中国古代教育和教育思想	沈灌群	湖北人民出版社	1956年12月	第1版	/
中国古代书籍史话	刘国钧	中华书局	1962年12月	第1版	/
中国教育史（上、下册）	陈青之	商务印书馆	1936年4月	第1版	/
中国教育思想史（上、下）	任时先	商务印书馆	1937年4月	第1版	精装
中国人与中国文	罗常培	开明书店	1945年5月	第1版	/
中国石器时代的文化	裴文中	中国青年出版社	1954年5月	第1版	/
中学数学现代化方案（初稿）	北京师大数学系	科学技术出版社	1960年2月	第1版	/
周姜词	叶绍钧	商务印书馆	1929年7月	初版	/
字学及书法	高云胜、韩非木	中华书局	1941年1月	第4版	/
Soviet Science: Thirty Years	S.I.Vavilov	Foreign Languages Publishing House	1948年	第1版	/
Talks at the Yenan Forum on Art and Literature	Mao Tse-Tung	Foreign Languages Press	1956年	第1版	/

〇九 语音学、方言学与汉语的规范化、标准化、推广普通话

题　　名	著　译　者	出版单位	出版时间	版次	备注
北京话里究竟有多少音节	刘泽先	文字改革出版社	1958年8月	第1版	/
北京语音常识	王勤	湖南人民出版社	1957年2月	第1版	/
本国地名拼音表（初稿）	文字改革委员会第一研究室	文字改革出版社	1958年8月	第1版	/
比较语音学概要	保尔·巴西（Paul Passy）；刘复译	商务印书馆	1933年8月	国难后1版	精装
布依语调查报告	中国科学院少数民族语言研究所	科学出版社	1959年8月	第1版	/
长安集	倪海曙译	东方书店	1955年7月	第1版	/
潮州方言	李永明	中华书局	1959年4月	第1版	/
大家都来学习和推广普通话	中国文字改革委员会	通俗读物出版社	1956年6月	第1版	/
等韵一得补篇	劳乃宣	/	/	/	线装
等韵一得	劳乃宣	/	光绪戊戌（1898年）	/	线装
等韵一得外篇	劳乃宣	/	/	/	线装
等韵源流	赵荫棠	北京文化学社	1957年12月	第1版	精装
第一届全国普通话教学成绩观摩会文件资料汇编	第一届全国普通话经学成绩观摩会秘书处	文字改革出版社	1959年5月	第1版	/
俄语语音学	俄文教学编辑部	中华书局	1953年6月	第1版	/
方言调查方法	岑麒祥	文学改革出版社	1956年9月	第1版	复本1册
方言调查字表	中国科学院语言研究所	科学出版社	1955年7月	第1版	/
方言·方言学	阿瓦涅梭夫；高名凯、彭楚南译	人民出版社	1954年4月	第1版	/
方言和普通话丛刊（第一本）	中国语文杂志社	中华书局	1958年4月	第1版	/
方言和普通话丛刊（第二本）	中国语文杂志社	中华书局	1959年5月	第1版	/
方言与普通话集刊（第一本）	文字改革出版社	文字改革出版社	1958年4月	第1版	钤印
方言与普通话集刊（第二本）	文字改革出版社	文字改革出版社	1958年6月	第1版	/
方言与普通话集刊（第三本）	文字改革出版社	文字改革出版社	1958年5月	第1版	钤印
方言与普通话集刊（第四本）	文字改革出版社	文字改革出版社	1958年8月	第1版	钤印
方言与普通话集刊（第五本）	文字改革出版社	文字改革出版社	1958年8月	第1版	/
方言与普通话集刊（第六本）	文字改革出版社	文字改革出版社	1959年10月	第1版	/
方言与普通话集刊（第七本）	文字改革出版社	文字改革出版社	1959年12月	第1版	/

续 表

题　名	著 译 者	出版单位	出版时间	版次	备注
福建省汉语方言概况（上、下）	福建省汉语方言调查指导组	福建省汉语方言调查指导组	1963年6月	第1版	/
革命前后的法国语言	保尔·拉法格；罗大冈译	商务印书馆	1964年11月	第1版	/
工农速成中学语文课本3	毛效同等	人民教育出版社	1952年6月	第1版	钤印、签名
古今中外音韵通例（方音十三条）	胡垣撰	/	清光绪戊子（1888年）	/	线装
古今中外音韵通例（合声反切九条）	胡垣撰	/	清光绪戊子（1888年）	/	线装
古今中外音韵通例（诗经韵法五条）	胡垣撰	/	清光绪戊子（1888年）	/	线装
古今字音对照手册	丁声树	科学出版社	1958年8月	第1版	/
古音说略	陆志韦	哈佛燕京学社	1947年10月	第1版	/
古韵二十八部音读之假定	钱玄同	/	1934年12月	第1版	/
关于斯大林所著《马克思主义与语言学问题》一书论文选	中国人民大学辩证唯物论与历史唯物论教研室	中国人民大学	1953年9月15日	第1版	/
关于推广普通话的文件汇编　内部文件	中国文字改革委员会	中国文字改革委员会	1964年8月	/	/
官话字母读物（八种）	王照	文字改革出版社	1957年2月	第1版	/
广东人怎样学习普通话	王力	文化教育出版社	1955年8月	新1版	/
广韵	陈彭年等	商务印书馆	1935年2月	国难后1版	精装
广州话浅说	王力	文字改革出版社	1957年3月	第1版	/
国音新诗韵（附平水韵）	赵元任	商务印书馆	1933年5月	国难后1版	/
国音字母演进史	罗常培	商务印书馆	1934年9月	第1版	/
国音字母演进史	罗常培	商务印书馆	1948年1月	第1版	/
国语注音符号发音指南	马国英	商务印书馆	1912年	第1版	/
海的女儿（注音本）	安徒生	文字改革出版社	1958年9月	第1版	/
汉魏晋南北朝韵部演变研究（第一分册）	罗常培、周祖谟	科学出版社	1958年11月	第1版	/
汉语常用字音调查初步报告	新中国速记学校	北京市私立新中国速记学校	1955年7月1日	第1版	/
汉语方言调查简表	丁声树、李荣	中国科学院语言研究所	1956年8月	第1版	/

续 表

题 名	著 译 者	出版单位	出版时间	版次	备注
汉语方言调查手册	李荣	科学出版社	1957年12月	第1版	/
汉语方言概要	袁家骅	文字改革出版社	1960年2月	第1版	/
汉语规范化论丛	黎锦熙	文字改革出版社	1963年12月	第1版	/
汉语拼音常识	郑林曦	上海教育出版社	1958年7月	新1版	/
汉语拼音方案(草案)	中国文字改革委员会	人民教育出版社	1956年2月	第1版	/
汉语拼音方案	中华全国人民代表大会第五次会议	文字改革出版社	1958年3月	第1版	/
汉语拼音广播讲座	/	文字改革出版社	1973年7月	第1版	/
汉语拼音教学广播讲稿	/	文字改革出版社	1976年12月	第1版	/
汉语拼音字汇	杜松寿	通俗读物出版社	1958年5月	第1版	/
汉语拼音字母的发音方法	/	文字改革出版社	1959年4月	第1版	/
汉语音节拼法汇编	张照	文字改革出版社	1958年3月	第1版	/
汉语音韵学导论	罗常培	中华书局	1956年5月	第1版	钤印
汉语语音编	张志公	人民教育出版社	1956年7月	第2版	/
汉字读音辨正摘要	张雪菴	山东人民出版社	1956年6月	第1版	/
华阳凉水井客家话记音	董同龢	科学出版社	1956年8月	第1版	/
记兰茂韵略易通	陆志韦	/	1947年6月	/	/
记邵雍皇极经世的天声地音	陆志韦	/	1946年12月	/	/
教师进修汉语拼音广播讲义	徐世荣	文字改革出版社	1959年7月	第1版	/
介绍速成识字法	青年出版社	青年出版社	1952年6月	第1版	/
金色的海螺	阮章竞、李梗	文字改革出版社	1958年12月	第1版	钤印
金元戏曲方言考	徐嘉瑞	商务印书馆	1956年2月	重印第1版(修订本)	/
拉丁化汉字拼音表	陈望道	开明书店	1938年6月	第1版	/
拉丁字母绘写手册	佐藤敬之辅;文字改革出版社译	文字改革出版社	1959年4月	第1版	精装
利用拼音字母帮助扫盲和推广普通话	吴玉章	文字改革出版社	1959年7月	第1版	/
利用拼音字母巩固扩大扫盲成果	中国文字改革委员会宣传联络处	文字改革出版社	1960年3月	第1版	/

续　表

题　名	著　译　者	出版单位	出版时间	版次	备注
林家铺子（注音本）	茅盾	文字改革出版社	1958年9月	第1版	/
论方言·少数民族语言	桑席叶夫；杜松寿、彭楚南译	东方书店	1954年12月	第1版	/
美学概论	陈望道	民智书局	1927年8月	第1版	签名、钤印
闽音研究	陶燠民	科学出版社	1956年5月	第1版	/
农民用同音识字本	文字改革出版社	文字改革出版社	1958年9月	第1版	钤印
拼音练习	文字改革出版社	文字改革出版社	1958年7月	第1版	/
拼音识字课本　试用本第一种	文字改革出版社	文字改革出版社	1959年11月	第1版	/
拼音识字课本教学法　试用本第一种	文字改革出版社	文字改革出版社	1959年11月	第1版	/
拼音识字课本　试用本第二种（上册）	文字改革出版社	文字改革出版社	1959年11月	第1版	/
拼音文字研究参考资料集刊	杜松寿；杜松寿译	文字改革出版社	1959年12月	第1版	/
拼音字母基础知识	周有光	文字改革出版社	1959年2月	第1版	/
平凡的故事,高尚的品德	彭文龙	文字改革出版社	1959年9月	第1版	/
普通话常识	周有光、杜松寿、徐世荣等	文字改革出版社	1957年8月	第1版	/
普通话词汇	张世禄	新知识出版社	1957年6月	第1版	/
普通话练习（第一种）	郎文彦	文字改革出版社	1956年8月	第1版	/
普通话练习（第二种）	蒋仲英	文字改革出版社	1956年11月	第1版	/
普通话论集	文字改革出版社	文字改革出版社	1956年12月	第1版	/
普通话浅说	仓凯纳、郭冰	新知识出版社	1956年6月	第1版	/
普通话三千常用词表（初稿）	中国文字改革委员会研究推广处	文字改革出版社	1959年9月	第1版	/
普通话异读词审音表　本国地名审音表	普通话审音委员会	文字改革出版社	1958年4月	第1版	钤印
普通话异读词审音表初稿（续）	普通话审音委员会	文字改革出版社	1959年8月	第1版	/
普通话语音讲话	徐世荣	文字改革出版社	1958年5月	第1版	/
普通话语音教学广播讲座	徐世荣	文化教育出版社	1956年7月	第1版	/
普通语音学纲要	罗常培、王均	科学出版社	1957年2月	第1版	/
切音字说明书	郑东湖	文字改革出版社	1957年2月	第1版	/
切韵求蒙	梁僧宝	古籍出版社	1955年11月	第1版	/

续 表

题 名	著 译 者	出版单位	出版时间	版次	备注
切韵音系 第四种	李荣	科学出版社	1956年10月	新1版	精装
切韵指掌图	司马光	中华书局	1962年12月	第1版	影印
清末汉语拼音运动编年史	倪海曙	上海人民出版社	1959年3月	第1版	/
全国主要方言区方音对照表	中国文字改革研究委员会秘书处拼音方案工作组	中华书局	1954年12月	第1版	/
人人动手除四害	中华人民共和国卫生部卫生教育所	文字改革出版社	1958年12月	第1版	/
日本語は斯うシて支那語に译シませう	中谷鹿二	大阪屋号书店	1929年2月15日	改订第5版	精装钤印
日月星	通俗读物出版社	文字改革出版社	1958年10月	第1版	/
三顾茅庐（注音本）	罗贯中	文字改革出版社	1958年11月	第1版	/
山东省的汉语拼音扫盲试点工作经验	山东省教育厅	文字改革出版社	1959年6月	第1版	/
山西省推行注音扫盲和推广普通话万荣现场会议资料汇编	文字改革出版社	文字改革出版社	1960年3月	第1版	/
诗韵谱	陆志韦	哈佛燕京学社	1948年9月	/	/
十九世纪欧洲语言学史	裴特生（Pedersen, H.）；钱晋华译	科学出版社	1958年5月	第1版	精装钤印
释中原音韵	陆志韦	/	1946年12月	/	/
斯大林语言学著作中所阐明的语言与方言学说	阿瓦涅梭夫；李佩娟译	民族出版社	1955年10月	第1版	/
四声实验录	刘半农	群益书社	1924年3月	第1版	精装
唐诗的翻译（第二辑）	倪海曙译	东方书店	1954年7月	第1版	签名
我要读书（拼音扫盲补充读物）	高玉宝	文字改革出版社	1958年12月	第1版	/
西儒耳目资上（译引谱）	金尼阁	北平图书馆、北京大学	/	/	线装
西儒耳目资下（边正谱）	金尼阁	北平图书馆、北京大学	/	/	线装
西儒耳目资中（音韵谱）	金尼阁	北平图书馆、北京大学	/	/	线装
西儒耳目资（上、中、下册）	金尼阁	文字改革出版社	1957年2月	第1版	钤印
昔阳县农民识字课本	昔阳县文教局、共青团昔阳县委	文字改革出版社	1958年12月	第1版	/
厦门音系	罗常培	科学出版社	1956年12月	第1版	精装

续表

题　　名	著　译　者	出版单位	出版时间	版次	备注
现代吴语的研究	赵元任	清华学校研究院	1928年6月	/	/
新国语留声片课本	赵元任	商务印书馆	1935年11月	订正第5版	
新国语留声片课本	赵元任	商务印书馆	1939年1月	订正第11版	/
续方言	杭世骏	商务印书馆	1937年3月	第1版	/
扬州话音系	王世华	科学出版社	1959年8月	第1版	/
英文重音法	钱歌川	中华书局	1948年4月	第3版	签名
语音常识	董少文	文化教育出版社	1955年5月	第1版	/
语音学概论	岑麒祥	中华书局	1941年4月	第2版	/
元剧俗语方言例释	朱居易	商务印书馆	1956年9月	第1版	/
韵学源流	友芝	中华书局	1962年7月	第1版	/
怎样合辙押韵	郑林曦	北京出版社	1965年8月	第1版	/
怎样教学普通话	乐嗣炳等	文字改革出版社	1956年10月	第1版	/
中国拼音文字的整理	林迭肯	世界书局	1944年6月	第1版	/
中国少数民族语言简志　苗瑶语族部分	中国科学院少数民族语言研究所	科学出版社	1959年9月	第1版	/
中国音韵学研究	高本汉（Bernhard Karlgren）；罗常培、赵元任、李方桂译	商务印书馆	1948年4月	第2版	精装
中国语音的演变与音韵学的发展	张世禄	中国语文教育学会	1939年11月3日	第1版	签名、钤印
中国语音学论集	罗常培	/	/	/	精装
中山方言	赵元任	科学出版社	1956年8月	第1版	/
中原音韵研究	赵荫棠	商务印书馆	1956年2月	重印第1版	/
钟祥方言记	赵元任	科学出版社	1956年9月	第1版	/
注音北京诗选	周溶泉、黄珍吉	文字改革出版社	1958年7月	第1版	钤印
注音各国谚言	寿孝鹤	文字改革出版社	1958年7月	第1版	/
注音农业合作化歌谣	钟镇	文字改革出版社	1958年7月	第1版	钤印
注音跃进歌选	文字改革出版社	文字改革出版社	1958年8月	第1版	/
字母的故事	周有光	上海教育出版社	1958年7月	新1版	签名
字母的故事	周有光、上海新文字工作者协会	东方书店	1954年11月	第1版	钤印

续　表

题　名	著　译　者	出版单位	出版时间	版次	备注
最后五分钟	A.A.Milne；赵元任	中华书局	1933年2月	第2版	/
1913年读音统一会资料汇编	文字改革出版社	文字改革出版社	1958年3月	第1版	钤印
A Mandarin Primer	F.W.Baller	China Inland Mission & Presbyterian Mission Press	1911年	第8版	精装
Phonetic Readings in English	Daniel Jones, M.A.	Carl Winters Universitats-buchhandlung	1935年	第22版	签名
The Phonetics of English	Ida C.Ward	Cambridge W.Heffer & Sons Ltd.	1952年	第4版	精装 签名

一〇 语法学

题　名	著译者	出版单位	出版时间	版次	备注
"把"字句和"被"字句	王还	上海教育出版社	1957年7月	第1版	/
"把"字句和"被"字句	王还	上海教育出版社	1958年7月	新1版	钤印
北京官话文法	何盛三	太平洋书房	1928年10月25日	第1版	精装
北京口语语法	李荣	开明书店	1952年5月	第1版	/
北京口语语法	李荣	开明书店	1952年11月	第2版	钤印
比较文法	黎锦熙	科学出版社	1958年1月	第1版	/
比较文法	黎锦熙	著者书店	1933年5月	第1版	/
标点符号用法	中央人民政府出版总署	人民出版社	1951年11月	第1版	/
标点符号用法	中央人民政府出版总署	人民出版社	1952年7月	第9版	钤印
标准汉文法	松下大三郎	中文馆书店	1930年4月	/	精装、钤印、签名、批校
宾语和补语	孙玄常	新知识出版社	1957年9月	第1版	/
陈述句、疑问句、祈使句、感叹句	黄伯荣	上海教育出版社	1959年11月	新1版	/
词的语法学说导论	维诺格拉多夫	科学出版社	1960年5月	第1版	/
词组和句子	张中行	上海教育出版社	1959年2月	第1版	/
定语和状语	朱德熙	上海教育出版社	1958年10月	新1版	/
俄文文法	柳思；柳思译	生活·读书·新知三联书店	1949年11月	第1版	/
俄文文法手册	盛草婴；盛草婴译	中华书局	1953年11月	第1版	签名
俄文文法（上册）	谢尔巴（Щерба, Л.В.）	时代出版社	1953年12月	第1版	钤印
俄文文法（下册）	谢尔巴（Щерба, Л.В.）	时代出版社	1954年2月	第1版	钤印
俄文文法（增订再版）	刘泽荣	/	1937年	第1版	/
俄语语法表解（上册）	韦光华	时代出版社	1956年9月	第1版	/
俄语语法表解（下册）	韦光华	时代出版社	1957年11月	第1版	/
俄语语法（第一卷）	苏联科学院语言研究所；哈尔滨外国语学院译	时代出版社	1957年6月	第1版	精装
俄语语法分析	切库乔夫；史默、林逸译	五十年代出版社	1954年9月	第1版	/
俄语语法练习	罗施柯夫、玛斯洛夫斯卡娅、布拉夫磋夫等	外国文书籍出版局	1955年	/	精装
俄语语法史（俄华对照讲义）	阿列克先科（Алексеенко, А.Д.）	时代出版社	1955年11月	第1版	/

续表

题　名	著　译　者	出版单位	出版时间	版次	备注
俄语语法图解手册	伊·姆·普尔金娜	外国文书籍出版局	1955年	/	精装
俄语语法	应云天等	商务印书馆	1964年9月	第1版	/
俄语语法中的某些问题	贝林斯基、斯鲁捷渥夫；张善道译	五十年代出版社	1955年7月	第1版	/
发音与文法	劳修齐、周锦安	五十年代出版社	1953年7月	第1版	/
复说和插说	叶南薰	新知识出版社	1958年2月	第1版	钤印
改撰标准日本文法	松下大三郎	中文馆书店	1930年4月15日	第1版	钤印
高等国文法	杨树达	商务印书馆	1920年6月	第1版	精装
高等国文法	杨树达	商务印书馆	1930年6月	第1版	钤印
古汉语语法学资料汇编	麦梅翘、郑奠	中华书局	1964年3月	第1版	/
古今汉语比较语法	张桁、张静	河南人民出版社	1964年1月	第1版	/
官话文法	张廷彦、田中庆太郎	文求堂书店	1920年1月29日	第2版	/
国内少数民族语言文字的概况	中国语文杂志社	中华书局	1954年12月	第1版	/
国文比较文法	周迟明	正中书局	1948年8月	第1版	钤印
国文法草创	陈承泽	商务印书馆	1926年7月	第4版	钤印
国文法草创	陈承泽	商务印书馆	1934年4月	国难后1版	/
国文法草创	陈承泽	商务印书馆	1957年6月	第1版	签名、钤印
国文法之研究	金兆梓、金华	中华书局	1929年12月	第6版	/
国文法之研究	金兆梓、金华	中华书局	1936年2月	第8版	/
国文法之研究	金兆梓	中华书局	1955年6月	第1版	签名、钤印
国语文法	曹朴	乐群书店	1944年2月	第1版	/
国语文法	曹朴	乐群书店	1945年11月	第2版	签名、钤印
国语文法概要	邹炽昌	商务印书馆	1928年11月	第1版	钤印
国语文法	黎锦熙	商务印书馆	1932年6月	国难后2版	精装
国语文法	黎锦熙	商务印书馆	1933年8月	国难后3版	/

续 表

题　　名	著　译　者	出版单位	出版时间	版次	备注
国语文法	黎锦熙	商务印书馆	1959年7月	第24版	/
国语文法实例	杨荫深	汉文正楷印书局	1933年3月	第1版	/
国语文法四讲	易作霖	中华书局	/	/	钤印
国语文法与国文文法	谭正璧	中华书局	1941年2月	第2版	签名、钤印
汉译开明英文文法（上、下册）	林语堂；张沛霖译	开明书店	1941年1月	桂1版	钤印
汉译泰氏英文法	泰纳；苗平、唐允魁、唐长孺译	启明书局	1941年6月	第2版	精装
汉英词序的比较研究	陆殿扬	时代出版社	1958年4月	第1版	钤印、签名
汉语的主语宾语问题	中国语文杂志社	中华书局	1956年12月	第1版	钤印
汉语提带复合谓语的探讨	复旦大学语言研究室	上海人民出版社	1973年3月	第1版	/
汉语文言语法	刘景农	中华书局	1958年8月	第1版	钤印
汉语语法常识（改订本）	张志公	上海教育出版社	1959年10月	新3版	钤印，签名
汉语语法常识	张志公	中国青年出版社	1953年11月	第1版	钤印
汉语语法初步教程	黎锦熙	商务印书馆	1959年4月	第1版	钤印
汉语语法纲要	龙果夫（Драгунов, А.А.）	新知识出版社	1957年10月	第1版	钤印
汉语语法基础知识	缪一之	湖北人民出版社	1957年	/	签名
汉语语法	郎峻章	辽宁人民出版社	1955年4月	第1版	钤印、签名
汉语语法论	高名凯	开明书店	1948年1月	初版	/
汉语语法论	高名凯	科学出版社	1957年11月	第1版	精装钤印
汉语语法论文集	吕叔湘	科学出版社	1955年4月	第1版	钤印
汉语语法问题研究	洪心衡	新知识出版社	1956年9月	第1版	/
汉语语法	赵月朋	北京自强书局	1953年9月	第1版	/
活的英语法（高级适用）	缪廷辅	中华书局	1950年8月	第1版	钤印
基本俄文句法讲座	高乃贤	北京市中苏友好协会俄文教育部	1954年10月	第1版	/
基本英语文法	张梦麟	中华书局	1933年11月	第3版	/
基本语法	谭正璧	棠棣出版社	1953年6月	第9版	/
简略句、无主句、独词句	郭中平	上海教育出版社	1959年10月	新1版	钤印

续 表

题　　名	著 译 者	出版单位	出版时间	版次	备注
简略句、无主句、独词句	郭中平	新知识出版社	1957年12月	第1版	/
简明语法	张汝舟	五十年代出版社	1955年4月	第1版	/
简易国文法	余家菊	中华书局	1935年2月	第1版	/
校正马氏文通	/	上海文林石印	光绪壬寅年（1902）	/	线装
介词"之"的研究　翻译学小补　国音示范	董世礼	医学书局	1930年10月	第1版	线装钤印
介绍彼什可夫斯基的语法体系	伯恩斯坦；张会森、宋嗣喜、丁昕译	时代出版社	1959年6月	第1版	钤印、签名
景颇语语法纲要	中国科学院少数民族语言研究所	科学出版社	1959年8月	第1版	/
敬语法の研究（订正版）	山田孝雄	宝文馆	1931年6月20日	订正2版	精装钤印
句型学习	李峻峰	江苏人民出版社	1957年5月	第1版	/
开明英文文法	林语堂	开明书店	1933年	/	钤印
口语文法	廖庶谦	读书出版社	1946年5月	第1版	/
口语文法	廖庶谦	生活·读书·新知三联书店	1950年8月	第3版	钤印，签名
傈僳语语法纲要	中国科学院少数民族语言研究所	科学出版社	1959年7月	第1版	/
联合词组和联合复句	黎锦熙、刘世儒	新知识出版社	1958年3月	第1版	/
论现代汉语中的单位和单位词	陈望道	上海人民出版社	1973年1月	第1版	钤印
马氏文通	马建忠	商务印书馆	光绪二十四年（1898）	/	线装
马氏文通（二、三、四、五、六）	马建忠	商务印书馆	1929年10月	第1版	/
马氏文通刊误	杨树达	科学出版社	1958年3月	第1版	/
马氏文通刊误	杨树达	商务印书馆	1933年4月	国难后1版	/
马氏文通（上、下）	马建忠	商务印书馆	1925年11月	十八版	签名
马氏文通校注（上、下册）	马建忠	中华书局	1954年10月	第1版	/
日本口语法讲义	山田孝雄	宝文馆	1933年4月5日	第8版	精装钤印
日本文法机构论	堀重彰	亩傍书房	1941年1月21日	第1版	精装钤印

续表

题 名	著 译 者	出版单位	出版时间	版次	备注
日本文法论	山田孝雄	宝文馆	1929年2月25日	第5版	精装钤印
日本语と英语の比较	泽村寅二郎	研究社	1940年11月10日	第1版	/
实用国语文法（上编）	王应伟	商务印书馆	1922年12月	第4版	/
通俗语法讲话	林裕文	通俗读物出版社	1955年8月	第1版	签名
通俗语法讲话	林裕文	通俗读物出版社	1956年2月	第1版	钤印、签名
文法大全	罗永澍	/	光绪元年（1875）	/	线装
文法大要	谭正璧	大东书局	1947年2月	第1版	/
文法会通	刘金第	中国图书公司	1909年2月	第1版	钤印
文法及口语法讲义	木枝增一	受验讲座刊行会	1930年6月15日	第1版	/
文法及口语法	木枝增一	日本文学社	1935年1月15日	第1版	精装
文法简论	陈望道	三联书店香港分店	1978年8月	第1版	钤印
文法简论	陈望道	上海教育出版社	1978年4月	第1版	/
文法解剖ABC	郭步陶	ABC丛书社	1929年9月	第1版	钤印
文法の原理	O.イェスペル；セソ；半田一郎驻译	岩波书店	1965年7月20日	第1版	精装钤印
文言语法	杨伯峻	北京出版社	1956年11月	第2版	/
文章的语法分析	廖序东	东方书店出版	1955年4月	第1版	钤印
误用的文法	Anly Furee；小林英夫	东京春阳堂株式会社	1934年12月	第1版	精装
误用の文法	アンリ・フレエ；小林英夫译	春阳堂	1934年12月15日	/	精装批校、钤印
现代俄语形态学	苏联国立莫斯科大学；黑龙江大学编译室译	商务印书馆	1959年11月	第1版	精装
现代俄语中的无人称句	叶·莫·加尔金娜—费道鲁克；梁达译	中华书局	1954年5月	第1版	/
现代汉语的句子形式主语	鲁勉斋（Руцянцеб, М.К）；郑祖庆译	商务印书馆	1961年4月	第1版	/

续 表

题　名	著 译 者	出版单位	出版时间	版次	备注
现代汉语语法	陈书农	湖南人民出版社	1957年4月	第1版	钤印
现代汉语语法讲话	丁声树等	商务印书馆	1961年12月	第1版	钤印
现代汉语语法讲义	刘世儒	商务印书馆	1963年8月	第1版	/
现代汉语语法（上册）	俞敏、陆宗达	群众书店	1954年7月	第1版	钤印
现代汉语语法探索	胡附、文炼	东方书店	1955年9月	第1版	签名
现代汉语语法探索	胡附、文炼	东方书店	1955年9月	第1版	钤印
现代汉语语法探索	胡附、文炼	新知识出版社	1956年10月	新1版	/
现代汉语语法研究	A.A.龙果夫；郑祖庆译	科学出版社	1958年4月	第1版	钤印、签名
现代汉语语法知识讲座参考资料	/	/	/	/	钤印
現代日本語の表現と語法	佐久间鼎	厚生阁	1936年5月14日	初版	精装钤印
现代日本语实用语法（上）	陈信德	商务印书馆	1964年8月	第1版	/
现代日本语实用语法（下）	陈信德	商务印书馆	1964年8月	第1版	/
新体系语法对话	黄约斋	东方书店	1953年7月	第1版	/
新著国语文法	黎锦熙	商务印书馆	1947年4月	第12版	签名，钤印
新著国语文法	黎锦熙	商务印书馆	1959年7月	第24版	/
叶氏英文法精义	Otto Jespersen；吕叔湘译	正中书局	1940年4月	第1版	/
一般文法の原理	小林英夫	岩波书店	1932年12月	第1版	精装批校、钤印
彝语语法研究	高华年	科学出版社	1958年8月	第1版	/
英汉自修丛书英文文法大全（全一册）	山崎贞、金则人；金则人译	上海世界书局	1948年6月	新9版	/
英文倒装法及省略法	钱歌川	中华书局	1947年10月	第3版	钤印
英文法讲义	王文川	开明书店	1946年10月	第1版	/
英文法通论	Otto Jespersen；胡仲持译	上海珠林书店	1938年9月	第1版	精装签名、钤印
英文文法讲义	韦荣（Wei Yung, M.A）	上海实用英文出版社	1938年11月	第4版	钤印
英文文法精义	葛传椝	开明书店	1947年2月	第6版	钤印

续表

题　　名	著　译　者	出版单位	出版时间	版次	备注
英文云谓字规范	陈登漰	商务印书馆	1933年4月	国难后第1版	/
ベーシック英语	高田力	研究社	1941年4月20日	第1版	/
英语虚拟语气	姚善友	商务印书馆	1959年7月	第1版	/
英语学研究方法论	中岛文雄	研究社	1941年10月5日	第1版	/
英语学研究史	佐々木达	研究社	1941年4月20日	第1版	/
英语语法	M.甘希娜等；朱基俊等译	中华书局	1954年10月	第1版	钤印
语法比较	张静	湖北人民出版社	1955年11月	第1版	/
语法常识	顾巴彦	湖北人民出版社	1957年2月	第1版	钤印
语法初步	曹伯韩	工人出版社	1952年11月	第2版	/
语法初步	曹伯韩	工人出版社	1956年5月	第4版	钤印、签名
语法概要	马汉麟	新知识出版社	1957年3月	第1版	签名、钤印
语法和语法教学——介绍"暂拟汉语教学语法系统"	张志公、王力、文炼等	人民教育出版社	1956年12月	第2版	签名、钤印
语法和语法教学	张志公等	人民教育出版社	1957年5月	第3版	/
语法和作文	俞敏	中国青年出版社	1955年9月	新1版	/
语法基础知识	崔伯阜	江苏人民出版社	1963年3月	新1版	/
语法讲话	王吾辰	河南人民出版社	1955年11月	第1版	钤印、签名
语法讲义	吴士文	东方书店出版	1953年9月	第1版	钤印
语法讲义	吴士文	东方书店出版	1954年1月	第2版	/
语法结构问题	中科院语言研究所	商务印书馆	1960年3月	第1版	/
语法理论	傅子东	陕西人民出版社	1957年6月	新1版	钤印
语法理论	傅子东	五十年代出版社	1954年10月	第1版	钤印
语法理论	高名凯	商务印书馆	1960年2月	第1版	签名
语法理论	高名凯	商务印书馆	1960年2月	第1版	钤印
语法理论基本知识	岑麒祥	时代出版社	1956年8月	第1版	签名

续 表

题　名	著　译　者	出版单位	出版时间	版次	备注
语法论集（第一集）	史存直	中华书局	1957年9月	第1版	钤印
语法论集（第一集）	史存直	中华书局	1957年9月	第1版	钤印、签名
语法论集（第二集）	中国语文杂志社	中华书局	1957年10月	第1版	钤印
语法论集（第三集）	中国语文杂志社	商务印书馆	1959年12月	第1版	钤印
语法の论理	木枝增一	东京修文馆	1942年11月10日	第2版	精装钤印
语法学习讲话	张志公	上海教育出版社	1962年6月	第1版	/
语法学习	吕叔湘	中国青年出版社	1953年6月	第1版	钤印
语法·语言的语言构造	库兹涅错夫；高名凯、彭楚南译	人民出版社	1954年4月	第1版	钤印
语法知识提要	凌冰	大众出版社	1954年9月	第2版	/
藏语拉萨日喀则昌都话的比较研究	金鹏	科学出版社	1958年6月	第1版	/
怎样用标点符号	沈衡仲	上海教育出版社	1962年8月	第1版	/
中等国文典	章士钊	商务印书馆	1930年6月	十六版	精装
中等国文典	章士钊	商务印书馆	/	/	签名
中国国文法	吴瀛	商务印书馆	1930年11月	初版	精装钤印、签字
中国国文法	吴瀛	商务印书馆	/	/	钤印、签字
中国文法革新论丛	陈望道	中华书局	1958年1月	第1版	/
中国文法革新讨论集（学术第二辑）	汪馥泉	/	1940年3月	/	/
中国文法讲话	刘复	北新书局	1932年11月	第1版	钤印
中国文法论	何容	独立出版社	1944年4月	第1版	签名、钤印
中国文法论	何容	独立出版社	1947年12月	第2版	钤印
中国文法论	何容	开明书店	1949年6月	第1版	钤印
中国文法通论	刘半农	群益书社	1920年8月	第2版	线装校改
中国文法通论	刘半农	群益书社	1924年5月	增补第4版	线装钤印

续 表

题　名	著译者	出版单位	出版时间	版次	备注
中国文法通论	许杰	/	/	/	批校
中国文法研究	陈望道	/	1935年9月	/	批校、油印
中国文法研究（未刊稿）	陈望道	/	/	/	批校、手稿
中国文法要略	吕叔湘	商务印书馆	1956年8月	合订本第1版（修订本）	精装钤印
中国文法要略（上卷）	吕叔湘	商务印书馆	1942年4月	初版	/
中国文法要略（上卷）	吕叔湘	商务印书馆	1947年1月	上海第1版	签名
中国文法要略（中卷）	吕叔湘	商务印书馆	1944年2月	第1版	/
中国文法要略（中卷）	吕叔湘	商务印书馆	1947年1月	上海第1版	签名
中国文法要略（中卷）	吕叔湘	商务印书馆	1947年1月	上海第1版	钤印
中国文法要略（下卷）	吕叔湘	商务印书馆	1947年1月	上海第1版	签名
中国文法要略（下卷）	吕叔湘	商务印书馆	1947年1月	上海第1版	钤印
中国文法语文通解	杨伯峻	商务印书馆	1936年7月	第1版	精装
中国现代语法（上）	王力	国立西南联合大学	/	/	签名
中国现代语法（下）	王力	国立西南联合大学	/	/	/
中国现代语法（上、下）	王力	商务印书馆	1947年2月	上海第1版	钤印
中国现代语法（上、下）	王力	中华书局	1955年11月	第1版	钤印
中国语法纲要	王了一	开明书店	1946年3月	第1版	钤印
中国语法纲要	王了一	开明书店	1951年11月	第5版	钤印
中国语法讲义	孙俍工	上海亚东图书馆	1932年5月	第9版	钤印、签名
中国语法讲义	孙俍工	上海亚东图书馆	1933年2月	第10版	/
中国语法教材（第一册）	黎锦熙、刘世儒	五十年代出版社	1953年9月	第1版	钤印
中国语法教材（第二册）	黎锦熙、刘世儒	五十年代出版社	1954年2月	第1版	钤印

续表

题　名	著　译　者	出版单位	出版时间	版次	备注
中国语法教材（第三册）	黎锦熙、刘世儒	五十年代出版社	1954年4月	第1版	钤印
中国语法教材（第四册）	黎锦熙、刘世儒	五十年代出版社	1954年5月	第1版	钤印
中国语法教材（第五册）	黎锦熙、刘世儒	五十年代出版社	1955年1月	第1版	钤印
中国语法理论（上册）	王力	商务印书馆	1944年9月	第1版	钤印
中国语法理论（上册）	王力	中华书局	1954年12月	第1版	钤印
中国语法理论（下册）	王力	商务印书馆	1945年10月	第1版	钤印
中国语法理论（下册）	王力	中华书局	1955年11月	第1版	钤印
中国语法	/	/	/	/	钤印
中国语法与词类	黎锦熙	北京师范大学出版部	1951年1月	第2版	/
中国语历史文法	太田辰夫	江南书院	1958年5月29日	第1版	精装
A GRAMMAR OF COLLOQUIAL CHINESE, AS EXHIBITED IN THE SHANGHAI DIALECT	J.Edkins, B.A., Univ.Coll. Lond	Presbyterian Mission Press	1868年	第2版	精装签名
Analytic Syntax	Otto Jespersen	George Allen & Unwin Ltd	/	/	精装签名

二 修辞学与写作学

题　名	著译者	出版单位	出版时间	版次	备注
常用文体写作知识	复旦大学、上海师大中文系《常用文体写作知识》编写组	上海人民出版社	1976年6月	第1版	/
初级修辞讲话	倪海曙	上海教育出版社	1961年11月	第1版	/
词和句	孙起孟	开明书店	1936年12月	第1版	钤印
词汇、语法、修辞	林裕文	上海教育出版社	1959年6月	新1版	/
词汇、语法、修辞	林裕文	新知识出版社	1957年5月	第1版	钤印
俄语修辞学概论	格沃兹节夫；李尚谦、赵陵生译	商务印书馆	1959年8月	第1版	精装
俄语修辞学讲稿	吕同仑	/	1962年9月	/	签名
国文指导书　第一册	傅东华	商务印书馆	1938年3月	第1版	签名
国语と文学（独）	奥津彦重	岩波书店	1933年6月5日	第1版	/
国语と文学（露）	八杉贞利	岩波书店	1933年11月5日	第1版	/
国语と文学（伊）	粟田三吾	岩波书店	1933年5月5日	第1版	/
国语と文学（英）	市河三喜	岩波书店	1933年12月15日	第1版	/
汉文文言修辞学	杨树达	科学出版社	1956年10月	第1版	/
汉语的修饰成分	李子云	上海教育出版社	1963年12月	第1版	/
鲁迅与现代汉语文学语言	高名凯、姚殿芳、殷德厚	文字改革出版社	1957年8月	第1版	/
美辞学讲义	内海弘藏	/	/	/	/
情为语变之原论	师辞伯；章士钊译	商务印书馆	1930年10月	第1版	钤印
实用国文修辞学	金兆梓	中华书局	1932年1月	第1版	/
实用修辞学	郭步陶	世界书局	1934年6月	第1版	/
缩刷新美辞学	岛村泷太郎	早稻田大学出版社	1916年3月8日	缩刷第6版	精装
缩刷新文章讲话	五十岚力	早稻田大学出版社	1916年8月15日	第7版	精装
文法要略修辞篇	吕叔湘	中华书局	/	/	/
文法与作文	黄洁如	开明书店	1942年10月	湘1版	/
文体论	ピエール・ギロー；佐藤信夫译	白水社	1965年11月10日	第5版	/

续 表

题　名	著　译　者	出版单位	出版时间	版次	备注
文则	陈骙	商务印书馆	1937年12月	第1版	/
文章法则	谭正璧	世界书局	1944年3月	第2版	钤印
文章纲要	武岛又次郎	金港堂书籍株式会社	1912年2月18日	第5版	精装钤印、批校
文章构造法	杨杏佛、杨人楩	文华美术图书公司	1933年8月	第1版	/
文章构造法	张资平	商务印书馆	1935年11月	第1版	/
文章轨范（上）	谢枋得	湖北官书处	1895年	/	线装钤印
文章轨范（上、中、下）	谢枋得	/	嘉永六年（1853年）	/	线装钤印
文章精义·文则	陈骙、李塗	人民文学出版社	1960年4月	第1版	/
文章例话	叶圣陶	开明书店	1945年3月	东1版	/
文章体制	喻守真	中华书局	1941年1月	第4版	/
文章修养（上）	唐弢	文化生活出版社	1939年4月	第1版	签名
文章修养（下）	唐弢	文化生活出版社	1939年11月	第1版	/
文章学纲要（东南大学讲义）	顾实	/	/	/	线装
文章学纂要	蒋祖怡	正中书局	1943年3月	第3版	/
文章作法	夏丏尊、刘薰宇	开明书店	1935年3月	第15版	/
文章作法原理（讲话）	吉田九郎	文修堂书店	1930年4月15日	第5版	精装钤印
现代汉语修辞学常识	陕西省地质学校	陕西省地质学校	1961年10月	第1版	/
现代汉语修辞学	张弓	天津人民出版社	1963年2月	第1版	/
写作方法——从开头到结尾	纪纯	中国青年出版社	1954年12月	第2版	/
写作和语言	徐中玉	东方书店	1955年11月	第1版	/
写作漫谈	复旦大学、上海师范大学中文系写作漫谈编写者	上海人民出版社	1975年7月	第1版	/
写作知识	北京大学中国语言文学系汉语教研室	商务印书馆	1964年2月	第1版	/
新美辞学	岛村泷太郎	早稻田大学出版部	1903年8月15日	第2版	精装
修辞的方法	胡怀琛	世界书局	1931年6月	第1版	/
修辞法讲话	佐々政一	东京株式会社明治书院	1912年7月	第1版	钤印

续 表

题 名	著 译 者	出版单位	出版时间	版次	备注
修辞概要	张环一	新知识出版社	1957年3月	新1版	签名
修辞概要	张环一	中国青年出版社	1953年11月	第1版	钤印
修辞略稿	马汉麟、方其端等	中共中央高级党校	1956年	第1版	/
修辞新例	谭正璧	棠棣出版社	1953年11月	第9版	钤印
修辞学比兴篇	黎锦熙	商务印书馆	1936年1月	第1版	/
修辞学	曹冕	商务印书馆	1934年4月	第1版	/
修辞学	陈介白	开明书店	1931年8月	第1版	/
修辞学	/	/	/	第1版	线装
修辞学发凡	陈望道	大光出版社	1961年2月	1961年2月版	/
修辞学发凡	陈望道	开明书店	1940年10月	第9版	/
修辞学发凡	陈望道	开明书店	1950年4月	新1版	/
修辞学发凡	陈望道	/	/	/	钤印
修辞学发凡	陈望道	上海教育出版社	1976年7月	第1版	批校
修辞学发凡	陈望道	上海教育出版社	1979年9月	新1版	签名
修辞学发凡	陈望道	上海人民出版社	1976年7月	第1版	签名
修辞学发凡	陈望道	上海文艺出版社	1959年3月	新1版	/
修辞学发凡	陈望道	新文艺出版社	1954年8月	第1版	/
修辞学发凡	陈望道	作家出版社	1964年9月	新1版	/
修辞学发凡（上册）	陈望道	大江书铺	1932年1月	第1版	批校、钤印
修辞学发凡（下册）	陈望道	大江书铺	1932年8月	第1版	批校、钤印
修辞学讲义	董鲁安	北京文化学社	1926年3月	初版	钤印
修辞学教程	徐梗生	广益书局	1933年9月	/	/
修辞学通诠	王易	神州国学社	1930年5月	初版	钤印
修辞学	王易	商务印书馆	1926年6月	第1版	/
修辞学	武岛又次郎	东京博文馆藏版	1904年1月28日	第9版	/
学文基础	周服	商务印书馆	1929年4月	第1版	/
学文基础	周服	商务印书馆	1930年6月	第2版	/

续　表

题　名	著　译　者	出版单位	出版时间	版次	备注
演说文章应用修辞学	加藤咄堂	井洌堂	1906年11月4日	第1版	钤印、批校
一般作文法	胡怀琛	世界书局出版社	1931年3月	第1版	/
英和比较英语修辞学讲义	增田藤之助	丸善株式会社	1920年11月25日	第3版	钤印
用辞例解	陈乃凡	东方书店	1954年2月	第1版	/
语法·逻辑·修辞	北京大学中文系	河北人民出版社	1973年4月	第1版	/
语法修辞	北大中文系汉语教研室	商务印书馆	1973年8月	第1版	/
语法修辞讲话（第二讲　词汇）	吕叔湘、朱德熙	开明书店	1951年10月	第1版	/
语法修辞讲话（第三讲　虚字）	吕叔湘、朱德熙	开明书店	1951年10月	第1版	/
语法修辞讲话（第四讲　结构）	吕叔湘、朱德熙	开明书店	1951年11月	第1版	/
语法修辞讲话（第五讲　表达）	吕叔湘、朱德熙	开明书店	1951年12月	第1版	/
语法修辞讲话（第六讲　标点）	吕叔湘、朱德熙	开明书店	1952年5月	第1版	/
语法修辞讲话（第一讲　语法的基本知识）	吕叔湘、朱德熙	开明书店	1951年11月	第3版	/
语法修辞讲话（第一讲　语法的基本知识）	朱德熙、吕叔湘	开明书店	1951年10月	第2版	/
语法修辞讲话	吕叔湘、朱德熙	开明书店	1952年12月	第1版	钤印
语文短评选辑	中国语文杂志社	中华书局	1959年4月	第1版	钤印
语言风格与风格学论文选译	苏旋	科学出版社	1960年10月	第1版	钤印
韵律法と修辞法	清水护	研究社	1940年12月25日	第1版	/
怎样造句	张志公	通俗读物出版社	1954年5月	新1版	/
章与句（上册）	蒋伯潜、蒋祖怡	世界书局	1940年7月	第1版	/
章与句（下册）	蒋伯潜、蒋祖怡	世界书局	1947年4月	第2版	/
中国修辞学研究法（1、2）	郑奠	/	/	/	线装
中国修辞学	杨树达	科学出版社	1954年12月	第1版	钤印
中国修辞学	张弓	华英书局	1926年6月	/	钤印
中华中学文法要略：修辞篇	王梦曾	中华书局	1921年	第1版	/
作文法讲义	陈望道	开明书店	1951年4月	第4版	/
作文法讲义	陈望道	民智书局	1927年8月	第7版	批校、钤印
作文概论	胡怀琛	大华书局	1933年6月	第1版	钤印

续表

题　名	著　译　者	出版单位	出版时间	版次	备注
作文基础	周服	商务印书馆	1935年5月	国难后第3版	/
作文述要	周侯于	商务印书馆	1930年2月	第1版	/
作文修辞讲话	田仲济	上海教育书店	1947年10月	第1版	/
作文研究法	大陆图书公司	大陆图书公司	1925年3月15日	第1版	/
作文研究	胡怀琛	商务印书馆	1927年1月	第3版	/
Articles & Pamphlets	Maxim Gorky	Foreign Languages Publishing House	1950年	/	精装签名

一二 文字学与语义学、语用学、词汇学、词义学

题　名	著　译　者	出版单位	出版时间	版次	备注
北京话单音词词汇	陆志韦	科学出版社	1956年6月	第1版	精装签名
北京话单音词词汇	陆志韦	人民出版社	1951年3月	第1版	/
北京话轻声词汇	张洵如	中华书局	1957年10月	第1版	/
北京音异读字的初步探讨	傅东华	文字改革出版社	1958年1月	第1版	钤印
比较文字学概论	葛劳德；林祝敔译	商务印书馆	1940年2月	第1版	/
标志英语单词の研究	/	开文社、泰文堂	1935年9月2日	第1版	精装钤印
常用词语例解	燕天展	中华书局	1959年5月	第1版	/
常用汉字拼音表（初稿增订本）	/	文字改革出版社	1958年5月	第2版	/
常用字用法举例	新华辞书社	人民教育出版社	1953年5月	第1版	/
成语简论	马国凡	辽宁人民出版社	1959年5月	第1版	/
处所、时间和方位	文炼	新知识出版社	1958年1月	第1版	钤印
传音快字	蔡锡勇	/	1896年	/	线装钤印
传音快字	蔡锡勇	武昌大都司巷蔡公馆、武昌察院坡披蒲新馆	1905年	/	线装题跋
词和句	孙起孟	开明书店	1947年3月	第5版	钤印
词类使用法	谭庸	北新书局	1953年9月	第3版	钤印
词类	王力	新知识出版社	1957年10月	第1版	/
词诠	杨树达	商务印书馆	1928年10月	第1版	精装
词是什么	洪笃仁	新知识出版社	1957年9月	第1版	/
代词	林祥楣	上海教育出版社	1959年9月	新1版	钤印
代词	林祥楣	新知识出版社	1958年1月	第1版	/
当前文字改革的任务	周恩来	文字改革出版社	1958年2月	第1版	钤印
德语词汇学讲授提纲	张威廉	/	/	/	签名
"的"字底用法与分化	曾毅夫	河北人民出版社	1957年3月	第1版	/
第一次全国文字改革会议文件汇编	全国文字改革会议秘书处	文字改革出版社	1957年10月	第1版	/
对照字汇	倪海曙	上海东方书店	1951年11月	第1版	/
敦煌变文字义通释	蒋礼鸿	中华书局	1962年6月	第3版	/
多义词·同义词·反义词	孙玄常、陈方	北京出版社	1965年4月	第1版	/

续 表

题　名	著　译　者	出版单位	出版时间	版次	备注
俄文动词体的研究	王石安	正气书局	1953年6月	第1版	/
俄语词汇学讲座	中国人民大学俄文教研室	中华书局股份有限公司	1954年2月	第1版	钤印
俄语词类讲话	谢列勃尔科夫、郭德洲	哈尔滨中苏友好协会俄语编辑委员会	1954年3月	/	/
迩言等五种	钱大昭等	商务印书馆	1959年9月	第1版	精装
古代的简化汉字	孙伯绳、俞运之	文字改革出版社	1958年3月	第1版	/
古书虚字集释	裴学海	商务印书馆	1934年10月	第1版	精装
关于创立民族文字和建立标准语的问题	谢尔久琴柯教授；刘涌泉译	民族出版社	1956年10月	第1版	精装
关于当前文字改革工作和汉语拼音方案的报告	吴玉章	文字改革出版社	1958年8月	第1版	钤印
国语单音词词汇	陆志韦	燕京大学	1927年4月	/	/
国语罗马字使用法	陆衣言	中华书局	1934年8月	第5版	/
国语虚字用法	戴渭清	商务印书馆	1920年11月	第1版	/
汉英时事用语词汇（试印本）	新华通讯社外文干部学校	商务印书馆	1964年12月	第1版	精装
汉语词汇	丁勉哉	华东师范大学	1957年1月	第1版	复本1册
汉语词汇讲话	周祖谟	人民教育出版社	1959年11月	第1版	签名
汉语词汇	孙常叙	吉林人民出版社	1956年12月	第1版	/
汉语的词儿和拼写法（第一集）	中国语文杂志社	商务印书馆	1959年11月	第1版	钤印
汉语的词儿和拼写法（第一集）	中国语文杂志社	中华书局	1955年5月	第1版	/
汉语的词类问题（第二集）	中国语文编辑部	中华书局	1956年7月	第1版	钤印
汉语的词类问题	贺重、王力、黎锦熙等	中华书局	1955年7月	第1版	签名
汉语的词类问题	贺重、王力、黎锦熙等	中华书局	1955年7月	第1版	钤印
汉语的动词范畴	雅洪托夫（Яхонтов, C.E.）；陈孔伦译	中华书局	1958年11月	第1版	钤印
汉语的构词法	陆志韦	科学出版社	1957年11月	第1版	/
汉语拼音词汇（初稿）	中国文学改革委员会词汇小组	文字改革出版社	1958年12月	第1版	精装
汉语拼音词汇定型化研究材料	张照、傅兴岭、宋建亚等	中国人民大学语言文学系语言文字研究所	1963年3月	第1版	/

续 表

题 名	著 译 者	出版单位	出版时间	版次	备注
汉语拼音词汇(增订稿)	中国文字改革委员会词汇小组	文字改革出版社	1964年7月	第1版	签名
汉语拼音方案草案讨论集(第一辑)	文字改革出版社	文字改革出版社	1957年1月	第1版	/
汉语拼音方案草案讨论集(第二辑)	文字改革出版社	文字改革出版社	1957年8月	第1版	钤印
汉语拼音方案草案讨论集(第三辑)	文字改革出版社	文字改革出版社	1958年6月	第1版	钤印
汉语拼音方案草案讨论集(第四辑)	文字改革出版社	文字改革出版社	1958年6月	第1版	/
汉语拼音字母演进史	罗常培	文字改革出版社	1959年3月	第1版	
汉语释词论文集	黎锦熙	科学出版社	1957年11月	第1版	
汉字的结构及其流变	梁东汉	上海教育出版社	1959年2月	第1版	
汉字的组成和性质	蒋善国	文字改革出版社	1960年2月	第1版	
汉字	傅东华	上海教育出版社	1959年4月	新1版	钤印
汉字改革的理论和实践	张世禄	文字改革出版社	1957年5月	第1版	
汉字改革概论	周有光	文字改革出版社	1961年11月	第1版	签名
汉字 拼音 检字	新知识出版社	新知识出版社	1958年2月	第1版	
汉字形体学	蒋善国	文字改革出版社	1959年9月	第1版	精装
汉字正字小字汇(初稿)	《汉字正字小字汇》编辑小组	文字改革出版社	1973年8月	第1版	
汉字字体变迁简史	黄约齐	文字改革出版社	1956年11月	第1版	
甲骨文字研究	郭沫若	科学出版社	1962年11月	第1版	精装
简化汉字试排样本	中国文字改革委员会	中国文字改革委员会	1955年9月	/	
简化汉字问题	吴玉章	中华书局	1956年3月	第1版	/
简化汉字字体说明	陈光垚	中华书局	1956年7月	第1版	
简体字表(第一批)	/	教育部	1935年8月	第1版	
简体字表	字体研究会	国立北平研究院总办事处出版科	1937年5月	第1版	线装
简体字原	易熙吾	中华书局	1955年9月	第1版	/
简字论集续集	陈光垚	启明学社	1933年10月	第1版	签名
简字谱录	劳乃宣	文字改革出版社	1957年2月	第1版	/

续表

题　名	著译者	出版单位	出版时间	版次	备注
经词衍释	吴昌莹	中华书局	1956年10月	第1版	/
经籍籑诂	阮元	国学整理社	1936年8月	第1版	精装
经传释词	陈彬龢	商务印书馆	/	/	/
经传释词	王引之、孙经世	中华书局	1956年5月	第1版	签名
九经字样	唐玄度	/	/	/	线装钤印
拉丁化检字	应人	天马书店	1935年6月	初版	
六朝别字记	赵之谦	文字改革出版社	1958年1月	第1版	
论现代汉语中的单位和单位词	陈望道	上海人民出版社	1973年1月	第1版	钤印
论中国文字改革的统一战线	张芷	东方书店	1950年7月	第1版	
闽腔快字	力捷三	/	/	/	线装签名、钤印
难字表（初稿）	文字改革出版社	人民日报出版社	1962年7月	第1版	/
难字表（修订稿）	文字改革出版社	人民日报出版社	1964年12月	第1版	/
拼音文字和汉字的比较	中国语文杂志社	中华书局	1954年5月	第1版	
拼音形声字批判	中国语文杂志社	中华书局	1956年8月	第1版	钤印
全国文字改革会议文件汇编	全国文字改革会议秘书处	/	/	/	精装钤印
日本的汉字改革和文字机械化	郭沫若	人民出版社	1964年8月	第1版	
日本文字改革史料选辑	陈青今	文字改革出版社	1957年9月	第1版	
诗词曲语辞汇释（上、下册）	张相	中华书局股份有限公司	1954年4月	第2版	
释名疏证补（上、下）	王先谦	商务印书馆	1933年3月	第1版	
数词和量词	胡附	上海教育出版社	1959年11月	新1版	钤印
数词和量词	胡附	新知识出版社	1957年7月	第1版	/
数目代字诀	田廷俊	文字改革出版社	1957年1月	第1版	钤印
说文解字研究法	马叙伦	商务印书馆	1957年10月	第1版	线装
速成识字简明字汇	北京师范大学中国大词典编纂处	商务印书馆	1953年4月	第1版	
文化技术的发展和中国文字改革问题	陈越	东方书店	1955年7月	第1版	
文键	陈登澥	商务印书馆	1933年5月	第2版	/

续 表

题 名	著 译 者	出版单位	出版时间	版次	备注
文言虚词	杨伯峻	中华书局	1965年8月	第1版	/
文言虚字	吕叔湘	开明书店	1944年3月	第1版	钤印
文言虚字	吕叔湘	开明书店	1949年3月	第6版	钤印
文言虚字	吕叔湘	上海教育出版社	1957年4月	新1版	/
文字改革论丛	黎锦熙	文字改革出版社	1957年6月	第1版	钤印
文字改革论集	易熙吾	东方书店	1955年10月	第1版	钤印
文字	И.M.嘉科诺夫、B.A.伊斯诺夫、P.B.钦扎洛夫;彭楚南译	文字改革出版社	1957年6月	第1版	钤印
文字蒙求（上、下册）	王筠	中华书局	1940年2月	第3版	/
文字蒙求	王筠	中华书局	1962年10月	第1版	/
现代汉语外来词研究	刘正埮、高名凯	文字改革出版社	1958年2月	第1版	钤印
现代汉字形声字字汇	文字改革出版社	文字改革出版社	1975年5月	第1版	/
新编简字特别课本	沈韶和	文字改革出版社	1957年1月	第1版	/
新文字与新文化运动	吴玉章	华北大学	1949年7月	第1版	题跋
新文字周刊（第一期至二十五期合订本）	上海新文字工作者协会新文字周刊编辑委员会	东方书店	1950年7月	/	/
新文字周刊（第二十六期至六十七期合订本）	上海新文字工作者协会新文字周刊编辑委员会	东方书店	1951年11月	/	/
新字瓯文七音铎	陈虬	文字改革出版社	1958年2月	第1版	/
形声字概论	蔡剑飞	东方书店	1953年12月	第1版	钤印
虚字集解	童伯章	新群社	1931年10月	第3版	钤印
虚字使用法	宋文韩	中华书局	1938年10月	第1版	/
虚字说	袁仁林	商务印书馆	1939年12月	第1版	/
言叶と文字	もののべ・ながおき	ナウカ社	1950年9月	/	精装
殷契粹编	郭沫若、中国科学院考古研究所	科学出版社	1965年5月	新1版	/
殷墟卜辞综述	陈梦家	科学出版社	1956年7月	第1版	精装
殷周青铜器铭文研究	郭沫若	科学出版社	1961年10月	第1版	精装
殷周文字释丛	朱芳圃	中华书局	1962年11月	第1版	/
英文新辞汇	钱歌川	中华书局	1948年3月	三版	钤印
英文缀字规程	商务印书馆编译所	商务印书馆	1935年4月	国难后2版	/

续表

题　名	著　译　者	出版单位	出版时间	版次	备注
英语词汇学	沃尔诺(Вopнc, E.Ф.)；彭京译	商务印书馆	1959年3月	第1版	签名
英语词汇学引论	拉耶芙斯卡娅；天津师范大学外语系英语教研室译	商务印书馆	1962年3月	第1版	/
英语歧字辨异	Jeorge Crabb；周越然译	商务印书馆	1933年4月	国难后2版	精装签名
怎样学习汉语拼音方案	文字改革出版社	文字改革出版社	1958年6月	第1版	/
增订碑别字	罗振鋆、罗振玉	文字改革出版社	1957年9月	第1版	钤印
中国的字典	刘叶秋	商务印书馆	1960年4月	第1版	/
中国拉丁化拼音文字的写法	倪海曙	东方书店	1952年10月	第1版	/
中国拼音文字的出路	林迭肯	世界书局	/	/	/
中国拼音文字的演进	陈望道	中国语文教育学会主办语文展览会会刊	1939年11月3日	第1版	钤印
中国文字的过去现在和将来	陈耐烦	世界书局	1947年1月	第1版	/
中国文字改革的第一步	人民出版社	人民出版社	1956年4月	第1版	/
中国文字改革问题	郑林曦、魏建功、曹伯韩等	新建设杂志社	1952年7月25日	第1版	钤印
中国文字拼音化问题	中国语文杂志社	中华书局	1954年1月	第1版	/
中国文字为什么必须改革	郑林曦	东方书店	1952年11月	第2版	/
中国文字形体的演变	金祖同	中国语文教育学会主办语文展览会会刊	1939年11月3日	第1版	钤印
中国文字学史（上、下）	胡朴安	商务印书馆	1937年2月	第1版	精装
中国文字学	唐兰	开明书店	1949年3月	第1版	/
中国训诂学史	胡朴安、王云五、传纬平	商务印书馆	1939年8月	第1版	精装
中国音标字书	刘孟扬	文字改革出版社	1957年1月	第1版	/
中英时事语汇编	桂绍盱、葛传	竞文书局	1952年3月	第1版	钤印、签名
助字辨略	刘淇	开明书店	1940年1月	第1版	题跋
注音汉字	黎锦熙	商务印书馆	1947年3月	第4版	/
字学七种	李秘园	/	光绪丙戌年（1898）二月	/	线装

续 表

题 名	著 译 者	出版单位	出版时间	版次	备注
字源	约齐	东方书店	1953年4月	第1版	钤印
祖国文字改革问题常识问答	李涛	五十年代出版社	1955年3月	第1版	/
祖国语言文字的今天和明天	倪海曙	上海东方书店	1952年10月	第3版	/

一三 语言理论与方法论

题　名	著　译　者	出版单位	出版时间	版次	备注
八思巴字与元代汉语（资料汇编）	罗常培、蔡美彪	科学出版社	1959年11月	第1版	/
比较言语学	高津春繁	河出书房	1942年9月20日	第1版	精装铃印
陈望道语文论集	复旦大学语言研究室	上海教育出版社	1997年12月	第2版	/
俄汉、汉俄对照语言学名词	中国科学院语言研究所、北京大学中文系语言学教研室	科学出版社	1961年10月	第1版	/
高举马克思主义语言学的红旗前进	北京大学中文系语言学教研室青年教师、研究生	中华书局	1958年12月	第1版	/
格拉乌尔院士在华学术演讲集	中国科学院语言研究所；岑麒祥等译	科学出版社	1956年12月	第1版	/
古代汉语读本	南开大学中文系语言学教研组	人民教育出版社	1960年9月	第1版	/
古代汉语讲义（下册）	复旦大学中文系古代汉语教学小组	复旦大学中文系	1956年	/	签名
古代汉语（上册·第一分册）	王力	中华书局	1962年9月	第1版	/
古代汉语（上册·第二分册）	王力	中华书局	1962年11月	第1版	/
古汉语概论	朱星	天津人民出版社	1959年10月	第1版	精装签名
国语の道	木枝增一	出来岛书店	1943年11月5日	第7版	铃印、签名
国语アクセントの话	日本方言学会	春阳堂	1943年3月28日	初版	精装铃印
国语教育の基础としての言语学	石黑鲁平	明治图书株式会社	1934年11月20日	第2版	精装铃印
国语科学论考	大西雅雄	东京修文馆	1943年1月	第1版	精装
国语学	安藤正次	三省堂	1938年11月15日	第1版	铃印
国语学草创	胡以鲁	商务印书馆	1933年8月	国难后1版	铃印
国语学草创	胡以鲁	商务印书馆	/	/	铃印、签名
国语学读本	菊泽季生	思潮社	1939年12月18日	第1版	铃印、签名
国语学概论	小林好日	万上阁	1930年6月	第1版	精装
国语学史要	山田孝雄	岩波书店	1935年5月15日	第1版	精装铃印

续 表

题　名	著译者	出版单位	出版时间	版次	备注
国语学通考	安藤正次	六文馆	1931年10月10日	第1版	精装钤印、签名
国语学新讲	东条操	刀江书院	1937年5月19日	第1版	精装钤印
国语学原论	时枝诚记	岩波书店	1941年12月10日	第1版	精装钤印
国语运动	黎锦熙	商务印书馆	1933年12月	第1版	/
国语运动史纲	黎锦熙	商务印书馆	1935年1月	第2版	/
汉语	彭楚南	新知识出版社	1957年1月	第1版	钤印
汉语初稿（中册）	华中师范学院中国语言文学系汉语教研组	高等教育出版社	1960年3月	第1版	钤印
汉语（第二册）	张志公	人民教育出版社	1955年12月	第1版	/
汉语（第一册第二册合编）	张志公	人民教育出版社	1956年4月	第2版	/
汉语（第三册）	张志公	人民教育出版社	1956年9月	第2版	/
汉语讲话	王力	文化教育出版社	1955年8月	新1版	/
汉语讲义	北京师范大学中国语言文学系集体	高等教育出版社	1958年12月	第1版	钤印
汉语史稿（上册）	王力	科学出版社	1957年3月	第1版	钤印
汉语史稿（上册）	王力	科学出版社	1958年8月	第2版	钤印
汉语史稿（中册）	王力	科学出版社	1958年4月	第1版	钤印
汉语史稿（下册）	王力	科学出版社	1958年6月	第1版	钤印
汉语史论文集	王力	科学出版社	1958年5月	第1版	签名、钤印
汉语研究小史	王立达	商务印书馆	1959年11月	第1版	钤印
汉族的共同语和标准音	王力等	中华书局	1956年2月	第1版	/
恒言录·恒言广证	钱大昕、陈鱣	商务印书馆	1958年9月	第1版	精装
历史语言学中的比较方法	А.梅耶（Meillet, A.）；岑麟祥译	科学出版社	1957年1月	第1版	/
论汉语	Н.И.Конрад；彭楚南译	中华书局	1954年1月	第1版	/
论新语文运动	曹伯韩	东方书店	1952年8月	重印第1版	/
罗常培语言学论文选集	罗常培	中华书局	1963年9月	第1版	精装

续 表

题 名	著 译 者	出版单位	出版时间	版次	备注
普通语言学	岑麒祥	科学出版社	1957年3月	第1版	精装钤印
普通语言学	岑麒祥	科学出版社	1957年3月	第1版	签名
普通语言学(上册)	高名凯	东方书店	1954年8月	第1版	钤印、签名
普通语言学(下册)	高名凯	东方书店	1955年1月	第1版	钤印
散斯克小文典(中)	/	/	/	/	线装
少数民族语文论集(第一集)	袁家骅等	中华书局	1958年6月	第1版	/
少数民族语文论集(第二集)	耿世民等	中华书局	1958年12月	第1版	/
生活表现の言语学	シャルル・バイイ;小林英夫译	冈书院	1929年6月15日	第1版	精装钤印
十九世纪末以前的语言学史	威廉·汤姆逊;黄振华译	科学出版社	1960年7月	第1版	钤印
苏联民族语文问题	姆·恩·嘉治耶夫;彭楚南、李佩娟、耿世民译	民族出版社	1956年6月	第1版	/
苏联新语言学	缪灵珠	天下图书公司	1950年6月	第1版	/
晚清的白话文运动	谭彼岸	湖北人民出版社	1956年12月	第1版	/
文学语言问题讨论集	北京大学中国语言文学系语言学汉语教研室	文字改革出版社	1957年6月	第1版	钤印
巫术与语言	李安宅;李安宅译	商务印书馆	1936年11月	第1版	/
五四以来汉语书面语言的变迁和发展	北京师范学院中文系汉语教研组	商务印书馆	1959年12月	第1版	钤印
现代汉语	北京大学中国语言文学系汉语教研室	商务印书馆	1963年3月	第1版	/
现代汉语规范问题学术会议文件汇编	现代汉语规范问题学术会议秘书处	科学出版社	1956年7月	第1版	精装
现代汉语(上册)	张涤华	高等教育出版社	1958年6月	第1版	/
现代汉语(上册)	北京大学中国语言文学系汉语教研室	高等教育出版社	1958年12月	第1版	钤印
现代汉语(中册)	北京大学中国语言文学系汉语教研室	高等教育出版社	1959年12月	第1版	/
现代汉语(下册)	北京大学中国语言文学系汉语教研室	高等教育出版社	1960年4月	第1版	/
现代汉语使用说明	胡裕树	上海教育出版社	1962年9月	第1版	/
现代汉语	中山大学语言学系现代汉语教研组	中央人民政府高等教育部	1954年	/	/

续表

题　名	著　译　者	出版单位	出版时间	版次	备注
新兴言语理论	安德烈耶夫	上海新文字书店	1936年	/	/
新语文（一九四七年合订本）	/	上海时代书报	1948年	/	钤印
雅弗语言学底本质和意义	呼约科夫	/	/	/	/
言語活動と生活	シャルル・バイイ；小林英夫译	岩波书店	1941年3月24日	第1版	钤印
言語	ブルームフィールド；三宅鸿、日野资纯译	大修馆书店	1965年7月1日	第1版	钤印
言语思维意志感情及其他	普拉屠谢维奇等；伍棠棣等	科学出版社	1956年9月	第1版	/
言语学概论	沈步洲	商务印书馆	1931年2月	第1版	/
ソヴェート言語学	ブィコフスキー；高木弘译	象征社	1946年11月5日	第1版	钤印
言语学通论	王古鲁	世界书局	1930年8月	第1版	精装钤印
一九五〇年中国语文问题论文辑要	杜子劲	大众书店	1952年12月	第1版	/
印欧语亲属关系研究中的问题	А．В．捷斯尼切卡娅；劳允栋译	科学出版社	1960年7月	第1版	/
有关语言学的几个问题	В．А．谢列勃连尼柯夫；群力译	科学出版社	1959年1月	第1版	钤印
语文点滴	倪海曙	东方书店	1954年5月	第1版	/
语文点滴	倪海曙	东方书店	1955年3月	增订第2版	/
语文漫谈	倪海曙	东方书店	1953年4月	第1版	钤印
语文通论	郭绍虞	开明书店	1941年9月	初版	/
语文通论续编	郭绍虞	开明书店	1948年3月	初版	/
语文问题评论集	曹伯韩	东方书店	1954年5月	第1版	钤印、签名
语文杂谈	倪海曙	新知识出版社	1957年5月	第1版	/
语言的分类法	彭楚南译	新知识出版社	1957年10月	第1版	/
语言的基本知识	复旦大学中文系一九五七级语言组集体	上海教育出版社	1959年9月	第1版	/
语言调查常识	中国语文杂志社	中华书局	1956年12月	第1版	/
语言论	爱德华·萨丕尔（Sapir, E.）；陆卓元译	商务印书馆	1964年2月	第1版	/

题 名	著译者	出版单位	出版时间	版次	备注
语言论	高名凯	科学出版社	1963年10月	第1版	精装 签名
语言	濮之珍	新知识出版社	1956年12月	第1版	签名
语言是社会现象	加尔金娜—菲多鲁克；哈尔滨外国语专科学校编译室译	时代出版社	1956年6月	第1版	/
语言学概论	布达哥夫；吕同仑、高晶斋、周黎扬译	时代出版社	1956年8月	第1版	签名
语言学概论	布达哥夫；吕同仑、高晶斋、周黎扬译	时代出版社	1956年8月	第1版	钤印
语言学概论（全一册）	张世禄	中华书局	1934年11月	第1版	/
语言学概论（第一编 上册）	A.C.契科巴娃；周嘉桂译	高等教育出版社	1954年10月	第1版	/
语言学概论（第一编 下册）	A.C.契科巴瓦；高名凯译	高等教育出版社	1955年2月	第1版	钤印
语言学概论（讨论稿）	中央民族学院语文系语言学概论编写组	/	1961年	/	/
语言学基础	北京大学中国语言文学系语言学教研室	高等教育出版社	1959年11月	第1版	签名
语言学基础	北京大学中国语言文学系语言学教研室	高等教育出版社	1959年11月	第1版	钤印
语言学论丛（第二辑）	北京大学中国语言文学系	新知识出版社	1958年5月	第1版	钤印
语言学论丛（第三辑）	北京大学中国语言学论丛编辑部	上海教育出版社	1959年6月	第1版	钤印
语言学论丛（第四辑）	北京大学中文系语言学论丛编辑部	上海教育出版社	1960年8月	第1版	钤印、签名
语言学论丛（第五辑）	北京大学中文系汉语教研室语言学教研室	商务印书馆	1963年12月	第1版	/
语言学论丛	林语堂	开明书店	1933年5月	第1版	/
语言学论文汇集（自拟）	/	/	/	/	批校
语言学论文选译（第一辑）	阿瓦涅索夫	科学出版社	1956年3月	第1版	钤印
语言学论文选译（第二辑）	中国科学院语言研究所；彭楚南译	科学出版社	1956年11月	第1版	/
语言学论文选译（第三辑）	K.A.列夫柯夫斯卡亚；孙宏开、列文译	科学出版社	1957年3月	第1版	钤印
语言学论文选译（第四辑）	A.И.斯米尔尼茨基；高晶斋译	科学出版社	1957年6月	第1版	钤印

续 表

题　名	著　译　者	出版单位	出版时间	版次	备注
语言学论文选译（第五辑）	中国科学院语言研究所	中华书局	1958年4月	第1版	钤印
语言学论文选译（第六辑）	中国科学院语言研究所	中华书局	1958年4月	第1版	钤印
语言学论文选译（第七辑）	中国科学院语言研究所	中华书局	1958年8月	第1版	钤印
语言学论文选译（第八辑）	中国科学院语言研究所	中华书局	1958年12月	第1版	钤印
语言学名词解释	北京大学语言学教研室、中国语文杂志社	商务印书馆	1960年3月	第1版	钤印
语言学史概要	岑麒祥	科学出版社	1958年7月	第1版	钤印
语言学通论	小林英夫	三省堂大阪支店	1937年3月25日	/	钤印
语言学研究与批判（第一辑）	北京大学中国语言文学系	高等教育出版社	1958年9月	第1版	/
语言学引论	上海外国语学院　哈尔滨外国语学院	时代出版社	1958年4月	第1版	钤印
语言学中的历史主义问题	契珂巴瓦；高名凯译	五十年代出版社	1954年10月	第1版	钤印
语言——语言的结构和发展	马赛尔·柯恩；双明译	科学出版社	1959年11月	第1版	钤印
语音学概论	岑麒祥	科学出版社	1959年9月	第1版	/
语音学概论	岑麒祥	中华书局	1939年4月	第1版	/
支那言语学概论	カールグレン；岩村忍、鱼返善雄译	文求堂书店	1937年3月1日	第1版	/
支那言语组织论	吴主惠	生活社	1942年10月20日	第2版	精装
中国语文的新生	倪海曙	时代书报出版社	1949年3月	第1版	/
中国语文概论	王力	商务印书馆	1939年4月	第1版	/
中国语文讲话	王力	开明书店	1951年12月	第4版	钤印
中国语文讲话	王力	开明书店	1953年2月	第5版	/
中国语文讲话	王力	中国青年出版社	1954年4月	第6版	/
中国语文论集	唐兰	/	/	/	精装批校
中国语文论集	赵元任	/	/	/	精装批校
中国语文研究参考资料选辑	叔重	中华书局	1955年12月	第1版	钤印、签名
诸国语の系统	小林英夫	岩波书店	1932年11月20日	第1版	/

续 表

题　　名	著　译　者	出版单位	出版时间	版次	备注
资产阶级语言学思想批判	复旦大学中国语言文学系语言教研组	上海教育出版社	1959年3月	第1版	/
GROWTH and STRUCTURE of the ENGLISH LANGUAGE	Otto Jespersen	Basil Blackwell	1930年	第6版	精装
Methods in Structural Linguistics	Zellig S.Harris	The Univercity of Chicago Press	1951年	/	精装签名

一四 语文教学与翻译学

题　名	著　译　者	出版单位	出版时间	版次	备注
俄文读本	朱谱萱编译	中华书局	1952年12月	9版	/
俄文语根速成识字读本（俄文说文解字读本）续编	赵卓	中国科学院宁区中苏友协俄文语根研究班教材组	1956年2月	第1版	精装
俄文语根速成识字读本（俄文说文解字读本）	赵卓	中国科学院宁区中苏友协俄文语根研究班教材组	1955年3月	第1版	精装
俄语　第三册	张作宾、陈桓等	人民教育出版社	1956年12月	第1版	/
俄语读本	刘光杰	北京市中苏友好协会、北京人民广播电台	1953年2月	第1版	/
俄语发音基础教程	波拉杜斯	外国文书籍出版局	1955年	/	精装
俄语教科书	节姆斯卡雅、波布科娃；唯真译	外国文书籍出版局	1953年	/	精装
俄语教学法	北京俄语学院	北京俄语学院	1957年2月	第1版	/
俄语教学法	张正东	北京时代出版社	1956年6月	第1版	/
俄语课本　第二分册	北京铁道学院外语教研组	/	1956年	第1版	/
翻译论集	黄嘉德	西风社	1940年1月	第1版	/
翻译名义集新编	/	/	/	/	线装
翻译之艺术	张其春	开明书店	1949年4月	第1版	/
分段评注言文对照古文观止（卷一至十二）	朱麟公	上海学海书局	1933年3月	第1版	线装
古书疑义举例	俞樾	上海古书流通处	/	/	线装
汉语语法十八课	刘世儒、黎锦熙	商务印书馆	1953年3月	第1版	签名
华英中国地名表	张慎伯（Z. P. Cheng）	中华书局	1941年7月	第4版	/
华语基础读本	鱼返善雄	三省堂	1943年7月15日	第2版	精装 钤印、签名
精读指导举隅	叶绍钧、朱自清	商务印书馆	1942年3月	第1版	/
开明国文讲义（第一册）	夏丏尊、叶圣陶、陈望道、宋云彬	开明函授学校	1934年11月	第1版	钤印
开明国文讲义（第二册）	夏丏尊、叶圣陶、陈望道、宋云彬	开明函授学校	1934年11月	第1版	钤印
开明国文讲义（第三册）	夏丏尊、叶圣陶、陈望道、宋云彬	开明函授学校	1934年11月	第1版	钤印

续表

题名	著译者	出版单位	出版时间	版次	备注
论学习语文	人民教育出版社	人民教育出版社	1961年12月	第1版	钤印
人民时代 大学英文选	孙大雨	龙门联合书局	1951年1月	第1版	/
如何进行课文分析	外国语学校外语教学丛书编辑委员会	五十年代出版社	1953年5月	第1版	签名
外国人名地名表	何松龄	商务印书馆	1934年10月	国难后1版	精装
写话教学法	平生	新华书店	1950年11月	第4版	/
写作基础知识	胡文淑、翁世荣、李平、黄润苏等	上海教育出版社	1961年12月	第2版	/
英汉翻译理论与技巧（上、下册）	陆殿扬	时代出版社	1959年4月	第1版	/
英汉、汉英翻译手册	方乐天	商务印书馆	1951年5月	第2版	钤印
英文报读法入门	葛传椝	竞文书局	1939年5月	第8版	/
英文报纸读法	李慕白	中国文化服务社	1946年8月	沪1版	/
英文成语探源	钱歌川	中华书局	1949年5月	第1版	/
英文汉诂	严复（Julin Khedau Yen-fuh）	商务印书馆	1933年9月	国难后1版	精装钤印
英文汉诂	严复（Julin Khedau Yen-fuh）	商务印书馆	1935年1月	国难后2版	精装钤印
英文汉译的理论与实际	吴献书	开明书店	1949年1月	第4版	签名
英文汉译例解	舒通	商务印书馆	1941年	/	签名
英语翻译基础	周庭桢	开明书店	1949年3月	第4版	/
英语会话手册	北京外国语学院	时代出版社	1957年11月	第1版	/
英语教学法	阿拉金（Аракин, В.Д.）	时代出版社	1956年9月	新1版	钤印
英语教学法	阿拉金（Аракин, В.Д.）；外国语学校编译组译	中华书局	1953年12月	第1版	/
英语时文选集（第一集）	北京外国语学院英文系	商务印书馆	1959年1月	第1版	/
英语图解法	谭湘凤	开明书店	1943年4月	第1版	/
英语学习手册（English Student's Handbook）	方乐天	商务印书馆	1951年5月	第2版	签名
语文（识字用）	华东师范大学	上海教育出版社	1960年5月	第1版	/
语文（阅读用）	华东师范大学	上海教育出版社	1960年5月	第1版	/
阅读和欣赏（第一集）	中央人民广播电台文教科学编辑部	北京出版社	1962年10月	第1版	/

续 表

题　名	著　译　者	出版单位	出版时间	版次	备注
阅读课本（上、下册）	/	文字改革出版社	1959年11月	第1版	/
阅读与写作	夏丏尊、叶绍钧	开明书店	1938年4月	初版	签名
怎样学习中国语法	林世堂	上海文工书店	1954年3月	第1版	钤印、签名
怎样准备和进行讲话	格列捷尔曼；吴人译	五十年代出版社	1953年1月	第1版	/
中文成语英译	/	/	/	/	钤印
中文英译举例	钱歌川	中华书局	1948年9月	第1版	钤印
中学国文教学问题	胡怀琛	商务印书馆	1936年3月	第1版	签名
A Desk-Book of Idioms and Idiomatic Phrases in English Speech and Literature	Frank H. Vizetelly	Grosset & Dunlap Publishers New York	1923年4月	/	精装
How to Teach a Foreign Language	Otto Jespersen；Sophia Yhlen-Olsen Bertelsen, M.A.译	George Allen & Unwin, Ltd.	1947年	第1版	精装签名

一五 文学评论和研究

题 名	著 译 者	出版单位	出版时间	版次	备注
阿细民歌及其语言	袁家骅	中国科学院	1953年6月	第1版	/
沧浪诗话注	严羽	朝记书庄印行	1917年	第1版	线装钤印
词林纪事（上、下册）	张思岩	古典文学出版社	1957年8月	第1版	/
词源注·乐府指迷笺释	张炎等	人民文学出版社	1963年9月	第1版	/
大鼓研究	赵景深	商务印书馆	1937年1月	第1版	/
带经堂诗话（上、下）	王士祯、张宗柟	人民文学出版社	1963年11月	第1版	/
读词常识	夏承焘、吴熊和	中华书局	1962年9月	第1版	/
读书杂记	茅盾	作家出版社	1963年8月	第1版	/
读随园诗话札记	郭沫若	作家出版社	1962年9月	第1版	精装
杜诗镜铨（上、下册）	杨伦	中华书局	1962年12月	第1版	/
对床夜语　漳南诗话	范晞文	商务印书馆	1937年12月	第1版	/
古典文学的再认识	杨烈	开明书店	1950年8月	第1版	签名、钤印
古典文艺理论译丛（第二册）	古典文艺理论译丛编辑委员会	人民文学出版社	1961年12月	第1版	/
古典文艺理论译丛（第五册）	古典文艺理论译丛编辑委员会	人民文学出版社	1963年2月	第1版	/
古典文艺理论译丛（第七册）	古典文艺理论译丛编委会	人民文学出版社	1964年1月	第1版	/
关汉卿研究论文集	古典文学出版社编辑部	古典文学出版社	1958年5月	第1版	/
涵芬楼文谈	吴曾祺	上海商务印书馆	1917年4月	第8版	/
汉魏六朝诗论丛	余冠英	中华书局	1962年2月	第1版	/
红楼梦八十回校字记	俞平伯	人民文学出版社	1963年	/	/
红楼梦诗词选注	评红资料组	哈尔滨师范学院中文系	1974年8月	/	/
红楼梦新证	周汝昌	棠棣出版社	1953年12月	第3版	/
红楼梦研究参考资料	华东作家协会资料室	华东作家协会资料室	1954年12月1日	/	钤印
红楼梦研究	俞平伯	棠棣出版社	1953年11月	第6版	签名
红楼梦研究资料集刊（第二集）	/	中国作家协会上海分会	1954年12月	/	/
红楼梦研究资料集刊	华东作家协会资料室	华东作家协会资料室	1954年	/	钤印

续表

题　名	著译者	出版单位	出版时间	版次	备注
稼轩词编年笺注	中华书局上海编辑所	中华书局	1962年10月	新1版	/
瞿秋白论文学	瞿秋白	人民文学出版社	1959年12月	第1版	/
孔尚任和桃花扇	曹增祥	中华书局	1961年9月	第1版	/
李白研究	王运熙等	作家出版社	1962年6月	第1版	签名
辽金元文学	苏雪林	商务印书馆	1934年1月	第1版	/
聊斋志异新评（卷一至十六）	但明伦	上海醉六堂印	光绪丙申（1896年）仲秋	/	线装
《林海雪原》评介	候金镜等	作家出版社	1958年7月	第1版	/
六朝乐府与民歌	王运熙	上海文艺联合出版社	1955年7月	第1版	签名
六朝乐府与民歌	王运熙	中华书局	1961年8月	新1版	/
六一诗话　白石诗说　滹南诗话	郭绍虞	人民文学出版社	1962年5月	第1版	/
鲁迅传	王士菁	中国青年出版社	1959年10月	第1版	/
鲁迅事迹考	林辰	新文艺出版社	1954年4月	第1版	/
鲁迅思想的逻辑发展	华岗	新文艺出版社	1953年8月	第1版	/
鲁迅小说里的人物	周遐寿	人民文学出版社	1957年8月	第1版	/
鲁迅研究资料（1）	鲁迅研究资料编辑部	文物出版社	1976年10月	/	/
鲁迅曰（一名鲁迅名言钞）	尤劲	正气书局	1949年4月	第2版	/
鲁迅作品的分析（第一卷）	朱彤	东方书店	1954年1月	第2版	/
论电影剧本创作的特性	蔡楚生	中国电影出版社	1958年9月	第1版	/
论歌谣的手法及其体例	天鹰	上海文艺出版社	1959年5月	第1版	/
论红楼梦	何其芳	人民文学出版社	1958年9月	第1版	/
论红楼梦	何其芳	人民文学出版社	1963年2月	第1版	/
论生活、艺术和真实	萧殷	人民文学出版社	1952年3月	第1版	/
论文集要	薛福成	/	/	/	线装
论文偶记　初月楼古文绪论　春觉斋论文	刘大櫆	人民文学出版社	1959年11月	第1版	钤印
论文学艺术的特征	蒋孔阳	新文艺出版社	1957年10月	第1版	签名
论文学与现实	萧殷	新文艺出版社	1951年11月	第1版	/
论文艺问题	周笕	谷雨社	1948年6月	第2版	/

续表

题　名	著译者	出版单位	出版时间	版次	备注
论写作	/	人民文学出版社	1955年5月	第1版	/
论叙事诗	安旗	作家出版社	1962年12月	第1版	/
论中国古典小说的艺术形象	李希凡	上海文艺出版社	1961年10月	第1版	/
骆临海集笺注	陈熙晋	中华书局	1961年10月	第1版	/
帕斯捷尔纳克事件	译文编辑部	译文出版社	1958年12月	第1版	/
评红楼梦	/	上海人民出版社	1974年8月	第1版	/
情节、性格和语言	李准	河南人民出版社	1963年8月	第1版	/
屈原	郭沫若	开明书店	1935年4月	第1版	/
屈原研究	郭沫若	群益出版社	1943年7月	第1版	/
曲韵易通	项远村	中华书局	1963年4月	第1版	/
全国青年业余文学创作积极分子大会发言选	中国青年出版社	中国青年出版社	1966年3月	第1版	/
人民日报文艺评论选集（第一辑）	/	人民日报出版社	1962年12月	第1版	/
儒林外史研究论集	作家出版社编辑部	作家出版社	1955年1月	第1版	/
儒林外史资料汇编	华东作家协会资料室	华东作家协会资料室	1954年10月	/	/
三国演义研究论文集	作家出版社	作家出版社	1957年4月	第1版	/
三家评注李长吉歌诗	王琦等	中华书局	1962年6月	第1版	/
"山乡巨变"变得好	晓江	上海文艺出版社	1958年10月	第1版	/
"上海民歌选"的思想内容和艺术特征	天鹰	上海文艺出版社	1958年12月	第1版	/
苕溪渔隐丛话	郭绍虞、胡仔	人民文学出版社	1962年6月	第1版	/
苕溪渔隐丛话前后集（第一至十二册）	胡仔	商务印书馆	1937年6月	第1版	/
苕溪渔隐丛话（前集）	郭绍虞、胡仔	人民文学出版社	1962年6月	第1版	/
诗词格律十讲	王力	北京出版社	1963年8月	第1版	/
诗词格律	王力	中华书局	1962年7月	第1版	/
诗话	邹问轩	北方文艺出版社	1963年8月	第1版	/
诗经集传	朱熹	国学整理社	1937年10月	新1版	/
诗论	艾青	新文艺出版社	1953年10月	第1版	/
诗论	朱光潜	国民图书出版社	1943年6月	第1版	/

续表

题 名	著 译 者	出版单位	出版时间	版次	备注
诗论	朱光潜	正中书局	1948年3月	第1版	/
诗品	钟嵘	商务印书馆	1937年3月	第1版	/
诗品	钟嵘	文学古籍刊行社	1954年10月	重印第1版	/
诗品注	陈廷杰	人民文学出版社	1961年10月	第1版	/
诗人玉屑（卷一至五）	魏庆之	扫叶山房	1922年	/	线装
诗人玉屑（上、下）	魏庆之	古典文学出版社	1958年3月	第1版	/
诗人玉屑（上、下）	魏庆之	中华书局	1959年8月	第1版	/
《水浒》人物志（供评论用）	复旦大学新闻系	江汉石油报社	1975年9月	/	/
水浒研究论文集	作家出版社编辑部	作家出版社	1957年7月	第1版	/
四部古典小说评论	/	人民文学出版社	1973年7月	第1版	/
四六丛话（一、二、三、四）	孙梅	商务印书馆	1937年3月	第1版	/
四溟诗话 姜斋诗话	郭绍虞、谢榛、王夫之	人民文学出版社	1961年6月	第1版	/
宋代文学	吕思勉	商务印书馆	1929年10月	第1版	/
宋代文学	吕思勉	商务印书馆	1933年3月	国难后1版	/
宋元明讲唱文学	叶德均	中华书局	1959年7月	新1版	/
随园诗话（上、下）	袁枚	人民文学出版社	1960年5月	第1版	/
谈人物描写	茅盾等	文史出版社	1946年7月	闽版	/
谈谈写作	萧殷	中国青年出版社	1957年2月	第1版	/
谈小说创作	作家出版社编辑部	作家出版社	1962年4月	第1版	/
谈艺录	伍蠡甫	商务印书馆	1947年8月	第1版	题跋
唐代文学	胡怀琛、胡朴安	商务印书馆	1933年3月	国难后1版	/
唐人小说	汪国垣	神州国光社	1932年5月	第3版	钤印
唐诗论文集	刘开扬	中华书局	1961年6月	第1版	/
唐诗三百首注疏（详加圈点）	/	扫叶山房	1921年	/	线装
陶渊明诗文汇评	北京大学中文系文学史教研室教师、五六级四班同学	中华书局	1961年8月	第1版	/
通俗文艺五讲	老舍、王泽民、老向、何容、纪彬	中华文艺界抗敌协会	1939年10月	第1版	/
桐城派研究论文集	/	安徽人民出版社	1963年12月	第1版	/

续 表

题 名	著 译 者	出版单位	出版时间	版次	备注
晚清文艺报刊述略	阿英	古典文学出版社	1958年3月	第1版	/
晚清小说史	阿英	作家出版社	1955年8月	第1版	/
王荆公诗文沈氏注	王安石、沈钦韩	中华书局	1960年5月	第1版	精装
王右丞集笺注（上、下）	赵殿成笺注	中华书局	1961年8月	第1版	/
文论讲疏	许文雨	正中书局	1947年11月	沪1版	/
文心雕龙	杜天縻译	世界书局	1932年12月	新1版	/
文心雕龙校释	刘永济译	中华书局	1962年3月	第1版	/
文心雕龙选译（上）	陆侃如、牟世金	山东人民出版社	1962年9月	第1版	/
文心雕龙选译（下）	陆侃如、牟世金	山东人民出版社	1963年7月	第1版	/
文心雕龙札记	黄侃	商务印书馆	1927年7月	第1版	钤印
文心雕龙札记	黄侃	中华书局	1962年9月	第1版	/
文心雕龙注（一至七）	范文澜	开明书店	1947年12月	第2版	线装
文学的基本原理（上册）	以群	上海文艺出版社	1963年2月	第1版	/
文学的基本知识	蒋孔阳	中国青年出版社	1957年5月	第1版	签名
文学概论	刘衍文	新文艺出版社	1957年1月	第1版	/
文学及艺术之技术的革命	平林初之辅；陈望道	大江书铺	1928年12月	第1版	钤印
文学津梁	周钟游	有正书局	1916年8月	/	线装
文学理论学习参考资料	北京师范大学文艺理论组	高等教育出版社	1956年10月	第1版	精装
文学浅论	周立波	北京出版社	1959年6月	第1版	/
文学研究法（一、二、三、四）	姚永朴	商务印书馆	1926年11月	第9版	线装
文学研究集刊（第一册）	文学研究集刊编辑委员会	人民文学出版社	1964年6月	第1版	/
文学与科学的携手	郑子瑜	现代出版社	1956年2月	第1版	/
文学与文艺学	/	人民文学出版社	1956年5月	第1版	/
文艺辞典	孙良工	民智书局	1928年10月	第1版	精装 钤印、签名
文艺辞典续篇	孙良工	民智书局	1931年2月	第1版	精装
文艺理论译丛	文艺理论译丛编辑委员会	人民文学出版社	1957年7月	第1版	钤印
文艺论丛（第一辑）	上海人民出版社	上海人民出版社	1977年9月	第1版	钤印
文艺学概论	霍松林	陕西人民出版社	1957年7月	第1版	/

续　表

题　名	著　译　者	出版单位	出版时间	版次	备注
文艺学概论	谢皮洛娃（Щепилова, Л.В.）；罗叶等译	人民文学出版社	1958年12月	第1版	/
文艺学谈	延泽民	北方文艺出版社	1964年5月	第1版	/
文章辨体序说,文体明辨序说	吴讷	人民文学出版社	1962年8月	第1版	/
西河诗话、西河词话合刻	毛奇龄	上海文瑞楼	1911年	/	线装
西游记研究论文集	作家出版社	作家出版社	1957年4月	第1版	/
戏的念词与诗的朗诵	洪深	大地书屋	1946年11月	第1版	/
戏的念词与诗的朗诵	洪深	美学出版社	1943年12月	第1版	/
向民歌学习	中国民间文艺研究会	作家出版社	1958年7月	第1版	/
小品文和漫画	陈望道	生活书店	1935年3月	第1版	钤印
写电影剧本的几个问题	夏衍	中国电影出版社	1959年4月	第1版	精装
饮冰室诗话	梁启超、郭绍虞等	人民文学出版社	1959年4月	第1版	/
乐府诗研究论文集	作家出版社编辑部	作家出版社	1957年4月	第1版	/
昭昧詹言	郭绍虞、方东树	人民文学出版社	1961年10月	第1版	/
脂砚斋红楼梦辑评	俞平伯	上海文艺联合出版社	1954年12月	第1版	/
中古文学概论	徐嘉瑞	亚东图书馆	1924年4月	初版	钤印
中国的水神	黄芝岗	生活书店	1934年2月	第1版	/
中国歌谣	朱自清	作家出版社	1957年9月	第1版	/
中国古代神话	袁珂	中华书局	1960年1月	第1版	/
中国古典文学理论批评史（上册）	郭绍虞	人民文学出版社	1959年11月	第1版	钤印、签名
中国近代文论选（上、下）	郭绍虞、罗根泽	人民文学出版社	1959年10月	第1版	钤印
中国历代文论选（上册）	郭绍虞	中华书局	1962年1月	第1版	签名
中国历代文论选（中册）	郭绍虞	中华书局	1962年8月	第1版	/
中国民间文学史（上、下册）	北京师范大学中文系55级学生集体	人民文学出版社	1958年12月	第1版	/
中国俗文学史	郑振铎	作家出版社	1957年12月	第1版	精装
"中国文学发展史"批判	复旦大学中文系文学教研组、中华书局上海编辑所	中华书局	1958年12月	第1版	/
中国文学批评史大纲	朱东润	古典文学出版社	1957年12月	第1版	/

续　表

题　　名	著　译　者	出版单位	出版时间	版次	备注
中国文学批评史（一）	罗根泽	古典文学出版社	1957年12月	第1版	/
中国文学批评史（二）	罗根泽	古典文学出版社	1957年12月	第1版	/
中国文学批评史（三）	罗根泽	中华书局	1961年12月	第1版	/
中国文学批评史	郭绍虞	新文艺出版社	1955年8月	第1版	/
中国文学评论集	朱自清	/	/	/	精装
中国现代文艺资料丛刊（第一辑）	上海文艺出版社	上海文艺出版社	1962年5月	第1版	/
中国小说史	/	/	/	/	油印批校
中国寓言研究	胡怀琛	商务印书馆	1930年11月	第1版	/
中国之美文及其历史	梁启超	中华书局	1936年3月	第1版	钤印
1958年中国民歌运动	天鹰	上海文艺出版社	1959年11月	第1版	/

一六 文学史、文学思想史与方针政策及其阐释

题　名	著译者	出版单位	出版时间	版次	备注
白话文学史	胡适	新月书店	1928年6月	第1版	钤印、批校
反映社会主义跃进的时代，推动社会主义时代的跃进！	茅盾	人民文学出版社	1960年	第1版	/
论革命的现实主义和革命的浪漫主义相结合	文艺报编辑部	作家出版社	1958年10月	第1版	/
民族形式讨论集	胡风	华中图书公司	1941年5月1日	第1版	钤印
社会主义现实主义论文集（第二集）	上海文艺出版社	上海文艺出版社	1959年10月	第1版	/
中国古典文学简史	陆侃如、冯沅君	中国青年出版社	1957年4月	第1版	签名
中国近代文学史稿	复旦大学中文系1956级中国近代文学史编写小组	中华书局	1960年5月	第1版	签名
中国文学发展史（第一册）	刘大杰	上海人民出版社	1973年2月	第1版	签名
中国文学发展史（第二册）	刘大杰	人民文学出版社	1976年8月	第1版	签名、钤印
中国文学发展史（下卷）	刘大杰	中华书局	1949年1月	第1版	签名
中国文学史概要（上、下册）	胡怀琛	商务印书馆	1931年8月	第1版	/
中国文学史讲话	陈子展	北新书局	1933年3月	第1版	签名
中国文学史	刘大白	大江书铺	1933年1月	第1版	/
中国文学史略	胡怀琛	梁溪图书馆	1924年3月10日	第1版	/
中国文学史（上册）	复旦大学中文系古典文学组学生集体编著	中华书局	1958年12月	第1版	/
中国文学史（中册）	复旦大学中文系古典文学组学生集体编著	中华书局	1959年4月	第1版	/
中国文学史（一至三册）	中国科学院文学研究所中国文学史编写组	人民文学出版社	1962年7月	第1版	/
中国文学小史	赵景深	光华书局	1931年3月	第9版	/
中国文学艺术工作者第二次代表大会资料	中国文学艺术界联合会	中国文学艺术界联合会	1953年	/	/
中国文学艺术工作者第三次代表大会文件	中国文学艺术界联合会	人民文学出版社	1960年9月	第1版	钤印
中国现代文学史（上册）	复旦大学中文系现代文学组学生集体	上海文艺出版社	1959年7月	第1版	/
中国现代文艺思想斗争史	复旦大学中文系1957级文学组学生集体	上海文艺出版社	1960年5月	第1版	精装签名
中国中古文学史讲义	刘师培	人民文学出版社	1957年7月	第1版	/

一七 小说

题　　名	著　译　者	出版单位	出版时间	版次	备注
八十一梦	张恨水	南京新民报社	1946年8月	沪3版	/
暴风骤雨（上、下册）	周立波	人民文学出版社	1952年5月	第2版	/
播火记（上、下册）	梁斌	作家出版社	1963年12月	第1版	/
长城万里	何哲身	少年儿童出版社	1979年1月	第1版	/
传家宝	赵树理	天下图书公司	1950年7月	第4版	/
创业史（第一部）	柳青	中国青年出版社	1961年3月	第1版	/
春风杨柳	沙群	上海人民出版社	1972年6月	第1版	/
短篇小说选（1953.9—1955.12）	中国作家协会	人民文学出版社	1956年2月	第1版	/
儿女英雄传·上、下册	汪原放	亚东图书馆	1930年11月	第3版	精装
二马	老舍	商务印书馆	1943年4月	蓉1版	/
二十年目睹之怪现状（全一册）	吴趼人	世界书局	1937年2月	第3版	/
方珍珠	老舍	晨光出版社	1951年6月	第2版	/
风雷（第一部·上、中、下）	陈登科	中国青年出版社	1964年9月	第1版	/
风云初记	孙黎	作家出版社	1963年3月	第1版	/
封神演义（上、下册）	许仲琳	作家出版社	1955年11月	第1版	/
高干大	欧阳山	中国人民文艺丛书社	1949年5月	第1版	/
工人短篇小说选	中华全国总工会宣传部	工人出版社	1964年9月	第1版	/
古代白话短篇小说选	胡士莹	中国青年出版社	1962年11月	第2版	/
官场现形记（上、下册）	李宝嘉	人民文学出版社	1957年6月	第1版	/
海上花（一、二、三、四）	汪原放	亚东图书馆	1926年12月	第1版	/
何典	张南庄	广益书局	1936年5月	第2版	/
红楼梦八十回校本（共四册）	曹雪芹	人民文学出版社	1958年2月	第1版	/
红楼梦（一、二、三、四）	曹雪芹、高鹗	人民文学出版社出版	1957年10月	第1版	钤印
红楼梦（一、二、三、四）	曹雪芹、高鹗	人民文学出版社	1964年2月	第3版	钤印
红旗谱	梁斌	中国青年出版社	1958年5月	第1版	/
红日	吴强	中国青年出版社	1958年5月	第1版	钤印
红岩	罗广斌、杨益言	中国青年出版社	1962年3月	第1版	/
镜花缘（上、中、下）	李汝珍	商务印书馆	1937年3月	初版	/
镜花缘（上、下）	李汝珍	作家出版社	1955年12月	第1版	/

续 表

题　名	著　译　者	出版单位	出版时间	版次	备注
今古奇观（上、下）	抱瓮老人辑；顾学颉校注	人民文学出版社	1957年12月	第1版	/
老残游记	刘鹗	人民文学出版社	1957年10月	第1版	/
老舍选集	新文学选集编辑委员会	开明书店	1951年8月	第1版	/
老张的哲学	老舍	商务印书局	1943年10月	渝1版	/
李家庄的变迁	赵树理	新华书店	1949年5月	第1版	签名
李有才板话	赵树理	新华书店	1949年5月	第1版	签名
李自成（第一卷上册）	姚雪垠	中国青年出版社	1963年7月	第1版	/
李自成（第一卷下册）	姚雪垠	中国青年出版社	1963年7月	第1版	/
历代小说笔记选·宋（一、二、三）	江畲经	商务印书馆	1934年10月	第1版	/
历代小说笔记选·唐	江畲经	商务印书馆	1934年10月	第1版	/
聊斋故事选译	中华书局上海编辑所；于在春译	中华书局	1961年12月	第1版	/
聊斋志异图咏（卷一至十六）	/	扫叶山房	1935年	/	线装
聊斋志异（一函四册）	蒲松龄	文学古籍刊行社	1955年9月	第1版	线装
吕梁英雄传（上册）	马烽、西戎	新华书店	1949年5月	第1版	/
吕梁英雄传（下册）	马烽、西戎	新华书店	1949年5月	第1版	/
骆驼祥子	老舍	文化生活出版社	1948年3月	沪五版	/
欧阳海之歌	金敬迈	解放军文艺社	1966年4月	第1版	/
拍案惊奇（三十六卷）	凌蒙初	上海杂志公司	1935年10月	第1版	钤印
平原烈火	徐光耀	人民出版社	1951年5月	第4版	/
青春之歌	杨沫	作家出版社	1958年4月	第1版	/
清平山堂话本	洪楩	古典文学出版社	1957年4月	第1版	/
儒林外史（上、下）	吴敬梓；汪原放句读、校对	亚东图书馆	1932年10月	第15版	/
儒林外史	吴敬梓	人民文学出版社	1958年11月	第1版	钤印
儒林外史	吴敬梓	文艺出版社	1936年11月	第4版	/
三国演义（上、下）	罗贯中	人民文学出版社	1957年1月	第2版	/
三国演义（上、下）	罗贯中	作家出版社	1953年11月	第1版	/
三里湾	赵树理	人民文学出版社	1958年9月	第1版	/
三千里江山	杨朔	人民文学出版社	1953年3月	第1版	/

续 表

题 名	著 译 者	出版单位	出版时间	版次	备注
三水小牍	皇甫枚	中华书局	1969年2月	第1版	/
山乡巨变	周立波	作家出版社	1958年7月	第1版	/
水浒全传	施耐庵、罗贯中	人民文学出版社	1954年3月	第1版	/
《水浒全传》有关内容摘编	文汇报编辑部	文汇报编辑部	1975年9月	/	/
水浒（上、下）	施耐庵	作家出版社	1953年12月	第2版	钤印
水浒（一、二、三、四）	施耐庵；汪原放校点	亚东图书馆	1933年3月	第14版	/
说库　第四函（第31—40册）	王文濡	/	/	/	线装
说唐	陈汝衡	上海文化出版社	1957年12月	第1版	/
四游记	余象斗	上海古籍文学出版社	1956年3月	第1版	/
松窗杂录·杜阳杂编·桂苑丛谈	李濬等	中华书局	1960年3月	第1版	/
宋人话本八种	汪乃刚	亚东图书馆	1928年9月	/	/
宋人小说	李华卿	神州国光社	1935年2月	第1版	钤印
隋唐演义（下）	褚人获	吉林人民出版社	1982年4月	第1版	/
踏破辽河千里雪	华山	东北书店	1949年5月	第1版	/
太平军痛打洋枪队	史果	中华书局	1962年10月	第1版	/
唐语林	王谠	古典文学出版社	1957年4月	第1版	/
我的一家	陶承	工人出版社	1959年4月	第3版	/
我的一家	陶承	文字改革出版社	1959年8月	第1版	/
无敌三勇士	刘白羽	新华书店	1949年5月	初版	/
西沙儿女——奇志篇	浩然	北京人民出版社	1974年12月	第1版	/
西沙儿女——正气篇	浩然	北京人民出版社	1974年6月	第1版	/
西游记	吴承恩	作家出版社	1955年2月	第1版	/
喜鹊登枝	浩然	作家出版社	1958年5月	第1版	/
下乡集	赵树理	作家出版社	1963年9月	第1版	/
新编五代史平话	黎烈文	商务印书馆	1925年3月	第1版	钤印
新儿女英雄传	袁静、孔厥	海燕书店	1949年9月	/	/
新儿女英雄传	袁静、孔厥	作家出版社	1963年9月	第1版	/
新刊大宋宣和遗事（利集）	/	/	/	/	线装

续 表

题 名	著 译 者	出版单位	出版时间	版次	备注
新刊大宋宣和遗事(元集)	/	/	/	/	线装
艳阳天(第一卷)	浩然	人民文学出版社	1974年4月	第1版	/
艳阳天(第二卷)	浩然	人民文学出版社	1974年4月	第1版	/
艳阳天(第三卷)	浩然	人民文学出版社	1974年5月	第1版	/
艳阳天	浩然	作家出版社	1965年1月	第1版	/
野火春风斗古城	李英儒	作家出版社	1959年6月	第1版	/
一百二十回的水浒(一至二十)	施耐庵	商务印书馆	1929年10月	初版	钤印
一九六〇年短篇小说欣赏	杜鹏程等	中国青年出版社	1961年11月	第1版	/
影印金圣叹批改贯华堂原本水浒传(上下两函)	金圣叹	上海中华书局	/	/	线装 钤印
玉泉子·金华子	/	中华书局	1960年4月	第1版	/
原本红楼梦(一函十二册)	曹雪芹	有正书局	1927年5月	第2版	线装
云溪友议	范摅	中华书局	1959年7月	新1版	/
战斗的青春(上、下)	雪克	作家出版社	1964年9月	上海新1版	/
赵树理的小说	方欲晓	北京出版社	1961年6月	第1版	/
赵树理选集	新文学选集编辑委员会	开明书店	1951年9月	第1版	/
浙东的孩子	崔前光	少年儿童出版社	1966年5月	第1版	/
正续儿女英雄传(一至四)	/	广益书局	1946年10月	新1版	/
正中少年故事集(纸和笔)	苏易筑	正中书局	1943年3月	第4版	/
脂砚斋重评石头记	曹雪芹	上海人民出版社	1975年1月	第1版	/
种谷记	柳青	新华书店	1949年5月	/	/

一八 诗歌、韵文与散文

题　名	著　译　者	出版单位	出版时间	版次	备注
艾青选集	茅盾	开明书店	1951年7月	第1版	/
白居易诗选	顾肇仓、周汝昌	作家出版社	1962年12月	第1版	/
白雪遗音选	西谛	开明书店	1928年4月	第3版	/
笔记文选读	吕叔湘	文光书店	1946年3月	第1版	/
笔记文选读	吕叔湘	文光书店	1946年9月	沪2版	/
陈毅诗词选集	陈毅	人民文学出版社	1977年4月	第1版	/
杜甫诗选	冯至	人民文学出版社	1956年12月	第1版	/
方姚文	庄适、赵震	商务印书馆	1928年11月	第1版	钤印
浮生六记	沈复；林语堂译	西风社	1941年11月	第5版	/
古今文致（卷一、二）	刘士镳	/	/	/	线装
古诗源选读（上、下册）	傅东华	商务印书馆	1937年5月	第1版	/
古文辞类纂（上、下册）	姚鼐	国学整理社	1935年10月	第2版	精装
古文观止（全二册）	吴楚材、吴调侯	中华书局	1959年9月	新1版	/
古文观止	吴楚材、吴调侯；陆文昭译	广益书局	1947年4月	新10版	精装
顾炎武文	唐敬景	商务印书馆	1928年8月	第1版	钤印
归有光文	王云五、朱经农	商务印书馆	1928年10月	第1版	/
汉魏六朝诗选	余冠英	人民文学出版社	1958年10月	第1版	/
和陶合笺	温谦山	扫叶山房	1922年	第1版	线装
胡适留学日记（第一至四册）	胡适	商务印书馆	1947年11月	第1版	钤印
回文类聚（一、二、三、四）	桑世昌	/	/	/	线装
蕙的风	汪静之	人民文学出版社	1957年9月	第1版	签名
绝句三百首	葛杰、仓阳卿	上海古籍出版社	1980年7月	第1版	钤印
开明活叶文选（盒装八册）	/	上海开明书店	/	/	/
开明活叶文选（盒装九册）	/	上海开明书店	/	/	/
可爱的中国	方志敏	人民文学出版社	1952年5月	第1版	签名
烙印	臧克家	开明书店	1945年7月	东南1版	/
乐府诗选	余冠英	人民文学出版社	1954年6月	第2版	/
乐府雅词（一）		上海涵芬楼影印明钞本	/	/	线装
乐府雅词（二）		上海涵芬楼影印明钞本	/	/	线装

续 表

题　名	著　译　者	出版单位	出版时间	版次	备注
李白诗选	舒芜	人民文学出版社	1957年6月	第1版	/
李清照集	中华书局上海编辑所	中华书局	1962年9月	第1版	/
历代平民诗集	张惠衣	商务印书馆	1936年9月	第1版	线装
刘大白诗选	刘大白	人民文学出版社	1958年1月	第1版	/
柳亚子诗词选	柳无非、柳无垢	人民文学出版社	1959年12月	第1版	/
柳宗元文	胡怀琛	商务印书馆	1928年8月	第1版	/
柳宗元文	朱经农等	商务印书馆	1928年8月	第1版	/
南方来信（第一集）	/	作家出版社	1964年5月	第1版	/
南方来信（第二集）	/	作家出版社	1964年7月	第1版	/
女神	郭沫若	人民文学出版社	1958年6月	第2版	/
评校音注古文辞类纂（一至十六）	王文濡校注	中华书局	1923年3月	/	线装
清文评注读本（第一册）	王文濡、郭希汾、沈秉钧	上海文明书局	1916年2月	第1版	线装
屈原赋今译	郭沫若译	人民文学出版社	1953年6月	第1版	/
三曹诗选	余冠英	人民文学出版社	1961年11月	第1版	/
散文特写选	中国作家协会	人民文学出版社	1956年2月	第1版	/
散文特写选	周立波	人民文学出版社	1963年10月	第1版	/
散文小品选	中国作家协会	人民文学出版社	1957年6月	第1版	/
散文小品选	中国作家协会	人民文学出版社	1957年8月	第1版	精装
散文选	谢觉哉	新文艺出版社	1958年9月	第1版	/
删补古今文致（卷三至十）	刘士镰、王宇	/	/	/	线装
诗比兴笺	中华书局上海编辑所	中华书局	1962年7月	第1版	/
诗二十一首	汪静之	作家出版社	1958年12月	第1版	签名
诗经集传（大字精本）	朱熹	扫叶山房	/	/	线装钤印
诗经	缪天绶	商务印书馆	1928年7月	第2版	/
诗经选	余冠英	人民文学出版社	1957年4月	第1版	/
漱玉集注	李清照	山东人民出版社	1963年4月	第1版	/
谁是最可爱的人	魏巍	人民文学出版社	1951年10月	第1版	/
宋词选	胡云翼	中华书局	1962年2月	第1版	/

续表

题　名	著　译　者	出版单位	出版时间	版次	备注
唐宋散文作家集	查猛济	正中书局	1936年5月	第1版	/
晚清文选	郑振铎	上海生活书店	1937年7月	第1版	精装
畏庐琐记	林纾	商务印书馆	1929年3月	第5版	/
衔微日记	蔡文星	上海生活书店	1933年8月	第1版	钤印
雅颂选译	陈子展	古典文学出版社	1957年6月	第1版	签名
恽敬文	庄适、费师洪	商务印书馆	1931年2月	第1版	/
中州集（上、下）	元好问	中华书局	1959年4月	第1版	/

一九 作品集与杂著

题　　名	著　译　者	出版单位	出版时间	版次	备注
白苏斋类集	袁宗道	上海杂志公司	1935年12月	第1版	/
重刻昭明文选（卷一至卷六十）	萧统	不详	不详	/	线装
而已集	鲁迅	人民文学出版社	1973年5月	第1版	/
范石湖集（上、下）	中华书局上海编辑所	中华书局	1962年8月	第1版	/
方言文学	中华全国文艺协会香港分会方言文学研究会	新民主出版社	1949年5月	第1版	/
龚自珍全集（上册）	中华书局上海编辑所	中华书局	1959年12月	第1版	/
滹南遗老集	王若虚	商务印书馆	1937年3月1日	第1版	/
胡适论学近著　第一集（上、下）	胡适	商务印书馆	1935年12月	第1版	/
胡适文存二集（一、二、三、四）	胡适	亚东图书馆	1924年11月	第1版	/
胡适文存（二、三、四）	胡适	亚东图书馆	1923年3月	第4版	/
胡适文选	胡适	亚东图书馆	1947年5月	八版	/
花边文学	鲁迅	鲁迅全集出版社	1939年10月	第1版	/
嵇康集	鲁迅	文字古籍刊行社	1956年9月	第1版	线装
两地书	鲁迅、景宋	青光书局	1933年4月	第1版	毛边本
柳河东集（一至六册）	柳宗元	商务印书馆	1929年10月	第1版	/
鲁迅的故事	石一歌	上海人民出版社	1973年2月	第1版	签名
鲁迅的故事	石一歌	上海人民出版社	1974年11月	第2版	签名
鲁迅讲学在西安	单演义	长江文艺出版社	1957年12月	第1版	签名
鲁迅论文学	鲁迅	人民文学出版社	1959年12月	第1版	/
鲁迅论语文改革	倪海曙	时代出版社	1949年4月	第1版	/
鲁迅论语文改革	倪海曙	时代出版社	1951年3月	第2版	/
鲁迅全集补遗	唐弢	上海出版公司	1946年10月	第1版	精装钤印
鲁迅全集（第一卷）	鲁迅先生纪念委员会	鲁迅全集出版社	1938年6月15日	第1版	精装钤印
鲁迅全集（第二卷）	鲁迅先生纪念委员会	鲁迅全集出版社	1938年6月15日	第1版	精装钤印
鲁迅全集（第三卷）	鲁迅先生纪念委员会	鲁迅全集出版社	1938年6月15日	第1版	精装钤印
鲁迅全集（第四卷）	鲁迅先生纪念委员会	鲁迅全集出版社	1938年6月15日	第1版	精装钤印

续 表

题　名	著 译 者	出版单位	出版时间	版次	备注
鲁迅全集（第五卷）	鲁迅先生纪念委员会	鲁迅全集出版社	1946年10月	第2版	精装钤印
鲁迅全集（第六卷）	鲁迅先生纪念委员会	鲁迅全集出版社	1946年10月	第2版	精装钤印
鲁迅全集（第七卷）	鲁迅先生纪念委员会	鲁迅全集出版社	1938年6月15日	第1版	精装钤印
鲁迅全集（第八卷）	鲁迅先生纪念委员会	鲁迅全集出版社	1938年6月15日	第1版	精装钤印
鲁迅全集（第九卷）	鲁迅先生纪念委员会	鲁迅全集出版社	1938年6月15日	第1版	精装钤印
鲁迅全集（第十卷）	鲁迅先生纪念委员会	鲁迅全集出版社	1948年12月15日	第3版	精装钤印
鲁迅全集（第十一卷）	鲁迅先生纪念委员会	鲁迅全集出版社	1938年6月15日	第1版	精装钤印
鲁迅全集（第十二卷）	鲁迅先生纪念委员会	鲁迅全集出版社	1938年6月15日	第1版	精装钤印
鲁迅全集（第十三卷）	鲁迅先生纪念委员会	鲁迅全集出版社	1938年6月15日	第1版	精装钤印
鲁迅全集（第十四卷）	鲁迅先生纪念委员会	鲁迅全集出版社	1938年6月15日	第1版	精装钤印
鲁迅全集（第十五卷）	鲁迅先生纪念委员会	鲁迅全集出版社	1938年6月15日	第1版	精装钤印
鲁迅全集（第十六卷）	鲁迅先生纪念委员会	鲁迅全集出版社	1938年6月15日	第1版	精装钤印
鲁迅全集（第十七卷）	鲁迅先生纪念委员会	鲁迅全集出版社	1938年6月15日	第1版	精装钤印
鲁迅全集（第十八卷）	鲁迅先生纪念委员会	鲁迅全集出版社	1938年6月15日	第1版	精装钤印
鲁迅全集（第十九卷）	鲁迅先生纪念委员会	鲁迅全集出版社	1938年6月15日	第1版	精装钤印
鲁迅全集（第二十卷）	鲁迅先生纪念委员会	鲁迅全集出版社	1938年6月15日	第1版	精装钤印
鲁迅日记（上、下卷）	鲁迅	人民文学出版社	1959年8月	第1版	精装
鲁迅诗歌散文选	复旦大学、华东师范大学中文系	上海市中小学教材编号组	1972年9月	第1版	/
鲁迅手稿选集	北京鲁迅博物馆	文物出版社	1960年9月	第1版	线装

续表

题　名	著译者	出版单位	出版时间	版次	备注
鲁迅书简——致日本友人增田涉	鲁迅	陕西人民出版社	1972年10月	/	/
鲁迅小说选集	鲁迅	新新出版社	1947年10月	沪2版	/
鲁迅杂文选	复旦大学、华东师范大学中文系	上海市中小学教材编号组	1972年3月	第1版	/
鲁迅在厦门	陈梦韶	作家出版社	1954年10月	第1版	/
陆游选集	中华书局上海编辑所	中华书局	1962年12月	第1版	/
骆宾王文集	骆宾王	/	/	上海涵芬楼藏本	线装
门外文谈	鲁迅	/	1972年10月	/	/
门外文谈	鲁迅	人民出版社	1974年5月	第1版	/
十驾斋养新录（上、下）	钱大昕	商务印书馆	1935年12月	第1版	/
述学内外篇（一、二）	汪中	上海中华书局	/	/	线装
苏东坡集（中、下）	苏轼	商务印书馆	1958年4月	重印第1版	精装
汤显祖集（一、二）	徐朔方	中华书局	1962年7月	第1版	/
亡友鲁迅印象记	许寿裳	人民文学出版社	1953年11月	第1版	/
望道文辑	陈望道	上海杂志公司	1936年6月	第1版	/
向鲁迅学习	唐弢	平明出版社	1953年11月	第1版	/
新人新作选（第一集）	中国作家协会、中国戏剧家协会、中国曲艺工作者协会	人民文学出版社	1965年9月	第1版	钤印
新人新作选（第二集）	中国作家协会、中国戏剧家协会、中国曲艺工作者协会	人民文学出版社	1965年9月	第1版	钤印
新人新作选（第三集）	中国作家协会、中国戏剧家协会、中国曲艺工作者协会	人民文学出版社	1965年9月	第1版	钤印
新人新作选（第五集）	中国作家协会、中国戏剧家协会、中国曲艺工作者协会	人民文学出版社	1965年10月	第1版	钤印
鸦片战争文学集（下册）	阿英	古籍出版社	1957年2月	第1版	钤印
延安的种子（小说、散文集）	/	上海人民出版社	1972年9月	第1版	/
叶适集（全三册）	叶适	中华书局	1961年12月	第1版	/
饮水室全集（第一至四册）	梁启超	上海会文堂书局	1925年4月	第6版	/
朝霞	/	上海人民出版社	1973年5月	第1版	/

续 表

题 名	著 译 者	出版单位	出版时间	版次	备注
增订徐文定公集	徐光启、李杕、徐宗泽	徐家汇天主堂藏书楼	1933年9月	/	/
中国短篇小说集（第一集）	郑振铎	商务印书馆	1926年9月	第1版	/
中国历代文学作品选（上编第一册）	朱东润	中华书局	1962年9月	第1版	签名
中国历代文学作品选（上编第二册）	朱东润	中华书局	1962年10月	第1版	/
中华活叶文选合订本（1—20）	中华书局上海编辑所	中华书局	1962年5月	第1版	/
中华活叶文选合订本（21—40）	中华书局上海编辑所	中华书局	1962年6月	第1版	/
中华活叶文选合订本（41—60）	中华书局上海编辑所	中华书局	1962年6月	第1版	/
中华活叶文选合订本（71—90）	中华书局上海编辑所	中华书局	1962年12月	第1版	/
朱文公文集（一）	朱熹	上海商务印书馆	/	/	缩印明刊本

二〇 戏剧文学、报告文学、民间文学

题　　名	著　译　者	出版单位	出版时间	版次	备注
阿Q正传	田汉	现代戏剧出版社	1938年10月	第1版	/
报告文学（第一集）	中国作家协会农村读物工作委员会	作家出版社	1963年12月	第1版	/
报告文学集"一二五"赞歌	"一二五"工人写作组	上海市出版革命组	1970年5月	/	/
北词广正谱（卷一）	李玉	青莲书屋	/	/	线装
蔡文姬	郭沫若	文物出版社	1959年4月	第1版	/
春天的报告	人民日报社	人民日报出版社	1963年7月	/	/
大戏剧家关汉卿杰作集	吴晓铃、刘坚、李国炎等注释	中国戏剧出版社	1958年6月	第1版	/
胆剑篇	曹禺	中国戏剧出版社	1962年10月	第1版	/
夺印	李亚如、王鸿、汪复昌、谈暄	上海文艺出版社	1963年4月	第1版	/
烽火春秋	烽火人民公社史编委会	东风文艺出版社	1962年12月	第1版	精装
跟随毛主席长征	陈昌奉	作家出版社	1958年9月	第1版	/
关汉卿	田汉	人民文学出版社	1961年4月	第1版	精装
关汉卿戏曲集（上、下册）	吴晓玲、单耀海、李国炎、刘坚	中国戏剧出版社	1958年4月	第1版	/
红旗稿选集	解放日报社编辑部	解放日报社	1960年5月	/	精装
红旗歌谣	周扬、郭沫若	红旗杂志社	1959年9月	第1版	/
红旗飘飘（第4集）	中国青年出版社	中国青年出版社	1957年10月	第1版	/
红旗飘飘（第8集）	中国青年出版社	中国青年出版社	1958年7月	第1版	/
红旗飘飘（第12集）	中国青年出版社	中国青年出版社	1959年7月	第1版	/
红旗飘飘（第13集）	中国青年出版社	中国青年出版社	1961年5月	第1版	/
红旗飘飘（第14集）	中国青年出版社	中国青年出版社	1961年5月	第1版	/
红嫂	山东省淄博市京剧团	中国戏剧出版社	1965年4月	第1版	/
红色风暴（第一集）	江西人民出版社	江西人民出版社	1961年3月	第2版	/
红色宣传员	赵白岭；张琳译	作家出版社	1963年4月	第1版	/
红太阳颂（革命回忆录专辑）	上海人民出版社	上海人民出版社	1977年8月	第1版	/
红岩（八场话剧）	复旦大学话剧团创作组	上海文艺出版社	1963年9月	第1版	/
江姐（歌剧）	解放军文艺丛书编辑部	中国戏剧出版社	1965年2月	第1版	/
金光灿灿的路	一一〇一修建指挥部政治部	陕西人民出版社	1972年6月	第1版	/
雷雨	曹禺	文化生活出版社	1938年4月	改定11版	/

续 表

题　　名	著 译 者	出版单位	出版时间	版次	备注
历代笑话集	王利器	古典文学出版社	1957年11月	第1版	/
刘三姐（歌舞剧）	/	中国戏剧出版社	1961年4月	第1版	/
谜史	钱南扬；民俗学会	国立中山大学语言历史研究所	1928年7月	第1版	/
谜语研究	陈光尧	商务印书馆	1930年12月	第1版	/
民间文学知识讲话	张紫晨	吉林人民出版社	1963年12月	第1版	/
南海长城	赵寰	中国戏剧出版社	1964年9月	第1版	/
南京长江大桥	南京长江大桥工人写作组	上海人民出版社	1970年6月	第1版	/
年青的一代	陈耘、章力挥、徐景贤	上海文化出版社	1964年6月	第1版	/
牛永贵挂彩	周而复	新华书店	1949年5月	第1版	/
琵琶记	高明	中华书局	1962年5月	第1版	/
千年冰河开了冻	马少波、辛大明	新华书店华东总分店	1950年8月	第1版	/
人间的乐园	濮舜卿	商务印书馆	1933年	第1版	/
日出	曹禺	文化生活出版社	1938年4月	第12版	/
山歌	冯梦龙	传经堂书店	/	/	线装签名
陕北民歌选	何其芳、张松如	新文艺出版社	1952年9月	新1版	/
陕北民歌选	鲁迅艺术文学院	新华书店	1950年3月	第1版	/
上海民歌选	上海人民出版社	上海人民出版社	1973年11月	第1版	/
上海民歌选	中共上海市委宣传部	新文艺出版社、上海文化出版社	1958年8月	第1版	精装
双喜临门	石择等	新文艺出版社	1956年4月	第1版	/
踏遍青山	广州部队生产建设兵团政治部	广东人民出版社	1972年7月	第1版	/
铁水奔腾	九四二四工人写作班	上海人民出版社	1971年6月	第1版	/
西望长安（四幕话剧）	老舍	作家出版社	1956年5月	第1版	/
信天游选	严晨	新文艺出版社	1954年12月	新1版	/
元人杂剧全集（第一册）	卢冀野	上海杂志公司	1935年11月	第1版	/
元人杂剧全集（第二册）	卢冀野	上海杂志公司	1936年1月	第1版	/
元人杂剧全集（第三册）	卢冀野	上海杂志公司	1936年2月	第1版	/
元人杂剧全集（第四册）	卢冀野	上海杂志公司	1936年3月	第1版	/

续 表

题　　名	著　译　者	出版单位	出版时间	版次	备注
元人杂剧全集（第五册）	卢冀野	上海杂志公司	1936年4月	第1版	/
藏族民歌	苏岚	新文艺出版社	1954年11月	第1版	/
增图长生殿传	/	上海蜚英馆	光绪丁亥（1887年）十月	/	线装
中国民歌千首	陈增善	上海开华书局	1923年1月	第1版	/
中国谚语资料（上、中、下册）	中国民间文艺研究会资料室	上海文艺出版社	1961年12月	第1版	/
祖国在前进	新华通讯社国内新闻编辑部	人民出版社	1953年1月	第1版	/
1959上海民歌选	中共上海市委宣传部	上海文艺出版社	1959年9月	第1版	/
A Book of English Idioms	V.H.Collins	Longmans, Green & Co.	1956年	第1版	签名

二 世界文学

题　　名	著　译　者	出版单位	出版时间	版次	备注
阿尔达莫诺夫家的事业	高尔基；汝龙译	人民文学出版社	1957年1月	第1版	精装
白茶	班珂；曹靖华译	开明书店	1951年1月	第5版	/
保卫和平	爱伦堡；林秀、张孟恢等译	人民文学出版社	1955年9月	第1版	签名、钤印
别林斯基选集（第一卷）	Белинокий, В.Г.；满涛译	时代出版社	1952年12月	第2版	/
别林斯基选集（第二卷）	Белинокий, В.Г.；满涛译	时代出版社	1953年11月	第2版	/
柏拉图文艺对话集	中国科学院文学研究所外国古典文艺理论丛书编辑委员会	人民文学出版社	1963年9月	第1版	/
草叶集选	惠特曼；楚图南译	人民文学出版社	1955年10月	第1版	精装
仇敌	高尔基；李健吾译	上海出版公司	1949年12月	第1版	毛边本
初恋	屠格涅夫；丰子恺译	开明书店	1949年6月	第12版	/
春草国	特瓦尔朵夫斯基；飞白译	人民文学出版社	1958年9月	第1版	签名
短篇小说作法研究	威廉；张志澄译	商务印书馆	1931年4月	第2版	/
俄国文学史（上卷）	波斯彼洛夫、沙布略夫斯、布罗茨基；蒋路、孙玮译	作家出版社	1954年9月	第1版	精装
父与子	屠格涅夫；巴金译	文化生活出版社	1950年4月	沪6版	/
钢铁是怎样炼成的	文艺创作丛书编委会	新华书店华东总分店	1950年10月	修订第2版	/
高尔基论文选集	高尔基(Горький, М.)；瞿秋白译	人民文学出版社	1954年1月	第1版	/
高尔基文学论集	高尔基；扬伍译	天马书店	1937年6月	/	/
高尔基选集回忆录选	高尔基；巴金、曹葆华译	人民文学出版社	1959年5月	第1版	/
戈罗维略夫老爷们（上、下册）	萨尔蒂柯夫·锡且特林；陈原译	生活·读书·新知三联书店	1951年8月	第1版	/
格列佛游记	斯威夫特；张健译	人民文学出版社	1962年	/	/
格林童话全集（上册）	Brüder Grimm；魏以新译	商务印书馆	1934年8月	第1版	/
给初学写作者的一封信	苏联文学顾问会；张仲实译	/	1939年1月	第6版	/
古事记	安万侣；周启明译	人民文学出版社	1963年2月	第1版	/
怪人	高尔基；李健吾译	上海出版公司	1949年12月	第1版	毛边本
光辉的展望	朝鲜民主主义人民共和国文化宣传省	新朝鲜社	1955年4月	/	/
广岛被炸记	约翰·海尔赛；黄嘉音译	光出版社	1946年11月	第1版	/
哈泽·穆拉特	列夫·托尔斯泰；刘辽逸译	作家出版社	1954年4月	第1版	/

续表

题名	著译者	出版单位	出版时间	版次	备注
海底两万里（二册全）	儒勒·凡尔纳；曾觉之译	中国青年出版社	1961年8月	第1版	/
海鸥	尼·比留柯夫；斯庸译	中国青年出版社	1955年2月	第1版	/
和平的保证	伐·索布科；蔡芳信、蔡时济译	光明书局	1953年3月	第1版	/
赫尔岑中短篇小说集	赫尔岑；程雨民译	上海文艺出版社	1962年7月	第1版	签名
黑人短篇小说选	朗斯敦·休士等；施咸荣译	上海文艺联合出版社	1954年7月	第1版	/
蝴蝶	巴蕾黛喜薇丽；张云谷、朱复译	上海自由出版社	1954年5月	第1版	签名
灰色马	Ropshin；郑振铎译	商务印书馆	1924年1月	第1版	签名
毁灭	法捷耶夫；鲁迅译	人民文学出版社	1957年10月	第2版	/
吉诃德先生传	塞万提斯；伍实	作家出版社	1954年9月	第1版	/
加里宁论文学	加里尔（Калинин, М.И.）；草婴译	新文艺出版社	1955年7月	第1版	/
绞索套着脖子时的报告	尤·伏契克；刘辽逸译	生活·读书·新知三联书店	1951年9月	第4版	/
教育诗（第一部）	马卡连柯；许磊然译	人民文学出版社	1957年10月	第1版	/
金星英雄	巴巴耶夫斯基；姚艮译	人民文学出版社	1953年9月	第1版	/
金银岛	Robert Louis Stevenson	商务印书馆	1947年	第1版	/
近代文艺十二讲	生田长江、升曙梦、野上白川等	新潮社	1923年1月15日	第18版	精装铃印
近世文学批评	琉威松；傅东华译	商务印书馆	1928年3月	第1版	签名
静静的顿河（1）	М.唆罗诃夫；贺非	神州国光社	1931年10月	第1版	铃印
九个明天	艾萨克·阿西莫夫；毕东海译	福建人民出版社	1981年12月	第1版	/
可敬的克莱登	巴蕾；熊适逸译	商务印书馆	1933年	/	/
克雷洛夫寓言　九卷集	克雷洛夫；吴岩译	新文艺出版社	1954年12月	第1版	/
苦难的历程（三册全）	阿·托尔斯泰；朱雯译	平明出版社	1953年8月	第1版	/
拉法格文学论文选	拉法格；罗大冈译	人民文学出版社	1962年5月	第1版	/
劳苦世界	迭更斯；伍光建译	商务印书馆	1926年12月	第1版	/
黎琊王（上）	莎士比亚；孙大雨译	商务印书馆	1948年11月	/	签名
黎琊王（下）	莎士比亚；孙大雨译	商务印书馆	1948年11月	第1版	/
列宁格勒	吉洪诺夫（Тихонов, Н.）；陈复庵译	文化工作社	1951年10月	第1版	铃印
鲁滨逊飘流记	丹尼尔·笛福（Dansel Defoe）；徐霞村译	商务印书馆	1926年3月	第1版	/

续表

题　名	著　译　者	出版单位	出版时间	版次	备注
马特维·克日米亚金的一生	高尔基；耿济之译	人民文学出版社	1959年9月	第1版	精装
马雅可夫斯基选集（第一卷）	马雅可夫斯基	人民文学出版社	1957年11月	第1版	/
玛丽　玛丽	詹姆斯·斯蒂芬斯；徐志摩沈性仁译	新月书店	1931年7月	第3版	/
密尔格拉得	果戈理；孟十还译	文化生活出版社	1936年4月	第1版	精装签名
民间文学工作者必读	克鲁宾斯卡娅、希捷里尼可夫；马昌仪译	作家出版社	1958年6月	第1版	/
南方风暴	江南等；岱学等译	作家出版社	1965年3月	第1版	/
欧洲文学发展史	弗里契（Фриче, В.М.）；沈起予译	新文艺出版社	1954年3月	第1版	/
普希金文集	普希金、罗果夫	时代出版社	1954年1月	修订第2版	精装
契诃夫短篇小说选	契诃夫；汝龙译	中国青年出版社	1955年6月	第1版	/
契诃夫手记	契诃夫；贾植芳译	文化工作社	1953年5月	第1版	/
人民是不朽的	格罗斯曼；茅盾译	文光书店	1953年7月	第11版	/
人造小太阳	Ю.沙符朗诺娃、С.沙符朗诺夫；上海市中苏友好协会译	上海科技出版社	1960年2月	第1版	/
日丹诺夫论文学与艺术	日丹诺夫	人民文学出版社	1959年6月	第1版	/
日考夫一家人	高尔基；李健吾译	上海出版公司	1949年12月	第1版	毛边本
莎士比亚戏剧集（一）	莎士比亚；朱生豪译	作家出版社	1954年3月	第1版	/
莎士比亚戏剧集（二）	莎士比亚；朱生豪译	作家出版社	1954年4月	第1版	/
上海——冒险家的乐园	爱狄密勒；包玉珂译	上海文化出版社	1956年12月	第1版	/
少年维特的烦恼	歌德；杨武能译	人民文学出版社	1981年11月	第1版	/
社会主义现实主义的几个问题	西蒙诺夫；郑伯华译	文艺翻译出版社	1953年4月	第3版	/
神曲（第一、二、三部）	但丁；王维克译	作家出版社	1954年3月	第1版	/
生平回忆	雅可福烈夫	新华书店	1949年9月	/	/
诗学	亚里斯多德；傅东华译	商务印书馆	1933年3月	国难后1版	/
十二把椅子	伊利夫、彼德罗夫；费明译	泥土社	1954年4月	第1版	/
什么是口头文学	梭柯洛夫（Соколов, Ю.М.）；连树声、崔立滨译	作家出版社	1959年2月	第1版	/
世界文库（01）	郑振铎	生活书店	1935年5月	第1版	精装钤印

续表

题　名	著　译　者	出版单位	出版时间	版次	备注
世界文库（02）	郑振铎	生活书店	1935年6月	第1版	精装
世界文库（03）	郑振铎	生活书店	1935年7月	第1版	精装
世界文库（04）	郑振铎	生活书店	1935年8月	第1版	精装
世界文库（05）	郑振铎	生活书店	1935年9月	第1版	精装
世界文库（06）	郑振铎	生活书店	1935年10月	第1版	精装
世界文库（07）	郑振铎	生活书店	1935年11月	第1版	精装
世界文库（08）	郑振铎	生活书店	1935年12月	第1版	精装
世界文库（09）	郑振铎	生活书店	1936年1月	第1版	精装
世界文库（10）	郑振铎	生活书店	1936年2月	第1版	精装
世界文库（11）	郑振铎	生活书店	1936年3月	第1版	精装
世界文库（12）	郑振铎	生活书店	1936年4月	第1版	精装
思想性与技巧	卡拉瓦耶娃（Караваева, А.）；阮冈译	新文艺出版社	1955年8月	第1版	/
斯大林时代的人	波列伏依；金人等译	作家出版社	1953年11月	第1版	/
苏联爱国战争短篇小说译丛	茅盾译	永祥印书馆	1946年10月	第1版	/
苏联女英雄	Б.拉甫纶由夫、В.史可诺夫斯基等	生活·读书·新知三联书店	1950年6月	第2版	/
苏联文学批评的任务	法捷耶夫；刘辽逸译	生活·读书·新知三联书店	1951年3月	第1版	/
苏联文学艺术论文集	学习译丛编辑部	学习杂志社	1954年8月	第1版	/
索福克勒斯悲剧二种	中国科学院文学研究所外国古典文学名著丛书编辑委员会；罗念生译	人民文学出版社	1961年11月	第1版	/
谈文学	法捷耶夫；冰夷译	作家出版社	1956年3月	第1版	/
堂吉诃德（共二册）	塞万提斯	人民文学出版社	1959年3月	第1版	钤印
铁蒂姨母	Noel Coward；柳无垢译	文化供应社	1948年8月	新1版	/
樋口一叶选集	萧萧译	人民文学出版社	1962年1月	第1版	/
瓦沙·谢列日娃诺	高尔基；李健吾译	上海出版公司	1949年12月	第1版	毛边本
外套	果戈理；刘辽逸译	人民文学出版社	1952年4月	第1版	/
外套	果戈理；韦漱园译	未名社出版部	1929年4月	第2版	题跋
文凭	丹青科；茅盾译	现代书局	1932年9月	第1版	/

续 表

题 名	著译者	出版单位	出版时间	版次	备注
文学的战斗传统	果戈理；满涛译	新文艺出版社	1953年9月	第1版	/
文学发展过程	季莫菲耶夫；查长铮译	平明出版社	1954年2月	第1版	/
文学概论 文学原理(第一部)	季摩菲耶夫	平明出版社	1953年12月	第1版	/
文学与艺术之技术的革命	平林初之辅；陈望道译	大江书铺	1932年9月13日	第3版	钤印
文学原理	季摩菲耶夫(Тимофеевп. л.ии)；查良铮译	平明出版社	1955年7月	第1版	/
我的大学	高尔基；胡明译	光明书局	1952年2月	第1版	签名、钤印
我叫阿拉木	William Saroyan；吕叔湘译	开明书店	1948年4月	第2版	/
西方文论选(上卷)	伍蠡甫、戚叔含、林同济等	上海文艺出版社	1963年8月	第1版	/
西方文论选(下卷)	伍蠡甫、戚叔含、林同济等	人民文学出版社	1964年10月	第1版	/
希尔和特	Charles Kingsley；伍光建译	商务印书馆	1934年	/	/
希腊的神与英雄	劳斯；周遐寿译	文化生活出版社	1950年11月	第1版	/
喜鹊贼	赫尔岑；程雨民译	上海文艺出版社	1959年6月	第1版	签名
侠隐记(上册)	大仲马；伍光建译	商务印书馆	1925年3月	第1版	/
夏伯阳	Dmitri Furmanov；郭定一译	/	1936年11月	第1版	/
现代日本小说集	周作人译	商务印书馆	1930年	/	/
现代外国文学(美·英)	复旦大学外语系外国文学评论组	复旦大学外语系外国文学评论组	1975年5月	/	/
现代新兴文学的诸问题	片上伸；鲁迅译	大江书铺	1929年4月1日	第1版	/
现代英吉利谣俗及谣俗学	瑞爱德等；江绍原译	上海中华书局	1932年6月	第1版	钤印
现实主义问题讨论集	布尔索夫；岷英译	新文艺出版社	1958年1月	第1版	/
小说法程	Clayton Hamilton；华林一译	商务印书馆	1924年11月	第1版	题跋
小学教员	巴若来；郑延谷译	中华书局	1937年1月	/	/
新文学教程	维诺格拉多夫(Вноградов)；以群译	新文艺出版社	1953年4月	新3版	/
猩红文(上、下册)	霍桑；傅东华译	商务印书馆	1937年3月	第1版	/
野兽世界(第二集)	Rudyard Kipling；伍光建译	商务印书馆	1934年	/	/
叶尔绍夫兄弟	柯切托夫；龚桐、荣如德译	作家出版社	1961年10月	第1版	/

续 表

题　名	著　译　者	出版单位	出版时间	版次	备注
以革命的名义	米·沙特罗夫；候华甫译	少年儿童出版社	1960年12月	第1版	/
英国小说发展史	Wilbur L.Cross；周其勋、李未农、周骏章译	国立编译馆	1937年2月	/	/
勇敢的约翰	裴多菲·山陀尔；孙用译	人民文学出版社	1954年2月	第1版	/
约翰·克利斯朵夫（共四册）	罗曼·罗兰	人民文学出版社	1957年1月	第1版	/
约瑟·安特路传	亨利·菲尔丁；伍光健译	作家出版社	1954年10月	第1版	精装
月亮宝石	威尔基·柯林斯；徐汝椿译	上海译文出版社	1980年1月	第1版	/
战斗的越南南方青年	忠坚等；林茵译	作家出版社	1965年2月	第1版	钤印
真正的人	波列伏依；磊然译	时代出版社	1952年8月	第4版	/
震撼世界的十日	JOJN REED；郭有光译	美学出版社	1946年3月	第2版	签名
仲夏夜之梦	莎士比亚；曹未风译	上海出版公司	1954年6月	第1版	签名
最后底一叶	诸名家；许子由译	湖风书局	1932年6月	第1版	/
Adam Bede	George Eliot；伍光建译	商务印书馆	1934年	第1版	/
Alexei Tolstoy Selected Stories	Alexei Tolstoy	Foreign Languages Publishing House	1949年	第1版	精装
Ann Veronica	H.G.Wells；伍光建译	商务印书馆	1934年	第1版	/
A Short History of Classical Chinese Literature	Feng Yuan-Chun；杨宪益、戴乃迭译	Foreign Languages Press	1957年4月	第1版	签名
As You Like It	Shakespeare	The Commercial Press Ltd.（Shanghai）	1934年	第1版	精装
Black Sea Sailor	Leonid Solovyev	Foreign Languages publishing house Moscow	1944年	第1版	/
Cabbages and Kings	O.Henry；伍光建译	商务印书馆	1934年10月	第3版	/
Candide	De Voltaire；伍光建译	商务印书馆	1936年	/	/
Childhood	M.Gorky；Margaret Wettlin译	Foreign Languages Publishing House	1950年	/	精装 钤印
Crime and Punishment	Fedor Dostoevsky；伍光建译	商务印书馆	1936年	第1版	/
In Foreign Lands and at Home	M.Kondrashova and I.Tyurin	Foreign Languages Publishing House	1950年	/	/

续表

题　名	著　译　者	出版单位	出版时间	版次	备注
Ivanhoe	Sir Walter Scott	中华书局有限公司	1939年1月	第1版	/
Jenny	Sigrid Undset；伍光建译	商务印书馆	1936年	第1版	/
Literary Portraits	M.Gorky	Foreign Languages Publishing House Moscow	/	/	精装
Mary Barton	E.Gaskell	时代出版社	1958年8月	第1版	签名
Mother	M.Gorky；Margaret Wettlin 译	Foreign Languages Publishing House	1954年	第2版	精装
My Universities	M.Gorky；Helen Altschuler 译	Foreign Languages Publishing House	1952年	/	精装 钤印
On England	Earl Baldwin	Penguin books Ltd·	1938年	第2版	/
Selected Poems from the Goddesses	Kuo Mo-Jo；John Lester & A.C.Barnes 译	Foreign Languages Press	1958年	第1版	签名
Spades at Midnight	Stephen Maddock	Collins, Forty-eight Pall Mall, London	/	/	/
Stories of the Chinese People's Volunteers	Teachers of the English Faculty of the Foreign Languages Department of Futan University 译	Foreign Languages Press	1960年	/	精装 签名
Tales by Edgar Allan Poe	Edgar Allen Poe；伍光建译	商务印书馆	1934年	第1版	/
The History of Tom Jones	Henry Fielding；伍光建译	商务印书馆	1934年	第1版	/
The Last of the Mohicans	J.Fenimore.Cooper；伍光建译	商务印书馆	1934年	第1版	/
The Man of Property	John Galsworthy；伍光建译	商务印书馆	1934年	第1版	/
The Red Lily	Anatole France；伍光建译	商务印书馆	1936年	第1版	/
The Saint	C.F.Meyer；伍光建译	商务印书馆	1936年	第1版	/
The Second Choice	Theodore Dreiser；傅东华译	中华书局	1940年5月	第2版	/
The True Story of Ah q	Lu-Hsün；George Kin Leung 译	The Commercial Press, Limited	1926年	第1版	精装
What the Moon Saw	H. C. Anderson；桂裕译	商务印书馆	1933年8月	国难后1版	精装 签名、钤印

二

艺术

题　名	著译者	出版单位	出版时间	版次	备注
八大山人画集	八大山人	上海人民美术出版社	1958年12月	第1版	精装
渤海窗花剪贴选	渤海人民文工团	新华书店华东总分店	1951年1月	第1版	/
草书写法	邓散木	人民美术出版社	1963年6月	第1版	/
草字汇（一至六册）	石梁	商务印书馆	1917年10月	第1版	线装
电影艺术四讲	爱森斯坦；齐宙译	时代出版社	1953年7月	第1版	/
电影艺术在表现形式上的几个特点	史东山	中国电影出版社	1958年9月	第1版	/
电影中的人物性格和情节	袁文殊	中国电影出版社	1959年7月	第2版	/
高松竹谱	王畅安	朝花美术出版社	1958年5月	第1版	钤印
各种书体源流浅说	北京中国书法研究社	人民美术出版社	1962年9月	第1版	/
古元木刻选集	古元	东北画报社	1949年4月	第1版	/
顾绣考	徐蔚南	中华书局	1936年11月	第1版	/
关于电影的特殊表演手段	张骏祥	中国电影出版社	1958年7月	第1版	/
国旗图案参考资料	中国人民政治协商会议筹备委员会	中国人民政治协商会议筹备委员会	1949年9月	第1版	钤印
何氏胡氏藏本禊帖合装一册		/	/	/	/
简明摄影知识	陈勃	上海人民出版社	1972年8月	第2版	/
旧石器时代之艺术	裴文中	商务印书馆	1935年7月	第1版	题跋、钤印
旧拓颜鲁公多宝塔	颜真卿	商务印书馆	1931年3月	/	线装
抗战八年木刻选集	中华全国木刻协会	开明书店	1951年6月	第3版	/
柯达摄影术	柯达公司	上海柯达公司	/	/	精装
兰州本阁帖十卷	/	/	/	/	钤印
乐嗣炳赠陈望道书画合册	刘淇、陈朴	/	/	/	精装钤印
论艺术在社会生活中的地位和作用	田森、陈国雄译	人民文学出版社	1953年9月	第1版	/
民间窗花	佟坡等	人民美术出版社	1954年2月	第1版	/
明拓云麾将军碑	李邕	/	/	/	签名、批校、钤印
拼音字母的字体和书法	宁榘	文字改革出版社	1958年7月	第1版	钤印

续表

题　名	著　译　者	出版单位	出版时间	版次	备注
摄影小经验	科学画报编辑部	上海科学技术出版社	1958年11月	新1版	签名
摄影艺术表现方法（上册）	吴印咸	中国电影出版社	1961年12月	第1版	/
生活与美学	车尔尼雪夫斯基；周扬译	人民文学出版社	1957年5月	第1版	/
书法基础知识	尉天池	上海人民出版社	1976年6月	第1版	/
书法正传（第一、二册）	冯武	商务印书馆	1934年7月	第2版	/
书法作品汇集	/	/	/	/	精装、钤印
书学	祝嘉	正中书局	1947年12月	第1版	/
斯坦尼斯拉夫斯基体系问题	舒强	中国戏剧出版社	1957年12月	第1版	/
宋林逋自书诗卷	林逋	文物出版社	1960年2月	第1版	线装
宋米南宫书蜀素帖	米芾	国立北平故宫博物院	1948年5月	第5版	线装签名、钤印
宋苏文忠眉山远景楼记墨迹	苏轼	无锡理工制版社	1933年6月	第2版	线装
宋搨怀仁集书圣教序	王羲之	文明书局、中华书局	1940年7月	第11版	/
苏文忠天际乌云帖真迹	苏轼	商务印书馆	1932年8月	国难后1版	线装
唐搨夫子庙堂碑	虞世南	文明书局、中华书局	1946年6月	第9版	线装
王书圣教序	王羲之	/	/	/	/
文选小楷	/	尚古山房	/	/	简精装
现实主义艺术论	蔡仪	作家出版社	1958年8月	第1版	/
新艺术创作论	王朝闻	人民文学出版社	1953年2月	重排第1版	精装
彦涵木刻选集	彦涵	东北画报社	1949年4月	/	/
艺术的起源	Ernst Grosse；蔡慕晖译	商务印书馆	1937年2月	第1版	精装签名、钤印
艺术的社会根源	哈拉普（Louis Harap）；朱光潜译	新文艺出版社	1951年10月	第1版	/
艺术简论	青野季吉；陈望道	大江书铺	1928年12月	第1版	钤印
艺术简论	青野季吉；陈望道译	大江书铺	1930年4月10日	第3版	/

续 表

题　名	著译者	出版单位	出版时间	版次	备注
艺术社会学	昇曙梦译	新潮社发行	1930年4月	第1版	精装 钤印
艺术哲学	丹纳；傅雷译	人民文学出版社	1963年1月	第1版	平装 钤印
艺术之本质	范寿康；范寿康译	商务印书馆	1933年4月	国难后1版	/
艺术之起源	本间久雄译	早稻田大学出版社	1918年2月28日	/	精装 钤印
艺舟双楫	包世臣	上海文艺书社	1934年3月	第11版	钤印
于右任书纪效新书序	于右任	/	/	/	线装 钤印
于右任书正气歌	于右任	/	/	/	线装 钤印
怎样拍摄夜景	张韫磊	上海人民出版社	1973年4月	第1版	/
怎样正确估计曝光	吴印咸	上海人民出版社	1972年12月	第1版	/
中国版画史	王伯敏	上海人民美术出版社	1961年10月	第1版	平装
中国古代名画家	雪华	中国青年出版社	1964年2月	第1版	/
中国古代跳舞史	陈文波	神州国光社	1935年1月	第1版	/
中国书法简论	潘伯鹰	上海人民美术出版社	1962年10月	第1版	/
中国书学浅说	诸宗元	商务印书馆	1934年7月	第2版	平装
中国陶瓷史	吴仁敬、辛安潮	商务印书馆	1936年12月	第1版	精装
最初精拓爨龙颜碑	爨道庆	/	/	/	线装
The Beginning of Art	Ernest Grosse, PH.D.	D. Appleton and Company	1928年	第1版	精装
The Origins of Art: A Psychological & Sociological Inquiry	Yrjö Hirn	Macmillan and Co.Limited	1900年	第1版	精装

二三　历史、地理

题　　名	著　译　者	出版单位	出版时间	版次	备注
埃及古代史（从远古到公元前332年）	阿·费克里；高望之译	科学出版社	1956年8月	第1版	精装
爱德华·希思	哈钦森；复旦大学资本主义国家经济研究所编译组译	上海人民出版社	1973年8月	第1版	/
安格林娜自传	P·安格林娜；何奇译	青年出版社	1951年8月	第1版	/
八十年来	黄炎培	中国文史出版社	1964年10月	第1版	签名
鲍尔斯回忆录	切斯特·鲍尔斯	上海人民出版社	1974年8月	第1版	/
北京	胡嘉	中国青年出版社	1954年12月	第1版	/
藏书（第一至四册）	李贽	中华书局	1959年5月	第1版	/
曹操	王仲荦	上海人民出版社	1957年4月1日	第1版	/
长安史迹考	足立喜六；杨炼译	商务印书馆	1935年9月	第1版	精装
车尔尼雪夫斯基	陈之骅	商务印书馆	1962年6月	第1版	/
陈胜吴广	洪世涤	上海人民出版社	1972年5月	第1版	/
出卖的上海滩	霍塞；纪明译	商务印书馆	1962年8月	第1版	签名
辍耕录（第一至十册）	陶宗仪	/	/	/	线装
从第七层楼上展望世界	沃·惠·罗斯托；国际关系学院"五七"翻译组译	商务印书馆	1973年7月	第1版	/
戴高乐将军之死	让·莫里亚克	商务印书馆	1973年6月	第1版	/
第三次国内革命战争概况	人民出版社	人民出版社出版、华东人民出版社重印	1954年7月	第1版	/
第三帝国的兴亡——纳粹德国史（共四册）	威廉·夏伊勒；董乐山、李天爵、李家儒等译	生活·读书·新知三联书店	1974年3月	第1版	/
东京梦华录（外四种）	孟元老等	中华书局	1962年5月	新1版	/
东莱博议（卷一至四）	/	上海广益书局	/	/	线装
东莱博议	吕祖谦	/	光绪戊子孟秋	义秀书屋重雕足本	线装
东莱博议	吕祖谦	商务印书馆	1937年5月	国难后第4版	/
东周列国志（上、下册）	蔡元放	作家出版社	1956年1月	第1版	/
读史年表附引得	洪叶等	燕京大学图书馆	1931年2月	第1版	精装
读史札记	吴晗	生活·读书·新知三联书店	1956年2月	第1版	/

续表

题　　名	著　译　者	出版单位	出版时间	版次	备注
杜甫传	冯至	人民文学出版社	1952年11月	第1版	/
敦煌掇琐（上、下册）	国立中央研究院历史语言研究所	/	/	/	线装铃印
敦煌	向达	学习书店	1951年5月15日	第1版	/
非洲	李汝燊、熊忠英、徐成龙等	中国青年出版社	1961年9月	新1版	/
分类古今笔记精华——草木	古今图书局	古今图书局	1915年	第1版	线装铃印
分类古今笔记精华——方技	古今图书局	古今图书局	1915年	第1版	线装铃印
分类古今笔记精华——方言	古今图书局	古今图书局	1915年	第1版	线装铃印
分类古今笔记精华——风俗	古今图书局	古今图书局	1915年	第1版	线装铃印
分类古今笔记精华——歌谣	古今图书局	古今图书局	1915年	第1版	线装铃印
分类古今笔记精华——古迹游记	古今图书局	古今图书局	1915年	第1版	线装铃印
分类古今笔记精华——鬼怪	古今图书局	古今图书局	1915年	第1版	线装铃印
分类古今笔记精华——豪侠	古今图书局	古今图书局	1915年	第1版	线装铃印
分类古今笔记精华——妓女（上）	古今图书局	古今图书局	1915年	第1版	线装铃印
分类古今笔记精华——妓女（下）	古今图书局	古今图书局	1915年	第1版	线装铃印
分类古今笔记精华——美人（上）	古今图书局	古今图书局	1915年	第1版	线装铃印
分类古今笔记精华——美人（下）	古今图书局	古今图书局	1915年	第1版	线装铃印
分类古今笔记精华——禽兽虫鱼	古今图书局	古今图书局	1915年	第1版	线装铃印
分类古今笔记精华——趣事	古今图书局	古今图书局	1915年	第1版	线装铃印
分类古今笔记精华——史谈	古今图书局	古今图书局	1915年	第1版	线装铃印
分类古今笔记精华——事原	古今图书局	古今图书局	1915年	第1版	线装铃印

续 表

题　名	著 译 者	出版单位	出版时间	版次	备注
分类古今笔记精华——琐闻	古今图书局	古今图书局	1915年	第1版	线装钤印
分类古今笔记精华——文士神童	古今图书局	古今图书局	1915年	第1版	线装钤印
分类古今笔记精华——文艺(上)	古今图书局	古今图书局	1915年	第1版	线装钤印
分类古今笔记精华——文艺(下)	古今图书局	古今图书局	1915年	第1版	线装钤印
分类古今笔记精华——武术	古今图书局	古今图书局	1915年	第1版	线装钤印
分类古今笔记精华——谚语	古今图书局	古今图书局	1915年	第1版	线装钤印
分类古今笔记精华——音乐美术	古今图书局	古今图书局	1915年	第1版	线装钤印
分类古今笔记精华——优伶	古今图书局	古今图书局	1915年	第1版	线装钤印
纲鉴易知录(一至十册)	吴乘权	商务印书馆	1936年10月	国难后1版	/
各国概况(上、下)	各国概况编辑组	人民出版社	1972年3月	第1版	/
广阳杂记(第一至四册)	刘献廷	进步书局	/	/	/
国立中山大学文史集刊(第一册)	国立中山大学文史集刊编辑委员会	/	1948年1月	/	钤印、签名
国语国策故事选译	中华书局上海编辑所	中华书局	1961年12月	第1版	/
汉民族形成问题讨论集	历史研究编辑部	生活·读书·新知三联书店	1957年5月	第1版	钤印
黑非洲	让·徐雷—卡纳尔;何钦译	世界知识出版社	1960年1月	第1版	/
黄遵宪传	麦若鹏	古典文学出版社	1957年12月	第1版	/
黄遵宪	朱仰山	中华书局	1961年4月	第1版	钤印
回乡访问记	张治中	/	/	第1版	/
回忆与思考(上、下)	格·康·朱可夫;洪科	生活·读书·新知三联书店	1972年9月	第1版	/
基辛格:一个智者的画像	斯蒂芬·R.格劳巴德;复旦大学资本主义国家经济研究所编译组译	上海人民出版社	1974年11月	第1版	/
甲申三百年祭	郭沫若	人民出版社	1972年2月	第2版	/

续表

题 名	著 译 者	出版单位	出版时间	版次	备注
简明世界近代史	沈錬之	中国青年出版社	1957年6月	第1版	/
杰拉尔德·福特	巴德·维斯塔尔;上海国际问题资料组译	上海人民出版社	1974年12月	第1版	签名
解放十年来点滴活动	张治中	/	1963年6月	第1版	/
金华万佛塔出土文物	浙江省文物管理委员会	文物出版社	1958年3月	第1版	/
近代史论丛	黎澍	学习杂志社	1956年8月	第1版	/
近代世界史(上册)	叶菲莫夫;陈山、王约、朱贵生译	中国青年出版社	1955年12月	第1版	精装钤印
敬爱的周总理我们永远怀念您	文汇报社	文汇报社	1977年2月	/	钤印
拉丁美洲的民族民主运动	世界知识出版社	世界知识出版社	1960年9月	第1版	钤印
拉丁美洲史(第一至四册)	艾·巴·托马斯;寿进文译	商务印书馆	1973年12月	第1版	签名
李白	王瑶	华东人民出版社	1954年9月	第1版	/
李冰和都江堰	北京第二师范学校语文、政史地组	中华书局	1959年3月	第1版	/
李时珍	张惠剑	华东人民出版社	1954年11月	第1版	/
历代名人生卒年表	梁廷灿	商务印书馆	1933年7月	第1版	精装钤印
历代人物年里碑传综表	姜亮夫	中华书局	1959年9月	第1版	精装
历代职官表	黄本骥	中华书局	1965年12月	第1版	精装
历史论丛(第一辑)	中国科学院历史研究所	中华书局	1964年9月	第1版	/
历史人物的评价问题	荣孟源	华东人民出版社	1954年12月	第1版	/
历史问题论丛	翦伯赞	生活·读书·新知三联书店	1956年5月	第1版	/
联合国	史国纲	商务印书馆	1946年12月	第1版	/
梁启超	吴其昌	胜利出版社	1944年7月	第1版	/
柳敬亭评传	洪式良	古典文学出版社	1957年9月	第1版	/
鲁迅的故家	周遐寿等	人民文学出版社	1957年9月	第1版	/
略讲关于鲁迅的事情	乔峰	人民文学出版社	1954年8月	第1版	/
论秦始皇	柳宗元等	上海人民出版社	1974年6月	第1版	/
罗斯福见闻密录	伊利奥·罗斯福;李嘉译	新群出版社	1937年1月	/	/
洛阳伽蓝记校释	杨玄之;周祖谟译	中华书局	1963年5月	第1版	/

题　　名	著　译　者	出版单位	出版时间	版次	备注
麦克纳马拉	亨利·L.特里惠特	上海人民出版社	1975年5月	第1版	/
漫话十三陵	金世绪	人民美术出版社	1982年2月	第1版	/
梅特涅	阿尔杰农·塞西尔;复旦大学《梅特涅》翻译小组译	复旦大学	1974年2月	/	/
明末江阴、嘉定人民的抗清斗争	李天佑	学习生活出版社	1955年8月	第1版	/
明清史	李洵	人民出版社	1956年6月	第1版	/
慕尼黑阴谋	潘际坰	商务印书馆	1962年7月	第1版	/
南斯拉夫	张善余	商务印书馆	1963年10月	第1版	/
奴隶制时代	郭沫若	科学出版社	1956年11月	第1版	/
欧阳修	袁行云	中华书局	1961年6月	第1版	/
戚继光	谢承仁、宁可	上海人民出版社	1959年12月	第1版	/
清代哀牢山彝民起义	胡大刚	中华书局	1960年8月	第1版	/
清代七百名人传(上、中、下)	蔡冠洛	世界书局	1937年1月	初版	精装钤印
清代史	萧一山	商务印书馆	1947年2月	上海3版	/
秋瑾	北京五十一中历史组	中华书局	1961年5月	第1版	/
人民公敌蒋介石	陈伯达	人民出版社	1954年1月	第4版	1949年4月第1版
日本近百年简史	/	/	/	/	/
日本军国主义史(征求意见稿)	复旦大学历史系《日本军国主义史》编写小组	上海人民出版社	1972年	第1版	/
三国人物新论	祝秀侠	国际文化服务社	1946年11月	第2版	签名
上海近代反帝反封建斗争故事	上海人民出版社	上海人民出版社	1959年9月	第1版	/
生平回忆——雅科夫列夫的故事	雅科夫列夫;叶芙译	中国青年出版社	1953年7月	第4版	/
史讳举例	陈垣	科学出版社	1958年1月	第1版	/
史记选	王伯祥	人民文学出版社	1957年4月	第1版	/
史记(一至四册)	司马迁	商务印书馆	1932年11月	第1版	精装
史通	刘虎如	商务印书馆	1928年9月	第1版	钤印
史学方法论(上、中、下册)	伯伦汉;陈韬译	商务印书馆	1937年3月	第1版	/

续 表

题 名	著 译 者	出版单位	出版时间	版次	备注
世界古代史简编	郭圣铭	群联出版社	1955年9月	第1版	/
世界现代史资料选辑(上、下册)	河大史地学教研组	河南人民出版社	1953年1月	第1版	/
世界游记选	孙季叔	中国文化服务社	1936年5月	第5版	/
寿县蔡侯墓出土遗物	中国科学院考古研究所	科学出版社	1956年12月	第1版	精装
水经注(上、下)	郦道元	商务印书馆	1933年3月	第1版	/
斯大林时代	安娜·路易斯·斯特朗；石人译	世界知识出版社	1957年4月	第1版	/
苏联共产党历史(上、下册)	波诺马廖夫	上海人民出版社	1974年6月	第1版	/
苏联简史	谢斯塔科夫；李赓序、李纯武译	中国青年出版社	1955年9月	第1版	/
隋末农民战争	万绳楠	中华书局	1961年7月	第1版	/
孙诒让研究	杭州大学语言文学研究室	/	1963年	/	/
台湾	吴壮达	中国青年出版社	1954年6月	第2版	/
太平天国革命运动论文集	华北大学历史研究室	生活·读书·新知三联书店	1950年11月	第1版	/
太平天国革命战争	戎笙等	生活·读书·新知三联书店	1962年5月	第1版	/
太平天国	牟安世	上海人民出版社	1959年10月	第1版	/
太平天国史料	国立北京大学文科研究所、国立北京图书馆	开明书店	1950年11月	第1版	/
唐太宗	万钧	上海人民出版社	1957年8月	第1版	/
田中角荣传	户川猪佐武	上海人民出版社	1972年8月	第1版	/
田中角荣其人	马弓良彦	上海人民出版社	1972年9月	第1版	/
外国资产阶级对于中国现代史的看法	商务印书馆编辑部	商务印书馆	1962年11月	第1版	/
王莽	李鼎芳	上海人民出版社	1957年8月	第1版	/
王若飞在狱中	杨植霖、乔明甫	中国青年出版社	1961年6月	第1版	/
魏晋南北朝隋初唐史(上册)	王仲荦	上海人民出版社	1961年7月	第1版	/
文成公主	万绳楠	中华书局	1961年6月	第1版	/
文史论集	郭沫若	人民出版社	1961年1月	第1版	/
文史通义	章学诚	古籍出版社	1956年12月	第1版	钤印
文史资料选辑(第一辑)	中国人民政治协商会议全国委员会文史资料研究委员会	中华书局	1960年1月	第1版	钤印

续 表

题　名	著译者	出版单位	出版时间	版次	备注
文史资料选辑（第二辑）	中国人民政治协商会议全国委员会文史资料研究委员会	中华书局	1960年3月	第1版	钤印
文史资料选辑（第三辑）	中国人民政治协商会议全国委员会文史资料研究委员会	中华书局	1960年4月	第1版	钤印
文史资料选辑（第四辑）	中国人民政治协商会议全国委员会文史资料研究委员会	中华书局	1960年5月	第1版	钤印
文史资料选辑（第五辑）	中国人民政治协商会议全国委员会文史资料研究委员会	中华书局	1960年6月	第1版	钤印
文史资料选辑（第六辑）	中国人民政治协商会议全国委员会文史资料研究委员会	中华书局	1960年8月	第1版	钤印
文史资料选辑（第七辑）	中国人民政治协商会议全国委员会文史资料研究委员会	中华书局	1960年8月	第1版	钤印
文史资料选辑（第八辑）	中国人民政治协商会议全国委员会文史资料研究委员会	中华书局	1960年10月	第1版	钤印
文史资料选辑（第九辑）	中国人民政治协商会议全国委员会文史资料研究委员会	中华书局	1960年11月	第1版	钤印
文史资料选辑（第十辑）	中国人民政治协商会议全国委员会文史资料研究会	中华书局	1960年12月	第1版	/
文史资料选辑（第十一辑）	中国人民政治协商会议全国委员会文史资料研究会	中华书局	1961年1月	第1版	/
文史资料选辑（第十二辑）	中国人民政治协商会议全国委员会文史资料研究委员会	中华书局	1961年2月	第1版	钤印
文史资料选辑（第十二辑）	中国人民政治协商会议上海市委员会文史资料工作组	中华书局	1962年5月	第1版	/
文史资料选辑（第十三辑）	中国人民政治协商会议全国委员会文史资料研究委员会	中华书局	1961年3月	第1版	钤印
文史资料选辑（第十四辑）	中国人民政治协商会议上海市委员会文史资料工作委员会	中华书局	1962年12月	第1版	/
文史资料选辑（第十五辑）	中国人民政治协商会议上海市委员会文史资料工作委员会	中华书局	1963年4月	第1版	/
文史资料选辑（第十六辑）	中国人民政治协商会议上海市委员会文史资料工作委员会	中华书局	1963年4月	第1版	/
文史资料选辑（第十七辑）	中国人民政治协商会议上海市委员会文史资料工作委员会	中华书局	1963年5月	第1版	/
文史资料选辑（第十八辑）	中国人民政治协商会议上海市委员会文史资料工作委员会	中华书局	1964年7月	第1版	/
文史资料选辑（第十九辑）	中国人民政治协商会议全国委员会文史资料研究委员会	中华书局	1961年9月	第1版	钤印

下编　藏书目录

续　表

题　名	著　译　者	出版单位	出版时间	版次	备注
文史资料选辑（第十九辑）	中国人民政治协商会议上海市委员会文史资料研究会	中华书局	1964年12月	第1版	/
文史资料选辑（第二十辑）	中国人民政治协商会议全国委员会文史资料研究委员会	中华书局	1961年11月	第1版	/
文史资料选辑（第二十辑）	中国人民政治协商会议上海市委员会文史资料研究会	中华书局	1965年8月	第1版	/
文史资料选辑（第二十三辑）	中国人民政治协商会议全国委员会文史资料研究会	中华书局	1962年2月	第1版	/
文史资料选辑（第二十四辑）	中国人民政治协商会议全国委员会文史资料研究会	中华书局	1962年4月	第1版	/
文史资料选辑（第二十五辑）	中国人民政治协商会议全国委员会文史资料研究会	中华书局	1962年4月	第1版	/
文史资料选辑（第二十六辑）	中国人民政治协商会议全国委员会文史资料研究委员会	中华书局	1962年6月	第1版	/
文史资料选辑（第二十七辑）	中国人民政治协商会议全国委员会文史资料研究委员会	中华书局	1962年8月	第1版	/
文史资料选辑（第二十八辑）	中国人民政治协商会议全国委员会文史资料研究委员会	中华书局	1962年6月	第1版	/
文史资料选辑（第二十九辑）	中国人民政治协商会议全国委员会文史资料研究委员会	中华书局	1962年10月	第1版	/
文史资料选辑（第三十辑）	中国人民政治协商会议全国委员会文史资料研究委员会	中华书局	1962年9月	第1版	/
文史资料选辑（第三十一辑）	中国人民政治协商会议全国委员会文史资料研究委员会	中华书局	1962年10月	第1版	/
文史资料选辑（第三十二辑）	中国人民政治协商会议全国委员会文史资料研究委员会	中华书局	1962年12月	第1版	/
文史资料选辑（第三十三辑）	中国人民政治协商会议全国委员会文史资料研究委员会	中华书局	1963年1月	第1版	/
文史资料选辑（第三十四辑）	中国人民政治协商会议全国委员会文史资料研究委员会	中华书局	1963年3月	第1版	/
文史资料选辑（第三十五辑）	中国人民政治协商会议全国委员会文史资料研究会	中华书局	1963年5月	第1版	/
文史资料选辑（第三十七辑）	中国人民政治协商会议全国委员会文史资料研究会	中华书局	1963年9月	第1版	/
文史资料选辑（第三十八辑）	中国人民政治协商会议全国委员会文史资料研究会	中华书局	1963年9月	第1版	/

续　表

题　名	著译者	出版单位	出版时间	版次	备注
文史资料选辑(第三十九辑)	中国人民政治协商会议全国委员会文史资料研究会	中华书局	1963年11月	第1版	/
文史资料选辑(第四十辑)	中国人民政治协商会议全国委员会文史资料研究会	中华书局	1963年11月	第1版	/
文史资料选辑(第四十一辑)	中国人民政治协商会议全国委员会文史资料研究会	中华书局	1963年12月	第1版	/
文史资料选辑(第四十二辑)	中国人民政治协商会议全国委员会文史资料研究会	中华书局	1964年2月	第1版	/
文史资料选辑(第四十三辑)	中国人民政治协商会议全国委员会文史资料研究会	中华书局	1964年3月	第1版	/
文史资料选辑(第四十四辑)	中国人民政治协商会议全国委员会文史资料研究会	中华书局	1964年3月	第1版	/
文史资料选辑(第四十九辑)	中国人民政治协商会议全国委员会文史资料研究委员会	中华书局	1964年1月	第1版	/
文史资料选辑(第五十辑)	中国人民政治协商会议全国委员会文史资料研究会	中华书局	1964年10月	第1版	/
文史资料选辑(第五十一辑)	中国人民政治协商会议全国委员会文史资料研究会	中华书局	1964年12月	第1版	/
文史资料选辑(第五十二辑)	中国人民政治协商会议全国委员会文史资料研究会	中华书局	1965年6月	第1版	/
文史资料选辑(第五十三辑)	中国人民政治协商会议全国委员会文史资料研究会	中华书局	1965年11月	第1版	/
文史资料选辑(第五十四辑)	中国人民政治协商会议全国委员会文史资料研究会	中华书局	1965年12月	第1版	/
文史资料选辑(第五十五辑)	中国人民政治协商会议全国委员会文史资料研究会	中华书局	1965年12月	第1版	/
闻一多	勉之	生活·读书·新知上海联合发行所	1949年6月	第1版	/
我的前半生	爱新觉罗·溥仪	群众出版社	1964年3月	第1版	钤印
我们永远怀念敬爱的周总理	解放日报编辑部	解放日报编辑部	1977年	第1版	/
我所认识的鲁迅	许寿裳	人民文学出版社	1954年2月	第1版	/
五十年甲骨文发现的总结	胡厚宣	商务印书馆	1954年9月	第3版	/
五十世纪中国历年表	刘大白	商务印书馆	1929年12月	第1版	精装钤印

续表

题　名	著　译　者	出版单位	出版时间	版次	备注
五四运动	北京大学"五四运动"画册编辑小组	文物出版社	1959年4月	第1版	/
五四运动史	华岗	新文艺出版社	1952年7月	新2版	/
戊戌政变记	梁启超	中华书局	1954年12月	第1版	/
西湖史话	何乐之	中华书局	1962年7月	第1版	钤印
辛亥革命	陈旭麓	上海人民出版社	1956年12月	第2版	/
辛亥革命回忆录（1）	中国人民政治协商会议全国委员会文史资料研究委员会	中华书局	1961年10月	第1版	精装
辛亥革命	吴玉章	人民出版社	1961年9月	第1版	/
辛弃疾传	邓广铭	上海人民出版社	1956年11月	第1版	/
新编近代史（第一卷　上、下册）	波尔什涅夫、斯卡兹金、毕留柯维契；忻之译	生活·读书·新知三联书店	1955年1月	第1版	/
徐文长	徐崙	上海人民出版社	1962年12月	第1版	/
亚洲各国史纲要	王辑五	高等教育出版社	1957年8月	第1版	/
亚洲各国现代史讲义（上册）（1918—1945）	何肇发	高等教育出版社	1958年8月	第1版	/
亚洲各国现代史讲义（下册）（1945—1955）	何肇发	高等教育出版社	1958年12月	第1版	/
严复传	王栻	上海人民出版社	1957年2月	第1版	/
晏婴的故事	秋楠	中华书局	1961年6月	第1版	/
燕妮·马克思	露依丝·多尔纳曼；沙波译	生活·读书·新知三联书店	1958年6月	第1版	/
杨么事迹考证	鼎澧逸民	商务印书馆	1935年4月	第1版	/
杨业传	郝树候	山西人民出版社	1962年2月	第1版	/
洋务运动	牟安世	上海人民出版社	1956年12月	第1版	/
一九四六年复员前的新闻系	复旦新闻系复员会编纂组	/	1946年6月	第1版	签名
一九四六年复员前的新闻系	复旦新闻系复员会编纂组	/	1946年6月	/	油印、签名
伊朗巴布教徒起义	张桂枢	商务印书馆	1962年12月	第1版	/
义和团运动	金家瑞	上海人民出版社	1959年12月	第2版	/
异行传	张默生	东方书社	1944年12月	第2版	签名
雨航杂录抄本	/	/	/	/	/

题 名	著 译 者	出版单位	出版时间	版次	备注
元朝秘史	陈彬龢	商务印书馆	1929年1月	第1版	/
元城语录解	马永卿	商务印书馆	1939年12月	第1版	/
约翰逊回忆录	林登·贝·约翰逊	上海人民出版社	1973年4月	第1版	/
云麓漫钞（第一辑）	赵彦卫	古典文学出版社	1957年4月	第1版	/
战国策（上、下册）	许啸天注	上海群学社	1929年4月	第3版	/
战国策选讲	刘忆萱	中国青年出版社	1958年3月	第1版	/
战后世界历史长编（第一编第一分册）	《战后世界历史长编》编委会	上海人民出版社	1975年7月	第1版	/
战后世界历史长编（第一编第二分册）	《战后世界历史长编》编委会	上海人民出版社	1976年6月	第1版	/
张衡	曹增祥	中华书局	1961年6月	第2版	/
中国的奴隶制与封建制	李亚农	华东人民出版社	1954年6月	第1版	/
中国风俗史	张亮采	商务印书馆	1934年10月	国难后1版	/
中国风俗史	张亮采	商务印书馆	1935年4月	国难后2版	/
中国革命史参考资料（第一集）	中国人民大学中国革命史教研室	中国人民大学	1956年6月	第1版	/
中国革命史参考资料（第二集）	中国人民大学中国革命史教研室	中国人民大学	1956年8月	第1版	/
中国革命史参考资料（第三集）	中国人民大学中国革命史教研室	中国人民大学	1956年7月	第1版	/
中国革命史参考资料（第四集）	中国人民大学中国革命史教研室	中国人民大学	1956年12月	第1版	/
中国古代旅行之研究	江绍原	商务印书馆	1935年9月	第1版	精装
中国古代史分期问题讨论集	"历史研究"编辑部	生活·读书·新知三联书店	1957年7月	第1版	/
中国古代族行之研究	江绍源	商务印书馆	1935年9月	第1版	/
中国疆域沿革史（第二辑）	顾颉刚、史念海、王云五、传纬平	商务印书馆	1938年3月	第1版	精装
中国近百年革命史略	荣孟源	生活·读书·新知三联书店	1954年3月	第1版	/
中国近代简史	丁晓先	华东人民出版社	1953年10月	第1版	/
中国近代史讲义（第一册）	华东师范大学历史系中国近代现代史教研组	华东师范大学	1958年11月	第1版	/

续 表

题 名	著译者	出版单位	出版时间	版次	备注
中国近代史讲义(第二册)	华东师范大学历史系中国近代现代史教研组	华东师范大学	1959年2月	第1版	/
中国近代史讲座	中国文学艺术界联合会学习处	中国文学艺术界联合会学习处	1955年6月15日	第1版	钤印
中国近代史(上编第一分册)	范文澜	人民出版社	1953年5月	第3版	/
中国近代史(上册)	范文澜	人民出版社	1947年2月	第1版	钤印
中国近代史	上海市教育局	上海教育出版社	1958年8月	第1版	/
中国近代史诸问题	刘大年	人民出版社	1965年10月	第1版	/
中国科学院(1949—1956)	里海、陈辉	科学出版社	1957年7月	第1版	/
中国历代疆域战争合图	欧阳缨	武昌亚新地学社	1933年9月	第3版	/
中国历史常识(第八册)	吴晗	中国青年出版社	1965年4月	第1版	/
中国历史概要	翦伯赞、邵循正、胡华	人民出版社	1956年2月	第1版	/
中国历史纲要	尚钺	人民出版社	1954年8月	第1版	精装
中国民主宪政运动史	平心	进化书局	1946年6月	新1版	/
中国人民解放战争三年战绩	中国人民解放军总部	中国人民解放军总部	1949年7月	/	/
中国上古史纲	王玉哲	上海人民出版社	1959年7月	第1版	/
中国史纲要(第四册)	翦伯赞	人民出版社	1964年7月	第1版	/
中国史稿(第一册)	郭沫若	人民出版社	1962年6月	第1版	/
中国史话	许立群	野草出版社	1946年5月	第2版	/
中国史话(一至四册)	韦休	商务印书馆	1934年10月	国难后2版	/
中国史学史	金毓黻	商务印书馆	1957年12月	重印第1版	/
中国通史简编(修订本)第一编	范文澜	人民出版社	1953年8月	第2版	/
中国通史简编(修订本)第二编	范文澜	人民出版社	1958年4月	第3版	/
中国通史资料选辑(上、下册)	河大史地系教研组	河南人民出版社	1953年1月	第2版	/
中国现代革命史讲义(初稿)	何干之	高等教育出版社	1954年12月	第1版	/
中国现代革命史讲义(初稿)	何干之	高等教育出版社	1956年2月	第2版	/

续表

题　名	著译者	出版单位	出版时间	版次	备注
中国新民主主义革命时期通史（初稿）第一卷	李新、彭明、孙思白等	高等教育出版社	1959年10月	第1版	/
中国新民主主义革命时期通史（初稿）第二卷	高等学校中国新民主主义革命时期通史协作组	人民教育出版社	1960年7月	第1版	钤印
中国新民主主义革命时期通史（初稿）第三卷	李新、彭明、孙思白等	人民出版社	1961年10月	第1版	/
中国新民主主义革命时期通史（初稿）第四卷	李新、彭明、孙思白等	人民出版社	1962年5月	第1版	/
中国伊朗编	劳费尔；林筠因译	商务印书馆	1964年1月	第1版	/
中国运河史料选辑	朱偰	中华书局	1962年7月	第1版	/
中华人民共和国地图集	地图出版社	地图出版社	/	/	/
中华人民共和国史稿	河北北京师范学院历史系三年级集体	人民出版社	1958年10月	第1版	/
中华人民共和国行政区划简册	中华人民共和国内务部	地图出版社	1960年3月	第1版	/
中近东列国志	世界知识社	世界知识社	1956年4月	第1版	/
中外历史年表（公元前4500—公元1918年）	翦伯赞、齐思和、刘启戈等	中华书局	1961年2月	新1版	精装
中西对照历代纪年图表	万国鼎	商务印书馆	1933年8月	新1版	/
中印边界问题参考地图	地图出版社	地图出版社	/	/	/
宗泽	吴太等	上海人民出版社	1965年8月	第1版	/
邹容	刘亚雪、刑露申	中华书局	1961年3月	第1版	/
祖国最大都市上海市	葛绥成	地图出版社	1954年2月	第1版	/
最主要之点	安格林娜；李成、陈昌浩译	外国文书籍出版局	1951年	/	钤印
左氏春秋义例辨（第一至五册）	陈槃	商务印书馆	1947年8月	第1版	线装
Comrade Stalin-Leader of Progressive Mankind	G. Malenkov	Foreign Languages Publishing House	1950年	/	/
From Struggle to Victory: Sketches of the Fighting Women of New China	/	The New China Women's Press（Peking）	1949年	第1版	/
In America	Maxin Gorky	Foreign Languages Publishing House	1949年	第1版	钤印

续 表

题 名	著 译 者	出版单位	出版时间	版次	备注
JACOB SVERDLOV	Claudia Sverdlova; Pauline Rose	Foreign Languages Publishing House	1945年	第1版	/
Joseph Stalin—A Short Biography	G.F.Alexandrov, M.R.Galaktionov, V.S.Kruzhkov, M.B.Mitin, V.D.Mochalov, P.N.Pospelov	Foreign Languages Publishing House	1951年	/	精装
Leningrad	Nikolai Tikhonov；Elizabeth Donnelly译	Foreign Languages Publishing House	1944年	第1版	精装 钤印

二四 数理科学、化学、天文学、地球科学

题　名	著　译　者	出版单位	出版时间	版次	备注
大众算术	江苏教育学院数学科	江苏人民出版社	1962年10月	第1版	/
电流、电压和电阻	贾鸣	人民邮电出版	1958年6月	第1版	/
古代物理学、经典物理学和量子物理学中的相对原理	Ъ.Г.库兹涅佐夫；戈革译	商务印书馆	1964年7月	第1版	/
关于综合大学数学专业课程革新的建议	复旦大学数学系	上海科学技术出版社	1960年5月	第1版	/
关于综合大学数学专业课程革新的建议	复旦大学数学系数学专业课程革新小组	上海教育出版社	1960年3月	第1版	/
气象学	竺可桢	商务印书馆	1933年11月	国难后1版	/
什么是原子能	黄友谋	华南人民出版社	1955年4月	第1版	/
物理学（上、下）	上海师范大学《物理学》翻译小组	上海教育出版社	1978年4月	新1版	/
原子能通俗讲话	原子能通俗讲座组织委员会	中华全国科学技术普及协会	1955年3月	第1版	/
中国地质学发展小史	章鸿钊	商务印书馆	1937年3月	第1版	/
中国古代数学史话	李俨、杜石然	中华书局	1961年9月	第1版	/
中国算术故事	许莼舫	中国青年出版社	1965年3月	第3版	/

二五 生物科学、医药、卫生

题　名	著译者	出版单位	出版时间	版次	备注
巴甫洛夫的生平及其学说	斯特罗乾诺夫等；孙晔等译	科学出版社	1954年12月	第1版	/
巴甫洛夫关于两种信号系统的学说	马希尼科（Махинько, В.И.）；佘增寿译	科学出版社	1956年10月	第1版	钤印
巴甫洛夫学说的来源与发展	赵以炳	中华全国科学技术普及协会	1954年7月	增订第1版	/
从猿到人发展史	刘咸	中国科学图书仪器公司	1950年10月	第1版	签名
毒蛇咬伤的防治	浙江医科大学革委会	上海人民出版社	1970年12月	第1版	/
妇科学（职业教科书委员会审查通过）	程浩	商务印书馆	1929年10月	/	钤印
高血压病知识	黄元伟	上海人民出版社	1972年9月	第1版	/
关于巴甫洛夫及巴甫洛夫学说	中国人民大学辩证唯物论与历史唯物论教研室	中国人民大学	1956年12月	第1版	/
简明针灸疗法	上海市针灸研究所	上海科学技术出版社	1966年5月	第1版	/
人类学	马雷特（R. R. Marett）；吕叔湘译	商务印书馆	/	/	/
生物进化论	古特立区；周建人译	大江书铺	1929年	第1版	/
睡眠和失眠	金静仁	中华全国科学技术普及协会	1956年8月	第1版	/
五运六气	任应秋	上海科学技术出版社	1959年12月	第1版	/
遗传学问题讨论集（第一册）	复旦大学遗传学研究所	上海科学技术出版社	1961年10月	第1版	/
中医常用名词简释	成都中医学院	四川人民出版社	1959年3月	第1版	/
中医基本理论	中山医学院《新医学》编辑组	广东人民出版社	1972年8月	第1版	/
中医基础理论阴阳五行	任应秋	上海科学技术出版社	1960年3月	第1版	/
中医理论概说	吕维柏、林平青	人民卫生出版社	1959年8月	第1版	/
The Situation in Biological Science	T.D.Lysenko	Foreign Languages Publishing House Moscow	1949年	第1版	/

二六 农业科学、工业技术、交通运输

题名	著译者	出版单位	出版时间	版次	备注
变压器	马大强	商务印书馆	1956年5月	第3版	/
从齐民要术看中国古代的农业科学知识	石声汉	科学出版社	1957年1月	第1版	/
电报通俗讲话	沈保南	科学普及出版社	1957年10月	第1版	/
电动机模型制作	黄幼雄	中国青年出版社	1956年9月	第1版	/
电子计算机	塞·阿·列别捷夫；赖祖武译	上海科学普及出版社	1957年6月	第1版	/
发电、送电、用电	汪树模	商务印书馆	1956年2月	第4版	/
防止触电常识	关汉秋	电力工业出版社	1956年6月	第1版	/
肥料知识	尤德敏、万傅斌	中华全国科学技术普及协会	1956年6月	第1版	/
根治黄河水害开发黄河水利	中华人民共和国水利部办公厅宣传处	财政经济出版社	1955年9月	第1版	/
激光	上海市科技交流站	上海科学技术情报研究所	1971年5月	第1版	/
加速器	巴巴特；钟建安译	科学普及出版社	1958年3月	第1版	/
家庭和日常生活安全用电常识	上海电业管理局	科学普及出版社	1958年6月	第1版	/
水力发电厂	/	电力工业出版社	1956年10月	第1版	/
水土保持学概论	陈恩凤	商务印书馆	1949年12月	第1版	签名
算法语言文集	F.L.包厄尔等；许孔时译	科学出版社	1964年4月	第1版	/
我国水利科学的成就	张含英	中华全国科学技术普及协会	1954年3月	第1版	/
无线电电子学的应用和新的发展	陈芳允	科学普及出版社	1956年10月	第1版	/
无线电电子学方面的新发展	孟昭英	科学普及出版社	1957年1月	第1版	/
印相与放大技术	唐光波、黄良生、高飞云	上海人民出版社	1974年3月	第1版	/
原子能和冶金工业	A. M. 萨马林等	中华全国科学技术普及协会	1956年6月	第1版	/
在汽车驾驶员旁边	耶鲁撒里姆斯基；陈鄂译	中国青年出版社	1953年7月	第1版	钤印
怎样利用沼气发电	朱可等	水利电力出版社	1958年6月	第1版	/
真空导电和气体导电的原理和应用	华荫会	科学普及出版社	1958年1月	第1版	/
中国度量衡	陈捷	商务印书馆	1934年7月	第2版	/
中国古代农业机械发明史	刘仙洲	科学出版社	1963年6月	第1版	精装
中国农谚	费洁心	中华书局	/	/	/
自动电话	赵立	科学普及出版社	1957年11月	第1版	/

二七 辞典与图书目录、文摘、索引

题 名	著 译 者	出版单位	出版时间	版次	备注
百科名汇	王云五	商务印书馆	1931年4月	第1版	精装
北方土语辞典	任明	上海春明出版社	1951年11月	第1版	钤印
标准国音中小字典	刘复	北新书局	1937年7月	第1版	/
标准语大辞典	全国国语教育促进审词委员会	商务印书馆	1936年4月	第2版	精装
常用简字语典（上、下册）	中国文字改革协会秘书处	北京文字改革协会秘书处	1951年8月	/	钤印油印本
常用字典词典和检字法	隋树森	北京出版社	1964年11月	第1版	/
辞典编纂法论文选译（第一集）	中国科学院少数民族语言研究所	科学出版社	1959年9月	第1版	/
辞海 地理分册（中国地理）	/	上海人民出版社	1977年4月	第1版	钤印
辞海 甲种（上册）	舒新城、沈颐、徐元诰、张相等	中华书局	1936年12月	第1版	精装钤印
辞海 甲种（下册）	舒新城、沈颐、徐元诰、张相等	中华书局	1937年8月	第1版	精装钤印
辞海·理科分册（上）	/	上海人民出版社	1977年7月	第1版	钤印
辞海·历史分册（中国古代史）	/	上海人民出版社	1976年5月	第1版	钤印
辞海 生物分册（修订稿）	/	上海人民出版社	1975年12月	第1版	钤印
辞海试行本（第1分册）	中华书局辞海编辑所	中华书局辞海编辑所	1961年10月	新1版	精装
辞海试行本（第2分册）	中华书局辞海编辑所	中华书局辞海编辑所	1961年11月	新1版	钤印
辞海试行本（第3分册）	中华书局辞海编辑所	中华书局辞海编辑所	1961年9月	新1版	钤印
辞海试行本（第4分册）	中华书局辞海编辑所	中华书局辞海编辑所	1961年11月	新1版	钤印
辞海试行本（第5分册）	中华书局辞海编辑所	中华书局辞海编辑所	1961年11月	新1版	钤印
辞海试行本（第6分册）	中华书局辞海编辑所	中华书局辞海编辑所	1961年11月	新1版	/
辞海试行本（第7分册）	中华书局辞海编辑所	中华书局辞海编辑所	1961年11月	新1版	/
辞海试行本（第8分册）	中华书局辞海编辑所	中华书局辞海编辑所	1961年11月	新1版	钤印
辞海试行本（第9分册）	中华书局辞海编辑所	中华书局辞海编辑所	1961年11月	新1版	/

续 表

题 名	著 译 者	出版单位	出版时间	版次	备注
辞海试行本(第10分册)	中华书局辞海编辑所	中华书局辞海编辑所	1961年10月	新1版	钤印
辞海试行本(第11分册)	中华书局辞海编辑所	中华书局辞海编辑所	1961年9月	新1版	钤印
辞海试行本(第12分册)	中华书局辞海编辑所	中华书局辞海编辑所	1961年10月	新1版	钤印
辞海试行本(第13分册)	中华书局辞海编辑所	中华书局辞海编辑所	1961年9月	新1版	钤印
辞海试行本(第14分册)	中华书局辞海编辑所	中华书局辞海编辑所	1961年9月	新1版	钤印
辞海试行本(第15分册)	中华书局辞海编辑所	中华书局辞海编辑所	1961年9月	新1版	钤印
辞海试行本(第16分册)	中华书局辞海编辑所	中华书局辞海编辑所	1961年10月	新1版	钤印
辞海	舒新城、沈颐、徐元诰、张相等	中华书局	1948年10月	第2版	精装钤印
辞海 戊种(全二册)	舒新城、沈颐、徐元诰、张相等	中华书局	1940年12月	第6版	精装
辞海 语言文学分册	/	上海人民出版社	1977年10月	第1版	钤印
辞通(全二册)	朱起凤	开明书店	1934年8月	第1版	精装
辞源修订稿(第一册)	商务印书馆编辑部	商务印书馆	1964年7月	修订第1版	精装
辞源(正续编合订本)	商务印书馆编辑部	商务印书馆	1939年6月	第1版	精装钤印
丛书集成初编目录	/	上海古籍书店	/	/	/
地理小辞典	W.G.Moore；孙觉译	科学出版社	1958年12月	第1版	/
俄华辞典	陈昌浩、А.Г.杜布洛夫斯基、А.В.科托夫	国立外文与民族文辞典出版局	1952年	第2版	精装
俄华大辞典(上、下册)	王语今等	五十年代出版社	1953年11月	第2版	精装
分类辞源(全三册)	世界书局编辑所	世界书局	1926年11月	第1版	/
佛学小辞典	丁福保	上海医学书局	/	/	线装
各国辞书编辑说明选择	中华书局辞海编辑所	中华书局辞海编辑所	1959年12月	第1版	/
古籍书目(艺术之部)	新华书店上海分店	新华书店上海分店	1954年12月	第1版	/

续 表

题　　名	著　译　者	出版单位	出版时间	版次	备注
广辞林（新订携带版）	金泽庄三郎	三省堂	1941年3月25日	新订携带第725版	精装钤印
广辞林（新订携带版）	金泽庄三郎	三省堂	1941年3月25日	新订携带第725版	精装钤印
国语辞典（全八册）	中国辞典编纂处	商务印书馆	/	/	钤印、题跋
汉译日本辞典	东亚语学研究会	日用书房	1928年7月15日	第29版	精装
汉英大辞典	张鹏云	商务印书馆	1920年8月	初版	精装
汉英科技常用词汇	中科院对外联络局翻译室	商务印书馆	1962年7月	第1版	精装
汉语词典	中国大辞典编纂处	商务印书馆	1957年12月	重印第1版	精装钤印
汉字拼音检字	/	新知识出版社	1958年2月	第1版	平装签名
华俄辞典　部首检字表	佚名	国立外文与民族文辞典出版局	1953年	/	精装
华俄辞典	鄂山荫	国立外文与民族文辞典出版局	1952年	第1版	精装
华俄辞典	鄂山荫	国立外文与民族文辞典出版局	1955年	修正第2版	精装签名
华俄辞典　附录及检字表	B. C. 顾则思、И. M. 鄂山荫	国立外文与民族文辞典出版局	1955年	/	精装
简明英语同义词词典	波达波娃；叶军译	商务印书馆	1959年1月	第1版	/
简明哲学辞典	罗森塔尔	人民出版社	1955年7月	第1版	精装
简明哲学辞典	罗森塔尔、尤金；中共中央马克思恩格斯列宁斯大林著作编译局译	人民出版社	1955年9月	第1版	精装钤印
简明哲学辞典	罗森塔尔、尤金；中共中央马克思恩格斯列宁斯大林著作编译局译	人民出版社	1958年6月	第2版	精装
简明哲学辞典	罗逊塔尔、尤金；孙冶方译	生活·读书·新知三联书店	1951年6月	第6版	平装
简明哲学辞典译名汇编	中共中央马克思恩格斯列宁斯大林著作编译局	时代出版社	1956年5月	第1版	精装
康熙字典	张玉书等	世界书局	1936年6月	第1版	精装

续 表

题　名	著　译　者	出版单位	出版时间	版次	备注
露和辞典	八杉贞利	岩波书店	1937年10月	/	精装
模范法华字典	萧子琴	商务印书馆	1939年5月	缩本第8版	精装
模范学生字典	张咏春	中华书局	1946年5月	第2版	平装
上海各圕藏报调查录	上海新闻图书馆	上海新闻图书馆	1951年1月	第1版	批校
世界古代、中世纪、近代史论文资料索引	复旦大学大学历史系资料室	复旦大学	1963年10月	/	/
世界知识辞典	世界知识辞典编辑委员会	世界知识出版社	1959年11月	重印第1版	精装
书目答问补正	范希曾	中华书局	1963年2月	第1版	/
双解标准英文俚语辞典	翁文涛	商务印书馆	1933年7月	国难后4版	精装
四角号码检字法	王云五	商务印书馆	1934年7月	第2版	/
苏联百科辞典	B.A.符维金斯基	时代出版社	1958年5月	第1版	/
万国新语大辞典	英文大阪每日学习号编辑局	大阪出版社	1935年10月1日	第8版	精装
王云五大辞典	王云五	商务印书馆	1933年6月	国难后3版	精装
王云五小辞典	王云五	商务印书馆	1949年3月	第44版	精装
《现代汉语辞典》试印本重点条送审稿	中国科学院语言研究所	商务印书馆	1962年1月	第1版	/
新术语辞典	柯柏年等	上海南强书局	1930年11月8日	第4版	精装
新支那大辞典	石山福治	文求堂书店	1935年12月10日	/	精装
虚词典	顾佛影	大公书店	1934年1月	第1版	/
音乐辞典	刘诚甫	商务印书馆	1935年12月	第1版	/
英汉双解详注略语辞典	倪灏	商务印书馆	1933年9月	缩本第1版	精装
英语惯用法词典	葛传椝	时代出版社	1958年9月	第1版	精装签名
哲学小辞典	解放日报编辑部	解放日报编辑部	1973年12月	/	/
哲学小辞典	/	上海人民出版社	1974年11月	第1版	/

续 表

题 名	著 译 者	出版单位	出版时间	版次	备注
支那国音字典	宫原民平等	文求堂	1943年	/	精装
支那语辞典	井上翠	文求堂	1934年4月10日	缩刷第2版	精装
中国丛书综录（2）	上海图书馆	中华书局	1961年7月	第1版	精装
中国丛书综录（3）	上海图书馆	中华书局	1962年12月	第1版	精装
中国科学院图书馆编印全院所藏西文期刊总目	中国科学院图书馆	中国科学院图书馆	1954年12月	第1版	/
中国人名大辞典	方宾观、方毅、王存等	商务印书馆	1921年6月	第1版	精装
中国印本书籍展览目录	北京图书馆	中央人民政府文化部社会文化事业管理局	1952年10月	第1版	线装
中国语言学论文索引　乙编（增订本）	中国科学院语言研究所	科学出版社	1965年4月	第2版	/
中国语言学论文索引　乙编	中国科学院语言研究所	科学出版社	1959年12月	第1版	/
中华基本教育小字典	吴廉铭	中华书局	1948年4月	第1版	/
中山大辞典"一"字长编	王云五	商务印书馆	1938年12月	第1版	/
最新支那语大辞典	石山福治	第一书房	1935年6月15日	修订第1版	精装铃印
An English Pronouncing Dictionary	Daniel Jones, M.A.	J.M.Dent & Sons Limited	1935年	第2版	精装
New English-Russian & Russian-English Dicionary	M.A.O'Brien, M.A., Ph.D.	/	/	/	精装
New Handy Webster Dictionary	/	The World Publishing Co.	1948年	第7版	精装
The Thorndike-Century Junior Dictionary	E.L.Thorndike	/	1940年	第1版	精装

索引

（按笔画排列）

○画

A.A.Milne　182
A.C.Barnes　258
A.Fineberg　130
A.J.瓦茨　156
A.L.Jones（琼斯）　147
Alexei Tolstoy　257
Anatole France　258
Anly Furee　26,188
B.A.符维金斯基　289
B.史可诺夫斯基　255
Benedetto Croce　148
Bernhard Karlgren　181
Brüder Grimm　252
C.F.Meyer　258
Charles Kingsley　256
Claudia Sverdlova　277
Clausewitz, C.Von（克劳塞维茨）　160
Clayton Hamilton　256
Clemens Dutt　129
De Voltaire　257
DeWitt H.Parker　150
Diderot, D.（狄德罗）　133
Dmitri Furmanov　256
E.Gaskell　258
E.L.Thorndike　290
E.Verney　130
Earl Baldwin　258
Edgar Allen Poe　258
Ernst Grosse　261
F.W.Baller　182

Fedor Dostoevsky　257
Feng Yuan-Chun　257
Feuerbach, L.（费尔巴哈）　135
Frederick Engels　129
Fyodor Dubkovetsky　162
G.F.Alexandrov　129,277
Garaudy, R.（茄罗蒂）　157
George Eliot　257
Glasseer, M.　123
Hegel, G.W.F（黑格尔）　136,147,149
Helen Altschuler　258
Henry Fielding（亨利·菲尔丁）　258
Ida C.Ward　182
J.Edkins　193
J.Fenimore.Cooper　258
J.S.Mill（穆勒）　148
J.Stalin　167
Jeorge Crabb　207
John Dewey　171
John Galsworthy　258
John Lester　258
John Locke　134
JOJN REED　257
Josiah Royce　146
Julin Khedau Yen-fuh　219
K.Marx　130
K.P.奥克莱　172
Kuo Mo-Jo　258
Leonid Solovyev　257
Liu Shao-chi　163
Louis Harap（哈拉普）　261

291

M.A.O'Brien 290

M.B.Mitin 129,277

M.Gorky 257,258

M.Kondrashova and I.Tyurin 257

M.R.Galationov 129

M.甘希娜 190

M.唆罗诃夫 253

Mao Tse-Tung 129,174

Margaret Wettlin 257,258

Maxim Gorky 200

Maxin Gorky 276

Nadezhda K.Krupskaya 130

Nikolai Tikhonov 277

Noel Coward 255

O.Henry 257

Otto Jespersen 99,189,193,216,220

P.N.Pospelov 129,277

Paul Passy（保尔·巴西） 176

Pauline Rose 277

Pedersen, H.（裴特生） 180

Robert Louis Stevenson 253

Ropshin 253

Rudyard Kipling 256

S.I.Vavilov 174

Shakespeare（莎士比亚） 257

Sigrid Undset 258

Sir Walter Scott 258

Stephen Maddock 258

Stewart Smith 129

T.D.Lysenko 282

Theodore Dreiser 258

V.D.Mochalov 129,277

V.H.Collins 250

V.I.Lenin 130,163

V.Molotov 130

V.S.Kruzhkov 129,277

W.G.Moore 287

W.S.Jevons（耶方斯） 148

William Saroyan 256

Zellig S.Harris 216

Алексбндров, Г.Ф.（亚历山大洛夫） 127

Алексбндров, Г.Ф.（凯德洛夫） 127

Алексеенко, А.Д（阿列克先科） 184

Аракин, В.Д.（阿拉金） 219

Белинокий, В.Г. 252

Вонрс, Е.Ф.（沃尔诺） 207

Калинин, М.И.（加里尔） 253

Каравева, А.（卡拉瓦耶娃） 255

Кечекъян, С.Ф.（С·Ф·凯契克扬） 128

Козлов, В.К.（科丝洛夫） 157,166

Костин, А.（科斯金） 156

Махинько, В.И.（马希尼科） 282

Н.И.Конрад 211

Ойзерман, Т.И.（奥则尔曼） 133

Рожин.В.Л（罗任） 122

Розентбль, М.（罗森塔尔） 126,146

Руцянцеб, М.К（鲁勉斋） 188

Соколов, Ю.М.（梭柯洛夫） 254

Степаная, Н. 128

Тихонов, Н.（吉洪诺夫） 253

Толотов, С.П.（托尔斯托夫） 152

Трофимов, П.С.（特洛菲莫夫） 136

Хрущев, Н.С.（赫鲁晓夫） 159

もののべ・ながおき 206

アンリ・フレエ 188

カルル・フォスレル 149

カールグレン 215

シャルル・バイイ 212,213

スターリン 129

ッロコフ・ャソコフスキｌ 172

ピエール・ギロー 196

ブルームフィールド 213

ュテホム 31

一画

一桕 126

二画

十还 42

丁声树 177,189

丁昕　187

丁勉哉　203

丁晓先　274

丁福保　287

八杉贞利　196,289

力捷三　35,205

三画

三木清　135

三宅鸿　213

于右任　100,101,103,262

于在春　233

于光远　112,113,129

于汤山　135

于沪生　154

于卓　171

于熙俭　173

大西克礼　91,148

大西雅雄　210

大仲马　256

大雨　54

大野勤　172

万国鼎　166,276

万钧　269

万绳楠　269

万傅斌　284

小林好日　210

小林英夫　14,26,84,149,188,189,212,213,215

小章　166

山田吉彦　28,152

山田孝雄　187,188,210

山崎贞　189

子展　41

飞白　252

马大强　284

马弓良彦　269

马少波　249

马卡连柯　171,253

马汉麟　190,198

马永卿　274

马克思　43,56,112-129,133,147,156,158,159,166,171,177,210,273,288

马克思威尔·D.泰勒　159

马兵　146,148

马希尼科（Махинько, В.И.）　282

马林科夫　159

马国凡　202

马国英　177

马昌仪　254

马京　118

马建忠　187

马叙伦　205

马济　123

马哲　132,133

马特　123,147,254

马特洛索夫　160

马烽　233

马清槐　113,133

马雅可夫斯基　114,254

马晶锋　147

马雷特（R.R.Marett）　282

马赛尔·柯恩　215

四画

丰子恺　252

王了一　192

王力　33,102,177,190,192,193,202,203,210,211,215,224

王士祯　222

王士菁　223

王子野　135,140

王云五　48,207,238,274,286,289,290

王太庆　127,133

王仁忱　170

王文川　189

王方名　146

王引之　205

王玉哲　275

王世华　181

王世杰　154

王古鲁 213
王石安 203
王立达 211
王训 140
王永兴 170
王亚南 129
王存 290
王先谦 141,205
王先慎 138
王仲荦 264,269
王亦程 147
王充 139,140
王宇 239
王守仁 141
王安石 226
王约 267
王玖兴 134
王运熙 223
王均 179
王吾辰 190
王还 184
王利器 249
王伯祥 268
王伯敏 262
王应伟 188
王若水 123
王若虚 242
王畅安 260
王易 198
王岫庐 138
王泽民 225
王衍孔 133
王宪钧 147
王语今 287
王栻 273
王梦曾 199
王鸿 248
王维克 254
王琦 224
王朝闻 261

王集成 134
王觊 234
王勤 176
王献之 107
王辑五 273
王照 177
王筠 206
王瑶 267
王羲之 106,107,261
开尔德（E.Caird） 133
井上翠 290
天鹰 223,224,228
元好问 240
韦光华 184
韦休 275
韦伯 152
韦卓民 149
韦淑园 25
木苍 113
木村武雄 166
五十岚力 196
丏尊 44
太田辰夫 193
尤·伏契克 253
尤劲 223
尤金 288
尤德敏 284
车尔尼雪夫斯基 148,261,264
车列木内赫 155
车载 139
戈宝权 53
戈革 280
切库乔夫 184
切斯特·鲍尔斯 264
瓦·斯卡尔任斯卡娅 147
日野资纯 213
中谷鹿二 180
中岛文雄 190
贝林斯基 185
冈察洛夫 155

内海弘藏　196
水夫　173
牛连海　170
毛礼锐　171
毛奇龄　227
毛岸青　126,128
毛泽东　49,110,111,124,125,128,129,135,173
毛春翔　170
毛效同　177
长之　126
长谷川如是闲　173
片上伸　256
仓阳卿　238
仓凯纳　179
丹纳　262
丹青科　255
乌尔兰尼斯　152
文炼　189,190,202
方以智　138
方书春　133
方东树　227
方乐天　219
方光焘　33,69
方志敏　238
方其端　198
方宾观　290
方授楚　140
方欲晓　235
方德厚　128
方毅　290
户川猪佐武　269
尹文子　141
巴巴耶夫斯基　253
巴巴特　284
巴克拉节　147
巴若来　256
巴金　252
巴斯摩尔　146
巴德·维斯塔尔　267
巴蕾　253

巴蕾黛喜薇丽　253
孔厥　234
以群　226,256
邓广铭　273
邓克生　166
邓高镜　140
邓散木　260
双明　215

五画

艾·巴·托马斯　267
艾青　224,238
艾思奇　113,132-134,156
艾宾浩斯　146
艾萨克·阿西莫夫　253
古元　260
古特立区　282
古堡　170
本间久雄　262
丕之　133
石一歌　242
石人　269
石山福治　289,290
石戈　123
石声汉　284
石择　249
石柱　155
石峻　141
石黑鲁平　210
右任　100,101
布尔加宁（Булганин, Н.А.）　166
布尔索夫　256
布尔勤娜　173
布达哥夫　214
布拉夫磋夫　184
布罗茨基　252
布季洛娃（Е.А.）　136
布鲁江　135
龙叔修　149
龙果夫（Драгунов, А.А.）　186,189

龙浩然　149

平心　275

平生　219

平林初之辅　226,256

东条操　211

东润　72

卡尔·考茨基　155-157,159

卡尔波夫　172

卡尔宾斯基　158

卡拉瓦耶娃（Каравева, А.）　255

北流　156

卢于道　49,171

卢卡奇　133,134

卢那卡尔斯基　148

卢冀野　249,250

且大有　146,150

叶·莫·加尔金娜-费道鲁克　188

叶文雄　172

叶圣陶　197,218

叶军　288

叶芙　268

叶希波夫　171

叶绍钧　44,174,218,220

叶南薰　185

叶适　244

叶菲莫夫　267

叶德均　225

叶德辉　172

申先哲　138

田中庆太郎　185

田汉　248

田廷俊　205

田仲济　200

田森　260

史东山　260

史存直　191

史果　234

史国纲　267

史念海　274

史集　157,159,266

史默　184

史默　184

生田长江　7,253

白寿彝　142

乐嗣炳　105,181,260

冬海　135

包厄尔（F.L.）　284

包玉珂　254

包世臣　262

市河三喜　196

冯三昧　3,7

冯友兰　142

冯可大　170

冯至　238,265

冯沅君　230

冯武　261

冯梦龙　249

冯维静　124

冯雄　172

兰德毅　113

半田一郎　188

宁可　268

宁榘　260

让·莫里亚克　264

让·徐雷—卡纳尔　266

司马光　180

司马迁　268

尼·比留柯夫　253

弗·特·马卡洛夫　147

弗·梅林　124

弗里契（Фриче, В.М.）　254

加巴拉耶夫（Габараев, С.Ш.）　133

加尔金娜-菲多鲁克　214

加里尔（Калинин, М.И.）　253

加里宁　173,253

加罗蒂　112,123

加藤咄堂　199

皮锡瑞　139

六画

刑露申 276

戎笙 269

吉田九郎 197

吉洪诺夫（Тихонов，Н.） 253

考夫卡（K.Koffka） 146

托卡列夫 152

托尔斯托夫（Толотов，С.П.） 152

老向 225

老舍 47,225,232,233,249

扬伍 252

亚历山大洛夫 127,135

亚里士多德 133,136

亚里斯多德 149,254

西戎 233

西谛 238

西道罗夫 123

西蒙诺夫 254

列夫·托尔斯泰 252

列夫·托洛茨基 154

列夫柯夫斯卡亚（K.A.） 214

列文 214

列宁 17,112-129,147,156,158,159,166,253,288

列兵 126

列昂诺夫（A.H） 126

列斐伏尔 148

毕东海 253

毕留柯维契 273

师辟伯 196

光焘 69

早川二郎 172

吕本中 138

吕同仑 196,214

吕叔湘 186,189,191,192,196,199,206,238,256,282

吕思勉 225

吕祖谦 138,264

吕振羽 161

吕维柏 282

因是子 141

朱子奇 160

朱可等 284

朱东润 33,72,227,245

朱生豪 254

朱光潜 134,147,148,224,225,261

朱仰山 266

朱自清 102,218,227,228

朱芳圃 206

朱伯昆 141

朱彤 223

朱居易 181

朱经农 138,171,238,239

朱星 57,143,210

朱贵生 267

朱复 253

朱起凤 287

朱基俊 190

朱偰 276

朱雯 33,62,253

朱智贤 149

朱谦之 139

朱谱萱 218

朱德熙 184,199

朱熹 138,140,141,224,239,245

朱麟公 218

乔明甫 269

乔峰 267

传纬平 207,274

伍协力 154

伍光建 253,256-258

伍光健 257

伍伯立 171

伍实 253

伍棠棣 213

伍蠡甫 33,52,225,256

伐·索布科 253

仲公 123

任华 32,136

任时先 174

任应秋 282

任明 286

任继愈 139-142
华山 234
华冈 223
华岗 132,273
华林一 256
华国 118
华荫会 284
伊·姆·普尔金娜 185
伊·特·奥哥洛德尼柯夫 171
伊·斯米尔诺夫 172
伊利夫 254
伊利奥·罗斯福 267
伊格纳基也夫等 146
伊斯诺夫（B.A.） 206
向达 265
合树 117
冰夷 255
庄泽宣 173
庄适 141,238,240
刘士?? 238,239
刘大白 44,230,239,272
刘大年 275
刘大杰 33,55,230
刘子静 141
刘开杨 225
刘长松 171
刘忆萱 274
刘正埮 206
刘世儒 187,189,192,193,218
刘丕坤 134
刘叶秋 207
刘仙洲 284
刘白羽 234
刘半农 180,191
刘永济 226
刘辽逸 252,253,255
刘执之 133,147
刘亚雪 276
刘师培 230
刘光 128

刘光杰 218
刘孝良 158
刘坚 248
刘若水 112,123
刘奇 146
刘虎如 268
刘国钧 174
刘金第 4,188
刘泽先 176
刘泽荣 184
刘诚甫 289
刘孟杨 207
刘咸 60,282
刘复 6,9,176,191,286
刘衍文 226
刘涌泉 203
刘盛渠 171
刘淇 46,105,207,260
刘棣怀 172
刘惠吾 170
刘景农 186
刘献廷 266
刘韵桐 173
刘群 123,152
刘鹗 233
刘潇然 122,170
刘薰宇 197
刘鹭 156
齐云山 136
齐明虞 148
齐宙 260
齐思和 276
齐格尔 172
关汉秋 284
关琪桐 134
关锋 140,143,158
米·伊·加里宁 171
米·沙特罗夫 257
米丁 123
江文若 123

江绍原 256,274

江绍源 274

江南 72,193,254

江畬经 233

汝龙 252,254

汤侠生 132

宇井伯寿 95,136,146

安万侣 252

安娜·路易斯·斯特朗 269

安格林娜 264,276

安徒生 177

安旗 224

安德烈耶夫 213

安藤正次 210,211

许之桢 125

许子由 257

许长卿 155

许文雨 226

许孔时 284

许立群 275

许邦仪 158

许仲琳 232

许寿裳 244,272

许杰 94,192

许国保 134

许莼舫 280

许啸天 274

许磊然 253

阮元 140,205

阮冈 255

阮章竞 178

孙大雨 33,54,170,219,253

孙大雨 33,54,170,219,253

孙中山 158

孙本文 148

孙用 257

孙玄常 184,202

孙兴凡 133

孙守任 170

孙伯绳 203

孙冶方 288

孙怀仁 167

孙宏开 214

孙良工 226

孙诒让 140,269

孙玮 252

孙叔平 132,134

孙季叔 269

孙经世 205

孙星衍 140

孙思白 276

孙俍工 192

孙觉 287

孙起孟 196,202

孙晔 148,282

孙梅 225

孙常叙 203

孙黎 232

牟世金 226

牟安世 269,273

约夫楚克 136

约齐 208

约翰·海尔赛 252

纪纯 63,197

纪明 264

纪彬 225

七画

寿进文 267

寿孝鹤 181

麦丁斯基 172

麦开柏 152

麦若鹏 266

麦梅翘 185

玛斯洛夫斯卡娅 184

严复 148,157,219,273

严晨 249

劳乃宣 176,204

劳允栋 213

劳修齐 185

劳保忠 157
劳费尔 276
劳斯 256
克劳塞维茨（Clausewitz, C.Von） 160
克利沃古斯 154
克罗齐 133,134,148
克鲁泡特金 155
克鲁宾斯卡娅 254
克雷洛夫 253
苏寿桐 170
苏易筑 235
苏轼 244,261
苏雪林 223
苏旋 199
杜子劲 213
杜天縻 226
杜石然 280
杜加林诺夫 132
杜松寿 178,179
杜国庠 141,142
杜威 133,170,172
杜畏之 129
杜鹏程 235
李大钊 156
李子云 196
李子卓 171
李天佑 268
李天爵 264
李石秦 157
李平沤 155
李立三 123
李永明 176
李亚农 166,274
李亚如 248
李达 33,43,152
李华卿 234
李汝珍 232
李汝燊 265
李安宅 147,152,212
李杖 245

李时 140,267
李希凡 224
李纯武 269
李英儒 235
李尚谦 196
李国炎 248
李季 122
李佩娟 180,212
李金声 135
李宝嘉 232
李荣 177,178,180,184
李相崇 158
李思训 108
李俨 280
李炳英 139
李润 268
李恒 138
李珮精 140
李贽 138,139,141,264
李致远 122
李峻峰 187
李秘园 207
李健吾 252,254,255
李准 224
李涛 208
李家儒 264
李邕 108,260
李梗 178
李清照 239
李琪 125,126
李鼎芳 269
李景春 143
李赓序 269
李锦全 139
李新 276
李塗 197
李嘉 267
李慕白 219
李潸 234
杨一之 147

杨人楩 197
杨玄之 267
杨成寅 148
杨向奎 142
杨兴顺 138,141
杨寿清 173
杨杏佛 197
杨伯峻 188,192,206
杨启潾 113
杨武能 254
杨若 157
杨非 141
杨贤江 173
杨国宾 149
杨沫 233
杨荣国 139-142
杨荫深 186
杨树达 19,185,187,196,199,202
杨炼 264
杨烈 222
杨益言 232
杨朔 233
杨宽 140
杨逸 140
杨植霖 269
杨献珍 135
杨锦森 173
杨慕之 160,171
杨慧莲 147
求是 127
连树声 254
肖明 134
时枝诚记 211
吴人 220
吴人骥 140
吴士文 190
吴士栋 146
吴太等 276
吴仁敬 262
吴玉 157

吴玉章 33,56,178,203,204,206,273
吴印咸 261,262
吴主惠 31,215
吴则虞 141
吴传启 135
吴旭初 160
吴壮达 269
吴江 134
吴汝勋 24
吴讷 227
吴寿彭 136
吴其昌 267
吴杰 166
吴昌莹 205
吴岩 253
吴承恩 234
吴晓玲 248
吴恩裕 158
吴乘权 266
吴颂皋 160
吴调侯 238
吴晗 264,275
吴趼人 232
吴敬恒 152
吴敬梓 233
吴曾祺 222
吴强 232
吴蓉 106
吴献书 219
吴楚材 238
吴廉铭 290
吴熊和 222
吴黎平 126
吴瀛 191
里海 275
足立喜六 264
岑麒祥 176,181,190,210,212,215
利·拉贝兹 128
利普斯 146
邱汉生 142,170

何干之 275
何士英 106
何凤栖 122
何乐之 273
何仲珉 129
何青 166
何其芳 223,249
何松龄 219
何奇 264
何思敬 113
何钦 266
何哲身 232
何容 47,191,225
何爽秋 171
何盛三 184
何清新 122
何渝生 135
何肇发 273
佐々政一 5
佐々政一 5
佐久间鼎 189
佐藤义亮 92
佐藤信夫 196
佐藤敬之 178
但丁 254
伯尼 134
伯伦汉 268
伯恩斯坦 187
佟坡 260
佛郎 40,51
佘夫金 170
佘增寿 282
余传金 133
余冠英 222,238,239
余振 114
余家菊 187
余象斗 234
希捷里尼可夫 254
谷书堂 166
谷城 66

狄德罗（Diderot，D.） 133
岛村泷太郎 196,197
邹问轩 224
邹炽昌 185
亨利·L.特里惠特 268
亨利·菲尔丁（Henry Fielding） 257
库兹明 147
库兹涅佐夫 280
库兹涅错夫 191
应人 205
应云天 185
辛大明 249
辛安潮 262
汪一庵 32
汪乃刚 234
汪义 170
汪子嵩 136
汪旭庄 166
汪国训 138
汪国垣 225
汪怡 32
汪树模 284
汪复昌 248
汪原放 232-234
汪奠基 148,150
汪静之 33,68,238,239
汪馥泉 3,4,33,35,146,191
汪馥泉 3,4,33,35,146,191
汪耀三 133
沙布略夫斯 252
沙波 273
沙符朗诺夫 254
沙符朗诺娃 254
沙群 232
沃·惠·罗斯托 264
沃尔诺（Ворнс，Е.Ф.） 207
沈有乾 148
沈步洲 213
沈秉钧 239
沈性仁 254

沈钦韩 226
沈复 238
沈保南 284
沈起予 254
沈颐 286,287
沈颖 158,171
沈韶和 206
沈德鸿 143
沈衡仲 191
沈鍊之 267
沈灌群 174
忻之 273
宋云彬 218
宋文韩 206
宋建亚 203
宋咸 139
宋嗣喜 187
宋濂 138
张弓 197,199
张云谷 253
张友渔 173
张中行 184
张文焕 123
张玉书 288
张正东 218
张世臣 149
张世英 133,146
张世禄 15,179,181,204,214
张东荪 156,173
张永义 160
张圣奘 107
张执一 160
张毕来 173
张光璐 126
张廷彦 185
张仲实 112,113,123,252
张会森 187
张企泰 133
张汝舟 187
张如心 124

张志公 33,63,178,186,190,191,199,211
张志澄 252
张芷 205
张作宾 218
张伯行 143
张希之 146
张含英 284
张沛霖 186
张纯一 140,141
张环一 63,198
张其春 218
张松如 249
张咏春 289
张岱年 142
张炎 222
张治中 266,267
张宗柟 222
张孟闻 75
张孟恢 126,252
张相 205,286,287
张威廉 33,74,202
张思岩 222
张香山 155,157
张亮采 274
张润如 202
张恨水 232
张载 141
张桂枢 273
张桁 185
张健 252
张资平 197
张涤华 212
张家拯 148
张骏祥 260
张梦麟 186
张雪菴 178
张琳 248
张惠衣 239
张惠剑 267
张紫晨 249

张舜徽　140,170
张然　171
张善余　268
张善道　185
张韫磊　262
张照　178,203
张鹏云　288
张慎伯（Z.P.Cheng）　218
张静　185,190
张默生　50,273
张镛　156
张耀翔　170
陆文昭　238
陆衣言　203
陆志韦　171,177,178,180,202,203
陆卓元　213
陆侃如　226,230
陆征麟　148
陆宗达　189
陆梅林　123
陆殿扬　186,219
阿·托尔斯泰　62,253
阿·沃斯特里科夫　124
阿·阿·彼得洛夫　140
阿·费克里　264
阿·恩·列昂节夫　149
阿·符·彼得罗夫斯基　149
阿·斯皮尔金　148
阿历山大罗夫　132
阿瓦涅梭夫　176,180
阿尔乔莫夫（Артëмов,В.А.）　149
阿列克先科（Алексеенко,А.Д.）　184
阿列克谢也夫（Алексеев,М.）　148
阿拉金（Аракин,В.Д.）　219
阿英　226,244
阿特里雅（treya,B.L.）　149
阿部次郎　81,146,147
陈乃凡　199
陈山　267
陈之骅　264

陈子展　33,41,65,230,240
陈元晖　135
陈介白　198
陈丹　172
陈文波　96,262
陈方　202
陈孔伦　203
陈书农　189
陈玉森　139
陈乐素　170
陈朴　105,260
陈光尧　249
陈光垚　204
陈廷杰　225
陈旭麓　273
陈汝衡　234
陈芳允　284
陈虬　206
陈伯达　268
陈青之　174
陈青今　205
陈国庆　170
陈国雄　260
陈昌奉　248
陈昌浩　171,276,287
陈侠　171
陈承泽　185
陈参一　5
陈垣　57,171,268
陈勃　260
陈耐烦　207
陈复庵　253
陈修斋　133
陈信德　189
陈狱生　171
陈亮　139
陈耘　249
陈振新　76
陈莎　112
陈桓　218

陈原 252

陈恩凤 58,284

陈捷 284

陈彬龢 205,274

陈梦家 206

陈梦韶 244

陈鄂 284

陈望道 3-5,7-9,11-13,15-17,19-21,23,25,27-29-33,35,37-41,43-45,47,49,51,53,55,57,59,61,63,65,67,69,71,73,75-79,81-89,91,93,95,97-99,101,103-107,109,111,113,115,117,119,121,123,125,127,129,131,133,135,137,139,141,143,145-147,149,151-153,155,157,159,161,163,165,167,169,171,173,175,177-179,181,183,185,187-189,191-193,195,197-199,201,203,205,207,209-211,213,215,217-219,221,223,225-227,229,231,233,235,237,239,241,243-245,247,249,251,253,255-257,259-261,263,265,267,269,271,273,275,277,279,281,283,285,287,289

陈越 173,205

陈彭年 177

陈辉 275

陈登科 232

陈登澥 190,205

陈骙 197

陈碧云 154

陈韬 268

陈熙晋 224

陈槃 276

陈增善 250

邵力子 103

邵循正 275

邵雍 141,178

八画

武岛又次郎 78,197,198

青野季吉 11,12,261

青野季吉 11,12,261

拉·巴·培里 135

拉耶芙斯卡娅 207

拉法格 140,253

拉蒙特 136

耶方斯（W.S.Jevons） 132,148

耶鲁撒里姆斯基 284

若虚 37

苗平 186

范文澜 226,275

范扬 133

范寿康 148,262

范希曾 289

范耕研 140

范益彬 158

范晞文 222

范摅 235

茄罗蒂（Garaudy, R.） 157

茅左本 152

茅盾 179,222,225,230,238,254,255

林世堂 220

林平青 282

林同济 256

林辰 223

林秀 252

林纾 240

林迭肯 181,207

林茜 257

林语堂 186,187,214,238

林祝敔 202

林祥楣 202

林逸 184

林逸 184

林惠祥 152

林裕文 188,196

林登·贝·约翰逊 274

林筠因 276

松下大三郎 184,185

杭世骏 181

欧阳山 232

欧阳询 173

欧阳缨 275

叔本华 132

叔重 215

尚钺 275

果戈理 25,42,254-256

国芬 172

昇曙梦 7,92,262

易作霖 186

易熙吾 204,206

忠坚 257

呼约科夫 213

岩村忍 97,215

岩波茂雄 91

岩野真雄 95

罗大冈 177,253

罗广斌 232

罗叶 227

罗永澍 188

罗任（Рожин．В.Л） 122

罗果夫 53,254

罗念生 255

罗贯中 180,233,234

罗施柯夫 184

罗逊塔尔 123,288

罗振玉 207

罗振鋆 207

罗根泽 227,228

罗致平 152

罗常培 33,59,173,174,177-181,204,210,211

罗曼·罗兰 257

罗森塔尔（Роентбль，М.） 124,126,146,288

岷英 256

凯洛夫 171

凯德洛夫（Алексбндров，Г.Ф.） 127,136

迭更斯 253

季莫菲耶夫 256

竺可桢 280

岱学 254

彼德罗夫 254

金人 255

金公亮 148

金世柏 146

金世绪 268

金尼阁 180

金则人 189

金华 185,235,267

金兆梓 185,196

金岳霖 147

金泽庄三郎 288

金祖同 15,207

金家瑞 273

金敬迈 233

金鹏 191

金静仁 282

金毓黻 275

周予同 139

周立波 226,232,234,239

周扬 248,261

周有光 33,70,167,179,181,204

周而复 249

周汝昌 222,238

周来祥 123

周作人 256

周谷城 33,66,146,149

周启明 252

周迟明 185

周明镇 172

周服 198,200

周建人 282

周钟灵 146

周钟游 226

周侯于 200

周庭桢 219

周祖谟 177,203,267

周恩来 49,154,155,160,202

周笕 223

周辅成 139

周敦颐 143

周遐寿 223,256,267

周锦安 185

周新 134

周溶泉 181

周静山 32
周嘉桂 214
周黎扬 214
鱼返善雄 97,215,218
庞朴 138
郑子瑜 226
郑东湖 179
郑延谷 256
郑异凡 154
郑伯华 254
郑言实 114
郑林曦 178,181,207
郑祖庆 188,189
郑振铎 37,227,240,245,253–255
郑奠 185,199
单演义 67,242
单耀海 248
法捷耶夫 253,255
波·弗·尤金 126
波·恩·申比廖夫 171
波布科娃 218
波尔什涅夫 273
波尔查洛夫 127
波达波娃 288
波列伏依 255,257
波里索夫 156
波拉杜斯 218
波波夫 170
波格达诺夫 152
波诺马廖夫 269
波斯彼洛夫 252
泽村寅二郎 188
郎文彦 179
郎峻章 186
郎瑛 171
孟十还 33,42,254
孟元老 264
孟昭英 284
孟宪承 135
孟宪智 42

参一 3,5
绍虞 71

九画

契加廖夫 156
契诃夫 254
契珂巴瓦 215
契科巴瓦（A.C.） 214
项远村 224
赵之谦 205
赵元任 177,181,182,215
赵月朋 186
赵以炳 282
赵白岭 248
赵立 284
赵纪彬 141,142
赵卓 218
赵荫棠 176,181
赵树理 87,232-235
赵俪生 138
赵彦卫 274
赵陵生 196
赵景深 222,230
赵震 238
赵寰 249
赵璧如 149
郝树候 273
草婴 126,253
荣如德 256
荣孟源 267,274
胡士莹 232
胡大刚 268
胡云翼 239
胡风 30,230
胡文淑 219
胡以鲁 210
胡代聪 154
胡仔 224
胡朴安 48,142,207,225
胡尧之 113

胡曲园　149
胡乔木　160
胡仲持　99,189
胡华　275
胡怀琛　48,197,199,200,220,225,228,230,239
胡附　189,205
胡明　18,256
胡垣　177
胡厚宣　272
胡适　24,142,155,156,230,238,242
胡绳　172
胡道静　138,171
胡裕树　212
胡嘉　264
南铣　132
枯雷顿　146
柯力　172
柯切托夫　256
柯庆施　166
柯柏年　289
柯桑宁娜（Кощонина, М.）　157
查长铮　256
查包洛塞兹（Зайорожеч. А.В.）　149
查良铮　256
查猛济　240
查普曼　147
柳无垢　239,255
柳青　232,235
柳明　155
柳宗元　139,239,242,267
柳思　184
勃·凯德洛夫　133
郦道元　269
威尔基·柯林斯　257
威廉　52,74,252
威廉·汤姆逊　212
威廉·夏伊勒　264
威廉·富布赖特　154
哈钦森　264
哈斯哈契赫　134

钟宇人　147
钟灵　104
钟建安　284
钟镇　181
钦扎洛夫（Р.В.）　206
秋江　126
秋泽修二　133
秋楠　273
科瓦列夫（А.Г.）　173
科丝洛夫（Козлов, В.К.）　157
科兹洛夫（Козлов.Г.А.）　166
科斯金（Костин, А.）　156
保尔·拉法格　177
皇甫枚　234
侯外庐　138,139,141,142
俊庄　127,156
俞平伯　222,227
俞庆棠　172
俞运之　203
俞敏　189,190
俞樾　170,218
勉之　272
彦涵　261
施存统　152
施咸荣　253
施耐庵　234,235
姜丕之　146
姜亮夫　267
洪心衡　186
洪世涤　264
洪叶　264
洪式良　267
洪科　266
洪笃仁　202
洪深　227
洪谦　135
洪梗　233
洪潜　136
洛克　134
宫原民平　290

308

祝秀侠　33,40,51,268

祝嘉　261

费尔巴哈（Feuerbach, L.）　112,118,133,135

费师洪　240

费孝通　173

费明　254

费洁心　284

姚永朴　226

姚艮　253

姚岳山　148

姚雪垠　233

姚善友　190

姚殿芳　196

姚鼐　238

娜·康克鲁普斯卡娅　117

贺圣鼐　171

贺非　253

贺重　203

贺麟　133,146,149

骆宾王　244

十画

泰纳　40,51,186

班珂　252

素波　37

振新　76

袁仁林　206

袁文殊　260

袁行云　268

袁枚　225

袁宗道　242

袁珂　227

袁振民　147

袁家骅　178,212,222

袁静　234

耿世民　212

耿济之　254

莫察洛夫　127

莎士比亚（Shakespeare）　54,61,253,254,257

桂绍盱　207

桂裕　258

桓宽　166

格·阿·富尔顿纳多夫　149

格·康·朱可夫　266

格列则尔曼（Глезермдн, F.E.）　156

格列捷尔曼　220

格里沙宁·罗吉诺夫　160

格沃兹节夫　196

格拉塞　123

格罗斯曼　254

索考罗夫（Соколов, B.B）　133

速水滉　146

贾鸣　280

贾植芳　254

夏丏尊　33,44,197,218,220

夏承焘　222

夏衍　227

顾巴彦　190

顾则思（B.C.）　288

顾佛影　289

顾学颉　233

顾实　197

顾颉刚　274

顾肇仓　238

顿斯科依　127

党凤德　158

晓江　224

晁说之　141

恩格斯　112-122,125-129,158,159,166,170,288

钱大昕　211,244

钱大昭　203

钱玄同　177

钱伟长　173

钱亦石　152

钱南扬　40,249

钱南扬　40,249

钱晋华　180

钱歌川　181,189,206,219,220

钱端升　154

特瓦尔朵夫斯基　252

特拉赫金堡（Трахтенберг，О.В.） 135

特罗菲莫夫 147

特洛菲莫夫（Трофимов，П.С.） 136

候华甫 257

候金镜 223

倪海曙 33，36，176，180，196，202，207，208，213，215，242

徐元诰 286，287

徐中玉 197

徐方 158

徐世荣 178，179

徐亚倩 172

徐成龙 265

徐光耀 233

徐汝椿 257

徐志摩 254

徐坚 170

徐宏桢 117

徐卓英 152

徐宗泽 245

徐朔方 244

徐梗生 198

徐嵩 273

徐景贤 249

徐嘉瑞 8，178，227

徐蔚南 33，34，260

徐懋庸 112

殷福生 147

殷德厚 196

爱伦堡 252

爱狄密勒 254

爱森斯坦 260

爱新觉罗·溥仪 272

爱德华·伯恩施坦 154，157，159

翁文涛 289

翁世荣 219

凌冰 191

凌其翰 157

凌蒙初 233

栾调甫 140

高乃贤 186

高飞云 284

高云胜 174

高木弘 213

高文德 157

高玉宝 180

高田力 190

高尔基（Горький，М.） 18，113，146，252，254-256

高华年 189

高名凯 73，150，176，186，190，191，196，206，212，214，215

高亨 139，140，142

高国淦 123

高明 33，249

高津春繁 210

高觉敷 149

高望之 264

高晶斋 214

高鹗 232

郭大力 126，129

郭中平 186，187

郭化若 155，158

郭从周 132

郭圣铭 269

郭有光 257

郭冰 179

郭庆藩 143

郭步陶 188，196

郭希汾 239

郭英 134

郭沫若 112，138，140，159，204-206，222，224，239，248，266，268，269，275

郭定一 256

郭绍虞 33，71，213，223-225，227，228

郭泰 135

郭德洲 203

唐长孺 186

唐允魁 186

唐玄度 205

唐兰 207，215

唐光波 284
唐弢 33,45,197,242,244
唐敬杲 138
唐敬景 238
唐擘黄 146
浩然 234,235
海因茨·哥尔维策尔 155
涂纪亮 133
流水 107,127
朗斯敦·休士 253
诸名家 257
诸青 142
诸宗元 262
谈暄 248
陶大镛 157
陶宗仪 264
陶承 234
陶燠民 179
桑世昌 238
桑席叶夫 179
桑戴克 172

十一画

琉威松 39,253
捷斯尼切卡娅（A.B.） 213
捷普洛夫 149
堀重彰 187
勒温 149
黄元伟 282
黄友谍 280
黄长霈 158
黄本骥 267
黄幼雄 284
黄芝岗 227
黄约齐 204
黄约斋 189
黄克冰 146
黄伯荣 184
黄良生 284
黄侃 3,10,226

黄炎培 264
黄珍吉 181
黄洁如 196
黄振华 212
黄嘉音 252
黄嘉德 218
菊泽季生 29,210
乾姆斯 135
萧一山 268
萧三 146
萧子琴 289
萧殷 223,225
萧萧 255
萧赣 132
萨马林（A.M.） 284
萨尔蒂柯夫·锡且特林 252
梅生 160
梅耶（Meillet, A.） 211
梅林 122,152
梭柯洛夫（Соколов, Ю.М.） 254
曹日昌 146
曹未风 33,61,257
曹朴 185
曹伯韩 190,207,211,213
曹禺 248,249
曹真 126
曹雪芹 232,235
曹冕 13,198
曹葆华 112,113,119,126-129,147,149,252
曹靖华 252
曹聚仁 138
曹增祥 223,274
戚叔含 256
龚自珍 242
龚育之 117
龚桐 256
龚浩然 149
盛草婴 184
雪华 262
雪克 235

野上臼川　7,253

野平　162

晦闻　123

鄂山荫（И.М.）　288

唯真　114,118,123,125,127,218

逻倚斯　146

崔可夫　171

崔立滨　254

崔伯阜　190

崔前光　235

崔敦礼　138

符·约·斯维杰尔斯基　134

康士坦丁诺夫　134,152,156,157

康福斯　132,133

章力挥　249

章士钊　147,191,196

章汀　104

章学诚　269

章诗同　141

章鸿钊　280

章锡琛　33,46

商戴克　171

望道　3,4,11,12,14,26-30,34-36,38,39,41-47,49-51,53-62,67-71,75,76,92,99-103,105,244

阎静先　133

清水护　199

梁东汉　204

梁达　188

梁廷灿　267

梁启超　140,227,228,244,267,273

梁建华　154

梁斌　232

梁僧宝　179

惊蛰　123

寄尘　48

密黎根　171

尉天池　261

屠格涅夫　252

隋树森　286

维特根斯坦　134

维诺格拉多夫　126,147,184,256

十二画

琼斯（A.L.Jones）　147

博古　126,132,134

彭文龙　179

彭仲文　133

彭明　276

彭京　207

彭楚南　176,179,191,206,211-214

斯·耳·鲁宾斯坦　149

斯大林　112-121,123-129,158,159,166,177,180,255,269,288

斯切茨凯维奇　154

斯卡兹金　273

斯列波夫　158

斯米尔尼茨基（А.И.）　214

斯米尔诺夫　117,149

斯威夫特　252

斯特罗戈维奇（Строговин,М.）　147,149

斯特罗乾诺夫　282

斯捷潘宁　128

斯庸　253

斯蒂芬·R.格劳巴德　266

斯鲁捷渥夫　185

葛力　135

葛传　207

葛传椝　189,219,289

葛劳德　202

葛杰　238

葛春霖　135

葛绥成　276

董少文　181

董世礼　93,187

董乐山　264

董同龢　178

董鲁安　198

蒋孔阳　64,223,226

蒋礼鸿　202

蒋芝英　172

蒋仲英　179
蒋伯潜　199
蒋学模　166
蒋祖怡　197,199
蒋秦峰　128
蒋善国　204
蒋路　252
韩非木　174
韩润棠　133
森田草平　7
惠特曼　252
粟田三吾　196
雅可福烈夫　254
雅科夫列夫　123,268
雅洪托夫（Яхонтов，С.Е.）　203
鼎澧逸民　273
景宋　242
喻守真　197
黑格尔（Hegel, G.W.F.）　113,133,134,136,146,147,149
嵇文甫　138,141
嵇康　242
程雨民　253,256
程浩　282
傅子东　190
傅东华　33,39,196,202,204,238,253,254,256,258
傅兴岭　203
傅统先　135,146
傅斯年　141
傅雷　262
焦贤能　160
奥夫钦尼柯夫　135
奥田宏云　95,146
奥则尔曼（Ойзерман，Т.И.）　133,135
奥依则尔曼　134
奥津彦重　196
舒芜　239
舒贻上　132
舒通　219
舒强　261
舒新城　286,287

鲁米杨采夫　166
鲁迅　42,45,67,196,223,242-244,249,253,256,267,272
鲁勉斋（Руцянцеб，М.К）　188
敦尼克　136
童伯章　206
崈莫斐·罗柯托夫　127
普列汉诺夫（Плеханов，Г.В.）　112,118,123,127,134
普列哈诺夫　134,155
普希金　53,254
普拉屠谢维奇　213
曾文经　135
曾怡彬　173
曾觉之　253
曾毅夫　202
温品　31
温谦山　238
谢·列·鲁宾斯坦　146
谢·斯·吉谢辽夫　123
谢尔久琴柯　203
谢尔巴（Щерба，Л.В.）　184
谢宁　123,129,147,149
谢皮洛娃（Щепилова，Л.В.）　227
谢列勃尔科夫　203
谢列勃连尼柯夫（В.А.）　213
谢良佐　141
谢枋得　197
谢承仁　268
谢觉哉　56,239
谢斯塔科夫　269
谢榛　225

十三画

瑞爱德　256
蒲松龄　233
楚图南　252
赖彦于　171
赖祖武　284
虞绍唐　3,16
虞愚　149,150

锡琛 46
詹剑峰 148
詹哲尊 152
鲍茄德斯 152
满涛 252,256
塞·阿·列别捷夫 284
塞万提斯 253,255
塞万提斯 253,255
褚人获 234
福井治弘 157
福尔采娃 159
群力 213

十四画

静山 32
嘉科诺夫（И.М.） 206
赫尔岑 253,256
赫鲁晓夫（Хрущев, Н.С.） 155,158,159
慕晖 38
蔡元放 264
蔡文星 240
蔡平 134
蔡仪 149,261
蔡芳信 253
蔡时济 253
蔡剑飞 206
蔡美彪 210
蔡冠洛 268
蔡特金 113,117
蔡葵 3,18,38,64,99
蔡楚生 223
蔡锡勇 36,202
蔡慕晖 28,38,261
蔚南 48
歌德 254
臧克家 238
裴文中 27,174,260
裴文中 27,174,260
裴多菲·山陀尔 257
裴学海 203

裴特生（Pedersen, H.） 180
廖伯文 123
廖序东 188
廖庶谦 187
廖盖隆 160
谭正璧 186,188,197,198
谭戒甫 138
谭彼岸 212
谭庸 202
谭湘凤 219
熊十力 138
熊忠英 265
熊承涤 171
熊适逸 253
熊复 113
缪一之 186
缪天绶 239
缪廷辅 186
缪灵珠 148,212
缪楚黄 161

十五画

慧文 117
慧圆居士 149
增田藤之助 199
磊然 257
稻垣末松 147
黎烈文 42,234
黎锦熙 178,184-187,189,192,193,198,203,204,206,207,211,218
黎澍 124,267
滕砥平 172
翦伯赞 267,275,276
潘力模 152
潘文学 123,147
潘伯鹰 262
潘际垌 268
潘梓年 147,171

十六画

燕天展 202

薛格洛夫 135

薛靖 134

薛暮桥 172

霍松林 226

霍桑 256

霍塞 264

穆拉切夫 157

穆勒（J.S.Mill） 148,157

儒勒·凡尔纳 253

十七画

戴乃迭 257

戴渭清 203

戴震 140

魏以新 252

魏庆之 225

魏建功 207

魏燻 166

魏巍 239

十八画

瞿秋白 223,252

瞿菊农 132

馥泉 4,35

廿一画

露依丝·多尔纳曼 273

蠡甫 52

三十画

爨道庆 262

后记

2018年复旦大学图书馆特藏中心改造时，特意辟出空间设立望道书屋，将陈望道老校长捐赠的二千余册图书，连同用过的八组书橱放入其中。进入书屋，首先映入眼帘的，是立柱上悬挂着的陈望道校长和夫人蔡葵教授1962年的合影，然后是古色古香的书橱和排列整齐的藏书，一刹那，仿佛进入一个书香飘逸的历史空间。打开书橱，小心捧起前辈留下的图书，那些封面或扉页上的钤印，那些学界同行、友人赠送的签名本，那些阅读时留下的批注手迹，那些涉及语言学、文学、政治学、哲学、伦理学、教育学的各类书籍，让人浮想联翩，脑海中映出陈望道为中国学术发展、社会进步竭诚奋斗的身影，也可感受到这位成果丰硕的爱国知识分子思想发展的源流。

这是我们决定编撰此书的动机之一。

不过，由于陈望道校长去世后，其藏书分藏于复旦大学图书馆、复旦大学档案馆、《共产党宣言》展示馆、上海鲁迅纪念馆、陈振新教授家中五个地方，使得我们在编撰《陈望道藏书总目》的一开始，就面临着数据搜集的挑战。幸好在王乐副馆长的协调沟通下，我们得到了陈望道哲嗣陈振新教授、上海鲁迅纪念馆乐融副馆长、复旦大学档案馆黄岸青馆长的鼎力支持，顺利地将陈望道藏书数据汇集起来，重新分类编排，最终编成此书。

在编撰过程中，为了从宏观和微观两个方面同时呈现陈望道藏书面貌，我们将此书分为"精华图录"和"藏书目录"两部分。在"藏书目录"中，我们按照中图分类法对藏书进行分类，以便更好地展示陈望道藏书的总体面貌，进一步揭示这些藏书与陈望道的人生经历、学术发展、思想变化之间的隐秘关联。在"精华图录"部分，我们将藏书中的钤印本、签名本、题跋本、批校本、稀见本挑选出来，分别加以展示。这种展示，并非选一些图片做卷前点缀，而是在通览藏书、查阅考证的基础上，精心选择具有代表性的特殊版本图书分类展示。在展示过程中，我们不只识读钤印、签名、题跋内容，也简要介绍作者、赠者或印主的相关信息，以期让读者从微观角度深入了解陈望道的学术端倪、人际交往、情感世界等鲜为人知的历史细节。

陈望道藏书中有不少钤印本，我们从中遴选18种加以展示。从这些钤印本中，可以看到陈望道生前经常用到的12种印章，也可以从汪馥泉、冯三昧等朋友的钤印中推测这些藏书的来源和背后的故事。另外，在陈望道藏书中，有一部分图书的封面钤有"蔡慕晖""蔡葵"，说明藏书中有一部分是夫人蔡葵教授的藏书。另外，在这批藏书中，经常出现同一种书购买两册并分别钤陈望道和蔡葵的名章，或同一册书上两人各钤名章的情况。

在陈望道藏书中，还有不少稀见本。在复旦大学图书馆龙向洋研究员的协助下，在"稀见本"这一部分中，我们遴选了19种藏书，其中语言学类7种、书法类6种。在书法类藏书中，有民国学者、藏书家张圣奘收

后 记

藏过的《兰州本阁帖十卷》，好友乐嗣炳在"望道先生古稀之庆"时赠的清代书法家刘淇、画家陈朴的书画合册，还有书法家于右任1942年写的两册草书线装册。除此之外，陈望道还珍藏有诸如《王书圣教序》《宋苏文忠眉山远景楼记墨迹》等十余种法帖。众所周知，陈望道是语言学家、翻译家、社会活动家、教育家，但实际上，陈望道的书法成就也毫不逊色。他曾在1945年为复旦大学新闻馆题字"好学力行"，1965年《辞海》（修订版）出版时"辞海"二字也由陈望道题写。从藏书中的这些法帖不难推测，陈望道平时勤于书法，常留意收集、购买各类法帖，并与当时的书法大家交往频繁。

另外值得提及的是，陈望道藏书中有百余册老日文著作。这些老日文图书绝大多数出版于1949年之前，以语言学类图书为主，还有少量美学、伦理学、政治学类图书。从这些日文藏书的钤印或题记可见，这些书有的是早年留学日本归来时带回来的，有的是抗战时期购买的，有的是中华人民共和国成立后从上海旧书店买来的。比如，其中有一册菊泽季生著的《国语学读本》，1939年12月18日由思潮社初版发行。此书扉页有陈望道钢笔题记"1940年1月购于上海"，并钤"望道"朱文印，书内还有陈望道的批注手迹。由此可知，此书是陈望道在上海沦陷区从事抵抗日军文化奴役的进步语文运动时购买的，并在1940年秋天离开上海时冒险带到国统区重庆，颇具纪念意义。

此外，陈望道藏书中还有不少签名本和题跋本，以及留有陈望道手迹的批校本。这些特殊藏书对于了解陈望道的学术发展、人际交往、内心情感，具有无可替代的作用。

总之，我们通过"精华图录"和"藏书目录"双线并进的呈现方式，试图打破学界对"陈望道"的固有认知，努力在新的史料挖掘、编排、呈现过程中，开拓陈望道研究、民国文人交往研究、现代语言学研究等学术研究空间。

在现代文化发展过程中，涌现出诸如郑振铎、阿英、唐弢等藏书家。这些藏书家的诞生，与他们的志趣有关，也与他们在历史动荡中相对安稳的私人环境密不可分。只要看看上述藏书家在中华人民共和国成立之前长期居留上海这一现象，就不难明白这一点。相较而言，陈望道大半生都沉浮于惊心动魄的革命斗争中，从1920年来到上海编辑《新青年》、筹备建党，到1935年被迫离开上海到桂林教书，1937年又返回上海从事地下进步语文运动，再到1940年来到重庆、1946年返回上海，陈望道一直在颠沛流离的环境中从事学术活动和社会进步活动，其所面临的险恶环境不允许他携带并收藏大量图书，甚至为了友人的安全，在中华人民共和国成立之前，陈望道赠送和受赠的图书中，签名、题跋等特殊版本的图书并不算多。但因为陈望道的特殊身份，以及他的藏书和他的人生经历，甚至与整个20世纪中国历史的特殊关系，使得这些签名本、批校本、题跋本具有独特的学术魅力，对于研究陈望道学术、思想、情感、交往，都具有独特的价值。

这也是本书编撰的又一动机。

最后，感谢各单位在编撰此书过程中的鼎立支持，使得分藏各处的陈望道藏书得以汇聚，以成大观，同时也感谢参与编撰的各位同事的辛勤付出。

陈丙杰
2023年3月29日于复旦大学图书馆特藏中心

图书在版编目(CIP)数据

陈望道藏书总目/王乐主编;乐融,张春梅副主编;陈丙杰执行主编.—上海:复旦大学出版社,2024.5
(复旦大学图书馆特藏出版系列)
ISBN 978-7-309-17013-9

Ⅰ.①陈… Ⅱ.①王… ②乐… ③张… ④陈… Ⅲ.①私人藏书-图书目录-中国-现代 Ⅳ.①Z842.7

中国国家版本馆 CIP 数据核字(2023)第 184152 号

陈望道藏书总目
王　乐　主　编
乐　融　张春梅　副主编
陈丙杰　执行主编
责任编辑/顾　雷

复旦大学出版社有限公司出版发行
上海市国权路 579 号　邮编:200433
网址:fupnet@fudanpress.com　http://www.fudanpress.com
门市零售:86-21-65102580　　团体订购:86-21-65104505
出版部电话:86-21-65642845
上海盛通时代印刷有限公司

开本 890 毫米×1240 毫米　1/16　印张 21.25　字数 551 千字
2024 年 5 月第 1 版
2024 年 5 月第 1 版第 1 次印刷

ISBN 978-7-309-17013-9/Z·121
定价:220.00 元

如有印装质量问题,请向复旦大学出版社有限公司出版部调换。
版权所有　　侵权必究